COMUNEROS

Más allá de la muerte

Roberto Ruiz Martínez

PERSONAJES REALES

- Juan Padilla: Uno de los principales cabecillas de la revuelta.

- María Pacheco: La última en dejar la lucha. Siendo perseguida y desterrada incluso después de muerta.

- Juan Bravo: Otro de los principales cabecillas junto a Juan Padilla.

- Francisco Maldonado: El tercer cabecilla ejecutado en Villalar. Donde fue ejecutado en vez de su primo Pedro Maldonado.

- Antonio de Mendoza: Hermano de María Pacheco y el Primer Virrey de Nueva España y del Perú.

- Alcalde Rodrigo Ronquillo: Militar del bando realista que intentó terminar con la revuelta en Segovia.

- Antonio Fonseca: Militar del bando realista que provocó la quema de Medina del Campo.

- Almirante de Castilla: (Fadrique Enríquez). Noble castellano que terminó con la revuelta del movimiento comunero.

- Condestable de Castilla: (Íñigo Fernández de Velasco). Noble castellano que junto al Almirante de Castilla venció a las tropas comuneras.

- Marqués de Denia: Encargado del cuidado de Juana en Tordesillas.

- Juana: Reina de castilla, relegada después de morir su marido por su padre, y después por su hijo. Encerrada en Tordesillas hasta el fin de sus días.

- Catalina: hija de Juana y hermana pequeña de Carlos I. Acompañó a su madre hasta que se casó con el rey de Portugal.

- Pedro Fernández de Velasco: (Conde de Haro). Hijo del Condestable de Castilla.

- Gutiérrez López: Hermano de Juan Padilla.

- María de Mendoza: Una de las Hermanas de María Pacheco y Antonio de Mendoza.

- María Coronel: Nieta del judío converso Abraham Seneor y segunda mujer de Juan Bravo.

- Catalina del Rio: Primera mujer de Juan Bravo.

- Hernán Cortes: Conquistador Español.

- Pedro Alvarado: Conquistador Español que siguió a Hernán Cortes en México y lideró las conquistas de Guatemala, El Salvador y San Pedro de Sula.

- Fray Bartolomé de Olmedo: Religioso que acompañó a Hernán Cortes y a Pedro Alvarado en la conquista de la Nueva España.

- Tekun Uman: Guerrero y último mandatario de los K'iche'. Luchó contra los conquistadores de Guatemala.

- Oxib Kiej: unos de los Reyes K'iche' y padre de Tekun Uman.

PRÓLOGO

La historia solo recuerda a quien por familia o títulos le han puesto al frente de todo y de todos, pisoteando a quienes sin más que intentar sobrevivir, son llevados a la guerra de exterminio de hombres, que no saben el motivo de la lucha más allá que sus adversarios no son fieles a su religión o a su patria.

La verdadera intención de la novela, es poder imaginar a todos aquellos que sobrevivieron en aquellos tiempos, donde la vida del campesino en Castilla no valía más que lo que su señor estaría dispuesto a sacar de sus servicios, sin importarle más que sus propios objetivos.

En toda historia hay gente insignificante que cambió el rumbo de la historia sin ser escrita una línea de su valía. Aunque irreales, los protagonistas de la novela, representan a todos aquellos que por familia no merecieron ni un párrafo, en un levantamiento donde el pueblo intentó pedir justicia y solo consiguió hierro.

TORRELOBATÓN

22- Abril-1521

Una promesa, nada más que una promesa recorría los pensamientos de Manuel de Linares. "Vuelve". Son las últimas palabras que escuchó de los labios dulces y carnosos de su amada antes de partir de Toledo, gravándose en su recuerdo a fuego para no olvidar jamás que hay quien le espera a su retorno.

-¡Abrir las puertas!-. Crudas palabras que le trajeron de nuevo a la realidad, pronunciadas por un explorador que volvía después de un reconocimiento rutinario. Las noticias de la batida no eran nada halagüeñas desmoralizando más si cabía a los soldados que permanecían en la fortaleza. Las tropas carlistas que llevaban días a la expectativa de las tropas comuneras afincadas en Torrelobatón, aumentaban en el municipio de Peñaflor.

Juan Padilla comandante de las tropas comuneras que debatía desde hace días con sus generales la posibilidad de abandonar la fortaleza ante la negativa de recibir más tropas aliadas. Empezó a percatarse que ya podía ser tarde para huir o buscar una confrontación en un campo de batalla donde la situación les fuera favorable.

Manuel de Linares escudero de Juan Padilla, solía subir y bajar las escaleras de la torre principal del castillo (llamada la torre del Homenaje) varias veces al día para relajar nervios de la inactividad en la fortaleza y por la preocupación de las noticias. Para relajarse solía contar los escalones "Ciento cuarenta y tres le salían" y se distraía hablando con los soldados que se encontraba a su paso. En estos momentos se hallaba en lo más alto de la torre del Homenaje, observando las preciosas vistas que le brindaban los montes Torozos. En el horizonte podía divisar a granjeros realizando sus labores como si nada de las confrontaciones les incumbiera o sucedieran tan cerca de sus hogares.

Manuel solía conversar durante largas horas con David de Molina, fiel infante de Juan Bravo a quien se unió en las revueltas de Segovia y le seguía por Castilla. En el lado norte de la torre del Homenaje siempre estaba vigilante con la mirada fija en el horizonte sin apenas pestañear. Su rostro se encontraba serio, magullado y descuidado por las consecuencias de las últimas escaramuzas, solo cambiante cuando su considerado amigo Manuel colocaba su mano derecha sobre su hombro izquierdo y le repetía siempre las mismas palabras.- Otro día y nada de nada -. David siempre esbozaba una leve sonrisa y jamás respondía. Pero esa mano sobre su hombro le aportaba la seguridad de un compañero al que jamás le abandonaría en el campo de batalla.

David era un hombre de los considerados llanos. Vestía con una camisa blanca en algún momento de la historia, con las mangas rotas por las batallas sufridas. Encima portaba un jubón oscuro ceñido a la cintura que le quedaba grande al pertenecer a un soldado del rey caído en batalla, que David aprovechó para ponérselo al no poderse permitir uno. Lucía unos calzones ajustados a juego del jubón que también se los quitó al mismo cadáver. Sé solía utilizar mucho el pillaje a los muertos o a la población del territorio conquistado por las penurias que solían pasar las clases bajas. Las calzas eran blancas y lucía unos borceguís marrones que le llegaban hasta las rodillas.

Las mermas de las cosechas hacían pasar hambre y calamidades a la población, que uniéndose a la subida de impuestos para pagar los favores del nuevo monarca en Europa y la colocación de nuevos nobles venidos del extranjero, le empujó desde un principio a unirse a las revueltas en la ciudad de Segovia y posteriormente a alistarse en las tropas comuneras dirigidas en esa ciudad por Juan Bravo. Buscando un futuro más prometedor para su mujer y sus tres hijos. (Dos varones y una bella princesa. Así la solía llamar él).

David no luchaba ni por gloria ni por dinero como muchos de los soldados de ambos bandos (tanto comuneros como carlistas). Luchaba por un futuro para su pueblo y sobre todo por su familia, ideales que cada día eran más similares a los que perseguía el bando comunero, que no era más que la libertad del hombre sobre los imperios y su realeza. Donde el pueblo llano tendría voz y voto en las decisiones que se produjeran en el reino, aunque sabía de antemano que toda esa lucha sería nada más que un suicidio entre otras cosas porque la ciudad de Burgos, considerada cabeza de Castilla, no llegó a sublevarse más pendiente del comercio del lino. Que al tener muchas familias pudientes, tenían más que perder con el alzamiento del pueblo que con los impuestos del rey.

Sin perder nunca de vista el horizonte los dos amigos, cuya amistad se había ido forjando día a día entre las murallas de la fortaleza de Torrelobatón. Se solían contar uno al otro que harían cuando todo esto acabase (siempre en su conciencia que la revuelta les iba a salir favorable. Ya que en caso contrario solo les esperaría la muerte al considerarse los dos hombres de honor).

Manuel siempre hablaba de la joven doncella que le esperaba en la ciudad de Toledo. Preciosa ciudad solo comparable a sus alegres damas. Siempre recalcaba los preciosos ojos azules de su amada esposa Aurora Díaz. Nombre que siempre repetía como si de un amuleto se tratase, pero él lo hacía para recordar que con su muerte no desaparecería del mundo, sino que ella dejaría esta vida para no agonizar con el dolor de su perdida.

Para David su sueño era volver junto a su mujer y sus hijos. A vivir del cultivo de unas tierras que ya poseía a las afueras de Segovia. Sin más recompensa que la de poder vivir junto a los suyos sin tener que dar ninguna explicación y con los impuestos justos para poder vivir tranquilo.

Hacía casi un año que marchó de su casa a las afueras de Segovia en busca de la villa de Medina del Campo. Los recuerdos de su mujer en la puerta de la casa con lágrimas en sus bonitos ojos marrones, se difuminaba en su mente que luchaba por no perder ese recuerdo por otros que solo traían muerte y sufrimiento. Cerraba los ojos para recordarla con su crespina que la tapaba su melena castaña, con su corpiño blanco sobre la camisa escotada que dejaba al descubierto parte de su cuerpo. Sus preciosas piernas estaban tapadas con una falda en blanco con un delantal de color marrón. Al su alrededor abrazado a ella se encontraban sus hijos, que no entendían el motivo de su partida, que sin poderse contener, su hija Ana corrió hasta su altura y tiró de su barba que tanta gracia la hacía. Echaba de menos acurrucarse al lado de su hija en las noches de tormenta para que se sintiera segura.

Al finalizar la conversación entre los dos amigos Manuel siempre repetía la misma frase.- Nunca olvides estas tierras a las que un día echaremos de menos-

A lo que siempre le respondía David con la mirada fija en el horizonte.- No las añores tanto que mañana las volveremos a ver-. Pero ese día la respuesta no era tan enérgica, soltando una leve sonrisa, como si en sus pensamientos sabía que algo ocurriría en las siguientes horas.

Manuel solía bajar todos los días las escaleras de la torre del Homenaje con un ritmo pausado, como intentando apreciar cada ruido de la fortaleza por si escuchaba algo que le llamara la atención, y este veintidós de abril de mil quinientos veintiuno las voces de los comandantes se escuchaban retumbar más de lo acostumbrado.

En la tercera planta de la torre se apostaban los soldados que intentaban descansar y olvidarse durante un breve periodo de tiempo de los esperpentos gravados en sus mentes en el campo de batalla. Manuel como fiel escudero de Juan Padilla siempre intentaba subir la moral de las tropas maltrechas y exhaustas. Aunque a estas alturas con tanta deserción al no cobrar los jornales por sus servicios, varias ciudades con cambios de bando, la perdida de Tordesillas y las últimas noticias recibidas de Peñaflor donde las tropas iban en aumento. No era tarea fácil.

Manuel el ensalzador como le conocían muchos soldados por engrandecer las hazañas de los demás. Era muy querido y bien visto por sus compañeros comuneros, ya que en el campo de batalla como fuera de él, se podía contar con su ayuda. Siempre escuchaba las alegrías o las tristezas. Les inspiraba ánimos o les felicitaba dependiendo de las noticias que les llegasen de familiares o amigos. Por el contrario Manuel solía ser un poco más reservado sobre las noticias que le llegaban, solo se las contaba a los que él consideraba más allegado o habría entablado más amistad como era el caso de David de Molina, a quien le consideraba como a un familiar.

Según proseguía en su descenso por la torre de Homenaje las voces en la planta baja iban en aumento y las discrepancias entre unos y otros sé volvían más tenues. La nítida voz de Juan Padilla apenas se había hecho notar en las diferentes posturas entre unos y otros desde primeras horas de la mañana, pasando ya de largo más del medio día. A Juan Padilla se le notaba distante de todo aquello. Su mente quería procesar todos los escenarios posibles intentando encontrar el que le viniera más favorable. No quería regalar una victoria que alentase más aún a las tropas enemigas.

Manuel proseguía su descenso de la torre con un ritmo apresurado hasta alcanzar la primera planta, donde se almacenaban las armas de los soldados, los dos cañones con los que contaba la milicia comunera, la munición y pólvora de dichos cañones.

Esta planta estaba custodiada y solo se les permitía el acceso a los más fieles del bando comunero. El miedo a más deserciones o el boicot de las armas disponibles dejaría a la milicia muy tocada para cualquier defensa, dejando imposible algún ataque. Los soldados allí plantados eran muy robustos, serios y no querían ningún curioso por la planta más fría y lúgubre de la torre. Un sitio frío, triste y con poca luz. Ni en los mejores relatos se podría describir lo que representaba esa planta llena de artilugios creados por el hombre, solo para sembrar el caos y la destrucción del propio hombre y sus creaciones. Artilugios para defender en muchas veces una palabra, (LIBERTAD) mal utilizada solo con el fin de la codicia de muchos que la pronuncian solo para conseguir más tierras, fama o poder. Acosta de un pueblo que les sigue nada más que por su propia supervivencia o la de los suyos.

Siempre pasaba por esta planta sin detenerse, ya que no quería dar pie a malas intenciones o parecer un curioso en lugares donde no le convenía. Al terminar el descenso de la torre, entró en la sala donde se encontraba toda la comandancia comunera. Pasando desapercibido se colocó a la izquierda de la puerta de acceso para seguir las conversaciones del futuro que se preparaba. Sin más dilaciones Juan Padilla alzó su voz pidiendo silencio de todos los presentes.- No se hable más. Partiremos de madrugada hacia Toro-. Dijo en un tono firme. Los comandantes allí presentes no se opusieron a la decisión tomada.- Avisar a las tropas de nuestra marcha-. Recalcó.

Sin perder tiempo los comandantes acudieron a dar las órdenes a los soldados esparcidos por la fortaleza de la partida hacia Toro en la madrugada del veintitrés de abril de mil quinientos veintiuno. Manuel quedó inmóvil en el lugar que ocupaba mientras se iba vaciando la sala. La noticia de la partida apresurada de la fortaleza, no le parecía lo más acertado, ya que la climatología anunciaba una tormenta inminente. Manuel tenía el presentimiento de que la decisión tomada por Juan Padilla les iba a llevar a una derrota segura, pero su juramento y honor le impedían dejar a su comandante pasara lo que pasara y si eso era el fin estaría sin dudar.

Toda la fortaleza se empezó a movilizar de inmediato. Cogiendo armas, provisiones y los dos cañones que ni por asomo pensaban regalar a las tropas enemigas. El destino le llevaba ahora hacia la ciudad de Toro. Con una pequeña diferencia respecto al resto de todos los desplazamientos anteriores. En este le recorría un escalofrío por todo el cuerpo que no había tenido hasta ahora. Los temores que le acompañaba no eran por miedo a sí mismo, sino terror a no poder volver a ver al tesoro más preciado que poseía. La promesa que hasta esos momentos le había mantenido con vida, cada vez era más frágil y la distancia que le separaba de su amada más larga. El recuerdo de su rubia melena rizada y sus labios carnosos sería su único equipaje, y el beso antes de su partida su posesión más preciada, posesiones que ni el más cruel de los soldados no le podrían quitar.

Cuando se disponía a abandonar la estancia, se topó con Juan Padilla que le estaba esperando al otro lado del umbral de la puerta.- Tienes que partir junto a otro soldado para reconocer el terreno y comprobar que no hay tropas enemigas-. Manuel asintió con la cabeza.- No se preocupe señor, lo haré con todo mi empeño-. Y sin más dilaciones se dirigió hacia la puerta de la fortaleza donde se encontraría con Antonio Maldín, hijo de las tierras salmantinas y fiel aliado de la causa. Cosa que día tras día era más complicado de encontrar por estas tierras de campos.

Salieron de la fortaleza montados en dos corceles marrones, llevando un paso tranquilo para no llamar la atención más que la que pudieran dar dos soldados en un reconocimiento rutinario. Su intención no era la de hacer todo el recorrido, para no desvelar las intenciones de su próximo paso, pero si querían llegar hasta posiciones donde pudieran visualizar todo el trayecto.

Los primeros kilómetros se hicieron sin mediar palabra entre los dos soldados, ya que sus pensamientos estaban en otros lugares que en el de mantener una conversación. Los soldados apenas se conocían, ya que el baile de tropas entre diferentes batallas no dejaba tiempo de conocer a otros miembros de la causa.

Antonio Maldín era un hombre de gran corpulencia y de corta estatura. Su cara estaba cubierta por una frondosa barba desaliñada y sus pequeñas manos eran anchas y fuertes, capaces de estrangular a presas poderosas. Los rumores que circulaban sobre él, era de una persona muy reservada y de pocas palabras, pero una bendición tenerle como aliado en el campo de batalla. Su fuerza era descomunal y se llegó a escuchar que había matado a osos con sus propias manos. Solía vestir con un sayo de color oscuro con aperturas en sus lados para permitirle una mejor montura en su caballo, protegido por un peto metálico que le cubría el torso. En los antebrazos lucía unos brazaletes de cuero con un árbol grabado y poseía unos borceguís marrones que apenas estaban usados.

Acostumbrado a la guerra, olvidándose de los suyos perdió la noción del tiempo. Hasta que una mañana después de muchos años volvió a Salamanca, donde esperaba encontrarse con sus padres, pero todo en aquella ciudad había cambiado. Sus padres habían muerto y sus amigos ya no se encontraban allí. Vagabundeaba entre sus angostas calles esperando encontrar algo que le resultase familiar, pero fue en vano. Su agobio en aquellas estrechas calles le obligó a salir por el puente que cruzaba el río Tormes, donde pudo contemplar aquella ciudad que tanto estaba cambiando. Se acercó a la orilla del río para refrescarse. A su paso se encontraban las campesinas lavando las ropas en la orilla, ya no quedaba nada en aquella ciudad que le vio nacer, el tiempo le había borrado para sus gentes y se encontraba en un lugar al que ya no reconocía y nadie le esperaba. Miró a su alrededor y contempló como una milicia de hombres fuertemente armados cruzaban el puente. A la cabeza marchaban dos nobles con los estandartes de la familia Maldonado. Esa sería su familia, la familia que durante los últimos diez años le había acogido y tantas alegrías y tristezas le había dado. Se acercó hasta los Maldonado, que al ver sus armas le acogieron como uno más en el bando comunero. Entregaba su vida a la guerra y en eso se había convertido, en un guerrero buscando el cobijo que da lo conocido. Él volvía para intentar recuperar su antigua vida, pero aquella vida ya no estaba esperándole.

Después de unos kilómetros de marcha a la altura de la villa Vega de Valdetronco, Antonio detuvo su caballo y miró fijamente a Manuel, después de unos segundos interminables en los que Manuel se inquietaba por momentos.

- ¿No piensas ni mediar palabra en todo el trayecto?- Le intentó intimidar con una voz poderosa que haría dudar de su honor hasta al caballero más valeroso. A lo que le respondió Manuel de una manera vacilante.

- Le concedía a vos las primeras palabras de cortesía-. Antonio le miró de forma penetrante.

- Por fin un muchacho dispuesto a no ser cohibido ¿Qué te ha traído a esta lucha entre hermanos?-

Manuel se puso a dar vueltas alrededor de Antonio.

- Soy escudero de Juan Padilla y allí donde él vaya yo le seguiré ¿y tú? ¿Qué te ha traído a esta barbarie entre hombres?-. Antonio inclinó su cabeza y soltó una fuerte carcajada llamando la atención en varios metros a la redonda.

- Yo soy un guerrero y esta es mi vida. No tengo tierra que me añore ni familia que me espere.-

Una vida triste pensó Manuel recordando la ciudad de Toledo, sus calles y sobre todo el amor que allí le esperaba y con tanta ansia deseaba reencontrarse.

-¿Qué espera conseguir alguien como tú de toda esta muerte?-. Le preguntaba con la intención de conocer mejor a quién en esos momentos cabalgaba con él por los campos de Castilla.

-Un soldado no gana más que su propio jornal por las luchas. Más bien lo importante es no perder la vida en las diferentes batallas por el poder de unos o de otros-. Prosiguió hablando en un tono irónico.- Muchacho en todas las guerras que he combatido da igual el bando al que se defiende. El hombre llano siempre sucumbe a la ambición de quien sostiene el poder. Cuando terminen estos levantamientos nadie recordará a la gente como nosotros. Ni siquiera recompensados, solo engordaremos un número entre las tropas ganadoras o vencidas y nuestra única recompensa será la de haber sobrevivido y volver junto a nuestros seres queridos.-

Manuel se quedó perplejo con los ideales pesimistas del hombre que en esos momentos le acompañaba.

- ¿Entonces por qué luchas?-. Antonio miraba a Manuel con pena. El hambre le llevó a las fauces de la guerra y cuándo intentó recuperar su vida era demasiado tarde. Ya no le quedaba nadie y el ejército era el único que le acogía con los brazos abiertos.

-Nada más que por dinero. Desde muy joven es lo único que he hecho y se me da bien. En este mundo hay gente que se le da bien la agricultura, a otros la ganadería, quien es más culto escribe o da consejos a familias nobles, pero yo solo sirvo para matar y a eso me dedico. Mi función hoy en día es tan aprovechable como cualquier otra-. Le respondió esperando que sus palabras le obligarán a recapacitar. Para él era tarde, esperando que aquel muchacho recuperase su vida antes de que fuera tarde.

Sin mediar palabra los dos jinetes prosiguieron su camino, sin encontrar indicios que les llamase la atención, más que la del paisaje de las tierras de campos que podían observar en su recorrido. Manuel al contrario que su acompañante en esta travesía, sabía muy bien los motivos de su cruzada por el corazón del reino. Él era un soldado eventual y después de que acabara todo esto, volvería a su tierra, donde le esperaba su amada con la que deseaba terminar sus días.

El regreso de los dos jinetes se hacía esperar, para poder confirmar el desplazamiento de tropas hacia Toro con la mayor seguridad posible. Después de desmontar los dos hombres de sus respectivos caballos, confirmaron la inexistencia de ninguna tropa carlista en el trayecto. Las tropas comuneras se pusieron manos a la obra para dejar todo preparado en el menor tiempo posible para la salida de la fortaleza hacia Toro. Los dos jinetes sin mediar ni una palabra más, se dirigieron al comedor para saciar su hambre y poder ir después a descansar, para estar lo más fresco posible en el desplazamiento que les esperaba.

Manuel siempre dormía con su amigo inseparable. Un cuchillo de hoja muy afilada por las dos caras bajo su brazo, ya que la desconfianza entre los soldados había ido en aumento en los últimos meses. Dormía con los ropajes puestos, puesto que en cualquier momento se podía sufrir un ataque de las tropas carlistas y quería estar en guardia lo más rápido posible. Su parlota y su espada las depositaba a escaso medio metro de donde dormía, ya que eran sus únicas posesiones en esos tiempos de lucha que estaban viviendo.

Siempre rezaba sus plegarias antes de descansar. Pero no las rezaba para él, sino para la amada que le esperaba en casa, y hacía tiempo que nada sabía de ella. Los últimos pensamientos eran para ella. El recordarla era lo único que mantenía cuerdo y sereno a un soldado tan joven, que había visto tanta muerte como él, que con veintidós años solo tenía una cosa clara, que pasaría el resto de su vida con Aurora, a la que había entregado su corazón desde el primer día que la vio y que solo ella era dueña. Con una promesa nada más que una promesa metida en la cabeza Manuel dormía. Absolutamente nada me impedirá volver a tu lado amada mía.

TOLEDO

1518

La vuelta de Juan a Toledo, obligaba a Manuel a buscar ayuda en labores donde él jamás había participado. Tenía que preparar al servicio que les llevase las labores de la casa ¿Y qué mejor que buscar a los sirvientes donde se había criado María Pacheco? Pero los cambios que estaba sufriendo le descolocaban su vida, y todo lo que conocía iba a dar un cambio brusco, donde lo que para un hijo (aunque no fuera del todo cierto) de una familia acomodada, se convertiría en otra vida muy diferente a la que conocía. Juan Padilla volvía a su tierra casado, y ya no podría disfrutar como antaño de su compañía, ahora se debía a su mujer.

Surcó las calles de la ciudad de Granada acompañado por una pequeña escolta. Miraba a los ciudadanos de Granada embelesado con las vestimentas musulmanas que seguían vistiendo la mayoría de ellos. En Toledo por vestir así podías ser apresado sin que nadie moviera un dedo por ti. Tenía la sensación de haber salido de Castilla, agarró con disimulo la espada por si las cosas se complicaban.

Llegaron al palacio de Yusuf III, donde se quedó asombrado por la belleza del edificio. Al cruzar las puertas fuertemente custodiadas por soldados, tropezó con una joven que no vio, al ir contemplando las murallas mozárabes. Se levantó, y rápidamente ayudó a levantar a la joven, que rechazó la ayuda.

-Si no ves, que te guíe alguno de tus acompañantes-. Manuel la miró, quedando prendado de ella. No era capaz de gesticular, y sin darse cuenta, estaba con la mirada perdida en aquellos ojos azules. Manuel reaccionó.

- Sí, disculpe señorita, mi nombre es Manuel de Linares, y quería saber si podía ver al señor-. Dijo sin quitar los ojos de la hermosa cara de la joven.

Se la quedó mirando, deteniendo el tiempo para poder observar hasta el último detalle de aquella moza, que el destino la había puesto literalmente en su camino. Vestía con una saya blanca, con mangas ajustadas a sus brazos, que recubría un corpiño azul cielo a juego con sus ojos, que la hacía resaltar la dorada melena que le llegaba hasta la cintura a pesar de llevar parte de ella tapada por una crespina blanca. Sus piernas estaban ocultas por una basquiña del mismo color que el corpiño, con la diferencia, que su color se iba apagando según la tela se acercaba al suelo.

Aurora después de sacudirse el polvo pudo contemplar los ojos oscuros de aquel joven que la había tirado al suelo. Algo encontró en ellos que no la dejaban apartar la vista, aquel torpe muchacho había despertado en ella algo que jamás había sentido antes.

-Espere un momento, por favor-. La joven lo pronunció con una voz dudosa de saber si las palabras que acababa de pronunciar eran las correctas, o fueran corregidas de inmediato. Después de ser capaz de apartar su mirada y darse media vuelta, su cabeza no la dejaba olvidar la media melena rizada oscura tapada en la parte superior por una parlota roja carmesí.

La joven desapareció del patio bajo la atenta mirada de Manuel, que era incapaz de apartar la vista de ella, como si un embrujo se hubiera apoderado de su alma. Al poco rato, volvió a salir indicando a Manuel que podía pasar. Él la siguió por un patio hermoso con un estanque en el medio lleno de peces, más adelante unos bancos de piedra y un porche de madera muy envejecido, aunque a la vez muy bonito. Lleno de plantas y flores de todos los colores.

Cuando llegó al aposento donde se encontraba el señor de la casa, el joven se percató que la doncella le dijo algo en voz baja y a la vez le hizo una reverencia. Al instante el señor se giró y una sonrisa le apareció en el rostro.

- Manuel, muchacho ¿hay noticias de mi hermana y tu hermano?-

Manuel se sentía intimidado, al tener a un miembro de la familia Mendoza hablándole con un tono amigable y cercano.

- No señor. Es pronto. Lo único que...-. No le salían las palabras.- Que su hermana me encargó una tarea harta complicada-. Una familia tan poderosa como era la de María Pacheco en Castilla, no solía recibir a nadie inferior a su linaje, pero con Manuel había hecho una excepción.

A Antonio Mendoza le hacía gracia aquel muchacho nervioso, que era incapaz de quedarse quieto, y movía los brazos sin saber qué hacer con ellos.

-Pues bien, dime muchacho.- Y con un gesto pidió a la joven que sirviera dos copas de vino.

-Bueno, pues tengo que buscar personal para la casa y yo…. De eso no entiendo mucho, si usted me entiende.-

El hombre soltó una carcajada.

- Y me vienes a pedir consejo a mí, muchacho-. Manuel empezó a sonrojarse. No estaba acostumbrado a tratar con la nobleza y su primera experiencia no le estaba saliendo como a él le gustaría. Por el contrario a Aurora le empezaba a interesar aún más aquel muchacho torpe y tímido. Gesto qué desvelaba una tímida sonrisa pícara de la que Antonio se percató.

-Pensé que María se encontraría mejor en Toledo, si tenía a gente conocida o de su tierra alrededor….-. No le dejó acabar.

-Tengo la solución, Aurora te ayudará-. El interés que ponía Aurora por aquel muchacho, parecía que era mutuo y pensó que sería una buena idea que aquellos jóvenes se conocieran mejor.

-Perdón señor ¿Quién es ese ángel que a mí a de ayudarme?- Dijo atónito.

El señor se levantó de su sillón (roído por los años) acercándose a la muchacha que tanto había llamado su atención, porque no solo eran esos ojos azules, sino también un pelo dorado como el mismo sol y unos rizos que ni la concha de un caracol tenía tantos giros. La cogió de una mano y la miró a los ojos.

- Nadie conoce mejor a mi hermana que tú, y sé, que tú también te sientes libre en su compañía. Lo mejor para todos será que tú te encargues de buscar al servicio que necesitara María en su nueva casa de Toledo-. Se giró hacia Manuel.

-Ella es Aurora, ha sido la dama de compañía de María Pacheco y ahora será su pilar fuera de esta casa, te ayudara en todo lo que la pidas.-

Manuel no sabía que contestar, y cuando reaccionó, miró a Aurora, y al ver su sonrisa se quedó más prendando de ella que antes.- Perfecto, si pudiese empezar hoy a echarme una mano-.

Antonio de Mendoza sabía que entre ellos había algo especial y tenían que estar juntos.

-Si no hay más peticiones tengo que ausentarme-. Y marchó de la estancia dejando la puerta abierta, ya que estaba mal visto que una dama estuviera a solas con un hombre. Hubo un largo e incómodo silencio hasta qué Manuel respiró hondo para llenarse de coraje y dirigirse a la muchacha.

-Disculpe, no me he presentado como dios manda, soy Manuel de Linares, escudero y mano derecha del esposo de su señora.-

La muchacha se echó a reír y con una sonrisa en su maravillosa boca respondió.

-Aurora Díaz a su servicio, dama de compañía de la señora María Pacheco ¿Qué es lo que necesita mi señora para su nuevo hogar?- Sacó una pequeña lista del bolsillo.- Bueno, pues bien... personal de limpieza, una dama de compañía para que lleve todos sus asuntos-.

Aurora se acercó para poder leer lo que ponía en el papel, poniendo más nervioso al muchacho, al sentir su alimento tan cerca.

-Bien, la dama de compañía ya la consiguió y sabe perfectamente lo que le gusta a la señora.-

Pasó su dedo por el papel para seguir leyendo lo que ponía. La mayoría de doncellas y de la población de Castilla no sabían leer ni escribir, pero a ella la había enseñado María.

Después de otro largo silencio entre ellos, Aurora se fijó en el jubón marrón claro desgastado con un pequeño faldón que no eran propios de una familia noble, dejándola dudas si realmente era hermano de Juan Padilla. Sin darse cuenta se había enamorado de ese hombre, que si realmente venía de la familia de los Padilla, jamás la dejarían casarse con él y no quería ser el segundo plato de nadie. Como solían hacer los nobles con las criadas, que engañadas por una vida mejor, eran llevadas al lecho con el único objetivo del placer carnal, y si la señora de la casa se enteraba, era repudiada o asesinada sin que a nadie le importara. Ella era una criada, pero no pensaba ser el objeto carnal de ningún noble.

Aquella noche, Manuel durmió en la habitación de invitados, donde tenía que esperar a que Aurora preparase la comitiva que necesitaría María en Toledo. No conseguía conciliar el sueño pensando en la dulce muchacha que acababa de conocer y que le robaba sus pensamientos. No sabía nada de ella, pero desde el primer momento que se cruzaron sus destinos, su alma sentía que solo su compañía le dejaría descansar con tranquilidad. Cansado de dar vueltas decidió levantarse y asomarse a la ventana que daba a los jardines de palacio, que pertenecía a la familia Mendoza situada cerca de la Alhambra; perteneciente al título de Conde de Tendillo por una cesión temporal por los Reyes Católicos. En los jardines se encontraba Aurora con otras doncellas que disfrutaban de la tranquilidad del palacio gracias a las ganas de descansar de los señores. Hablaban de un apuesto joven que había conocido Aurora, y las ganas que tenía de ser rodeada por sus brazos. Manuel curioso por la conversación, se alargaba lo máximo posible para saber quién era ese joven y si tenía alguna posibilidad. Sin querer dio una patada a una piedra en el borde del balcón llamando la atención de las muchachas, que dirigieron sus miradas a donde él se encontraba. Sin pensárselo, se tumbó en el suelo y entró a rastras en la habitación, esperando que no le hubieran visto.

Dos días después sin cruzar palabra con Aurora, se reencontraron en el salón con los caballos preparados en los establos para la salida. Evitaban mirarse, y para no caer en la tentación y el pecado, fijaban su vista sobre los cuadros que decoraban la estancia. Manuel vio uno que le llamó la atención. Era Aurora en compañía de María Pacheco, junto a la alberca situada en los jardines de palacio.

- Ya está todo listo para la partida-. Esbozó Aurora para romper aquel extraño silencio. Manuel asustado, redirigió su mirada hacia los techos, con temor de no saber si se había dado cuenta de que la estuvo espiando la otra noche.

- Ya tengo todo listo. Mi caballo me espera en la cuadra con su montura puesta-. Aurora lo miró y con timidez se giró.

-Bien, espérame en la calle entonces. Ahora salimos.-

Cuando salieron de Granada, sus pensamientos, solo se centraban en aquella moza sonriente, que cabalgaba a unos metros de él, y tanta felicidad repartía a las damas que la acompañaban. Pensando en cómo acercarse a ella, no se percató, en que Aurora se había colocado a su lado y lo contemplaba con la misma mirada de amor que él lo hacía.

-Perdón señor ¿Está bien?-

Giró la cabeza y al contemplarla a su lado se ruborizó, y con timidez bajo la mirada.

- Sí, disculpe, estaba distraído-. Se le entrecortaban las palabras.

A Aurora le hizo gracia la voz de aquel muchacho que no era capaz de mirarla a la cara, o al menos cuando él se pensaba que no se daba cuenta.

- Pensé que un caballero de Toledo no se escondería cuando tuviera una dama a su lado.-

Manuel alzó la cabeza como un gallo enseña su cresta para demostrar que podía ser más valeroso que cualquier otro caballero, pero su acción forzada por los nervios de la compañía, hicieron que su parlota carmesí terminara en el suelo. Eso hizo que Aurora arrancase a reír y deslizase su mano por el hombro de Manuel, que descabalgó y sacudió la parlota pensando en la humillación recibida, se empezó a enfurecer, pero al levantar la mirada y contemplar la sonrisa de la muchacha, él también arrancó a reír, desapareciendo los nervios iniciales, pudiendo disfrutar con aquella muchacha de una corta conversación, que les ayudó a conocerse mejor, prendándose más aún el uno del otro.

Llegaron a la ciudad y descabalgaron de sus monturas para cruzar el puente de la ciudad andando. El joven le ofreció el brazo para que se agarrara a él, pero por no dar pie a aquel caballero que apenas conocía reusó la oferta.

Siguieron a Manuel por las calles de aquella ciudad nueva para ellas. Las estrechas calles y la cantidad de gente que surcaban por ellas, les obligaba a desfilar unos detrás de otros, hasta que llegaron a una casa de fachada blanca con rejas en las ventanas y una puerta de madera envejecida por el tiempo. Con cara de estupefacción las mujeres se miraron y con la misma cara miraron a Manuel, que estaba llamando a la puerta. Cuando abrieron se encontraron con una sala polvorienta y llena de mugre, además de oscura porque todos los cortinones estaban echados, Manuel se puso abrir cortinas y la luz entró por toda la estancia.

-Bueno, como verán la casa lleva mucho tiempo cerrada.-

Manuel se dispuso a enseñarlas la casa. En la planta de abajo estaban las habitaciones de los criados junto a la cocina. Había un gran comedor con una mesa en medio donde podían comer más de una docena de hombres, acompañada por sus sillas tapizadas en rojo. Junto a la sala asomaba un pequeño despacho plagado de estanterías vacías y un escritorio bien iluminado, gracias a un ventanal que daba al patio interior de la casa. En la segunda planta estaban los cuartos y dos enormes baños, y como en la planta de abajo todo estaba lleno de mugre. Cuando vieron todo el interior, Manuel sacó a Aurora a la parte trasera de la casa, en el que había un jardín enorme sin arreglar.

-Señorita Aurora ¿Me podía decir que es lo que piensa?-

No sabía ni por dónde empezar con aquel desastre.

-Pues… esto no es lugar para una señora de la categoría de María-.

Manuel no veía que fuera para tanto.

-Bueno, por eso necesitaba ayuda, aunque es la casa que escogieron ellos y en pocas semanas hay que tenerlo todo arreglado-.

-¡¡¡¡Semanas!!!! Eso es imposible, para limpiar esto se necesitan años.-

-Jajajaja, no sea exagerada, por favor, con cuatro trapos y un poco de agua esto queda habitable-. Durante la conversación y sin ellos darse cuenta entraron seis señoritas en el patio y dos caballeros, Aurora se puso a dar órdenes por aquí y por allá. Viéndola le gustó más todavía, y se propuso hablarla de sus sentimientos esa misma tarde, aunque todavía no sabía si tenía algún pretendiente.

Cuando anocheció, Aurora se metió en la cocina, aunque aún sucia, ya no había tanta mugre, se podían usar los fogones y las cazuelas. Mandó a una de las muchachas al mercado que todavía estaba puesto a comprar algo para cenar. Sin saber por dónde empezar buscó entre los armarios algo que le sirviera para cocinar. Entre los objetos había ollas y sartenes, que hacía años que no se usaban. Encendió los fogones y con agua del pozo limpió todos los utensilios, y con ayuda, empezó a cocinar para todos los sirvientes de la estancia.

Manuel que no la dejó de observar en ningún momento, se empezaba a dar cuenta que cuanto más tiempo pasaba con ella, mayor era el amor que sentía, aunque seguía sin decirla nada. Ella se percató que él no la quitaba los ojos de encima, lo cual la ponía muy nerviosa aunque intentaba disimular. Después de cenar todos se fueron a descansar menos Manuel, que se quedó en el despacho revisando los gastos del servicio, y preparando una lista con cosas que faltaban por comprar. Cuando llamaron a la puerta, cuál fue su sorpresa, que al abrir era Aurora. Al contemplarla, se puso nervioso y dejó lo que estaba haciendo.

- ¿Qué desea, señorita?-

En un principio titubeó, pero luego decidió entrar.

-He visto luz y pensé que se nos había olvidado apagar las velas.-

Al contemplarla entrar, tropezó con una silla que estaba al lado del escritorio. Se recompuso e hizo como si nada hubiera pasado.

-No. Estaba mirando unas cosas que hay que rematar mañana, pero enseguida me retiro a mi cuarto.-

Aurora deseaba permanecer más tiempo al lado de aquel muchacho que la proporcionaba una serenidad, que ningún otro hombre la había proporcionado. A su lado se sentía segura y podía actuar como realmente era ella, sin pensar más que en el momento que estaba viviendo. -¿Necesita ayuda...?-

Después de un gran silencio entre ambos, él la cogió de la mano y la llevó hasta uno de los sillones, animándola a sentarse con él, para hablar un poco.

-La verdad, es que sí que me hace falta un poco de ayuda, porque hay que comprar ciertas cosas que un hombre no tiene ni idea de pedir-. Le entregó las listas que había terminado, mientras ella se colocaba con una silla a su lado.

-No se preocupe, yo me encargo.- Se miraron durante unos segundos y Aurora apartó su vista por miedo a recibir un beso. -¿Por qué no dejas de hablarme de usted y me tuteas?-

Aurora dudó y le empezaron a temblar las manos, se levantó de su asiento y se dirigió a la puerta. -¿A qué se refiere... que está insinuando?-

-Bueno, no es tan complicado entenderlo, sé que puede sonar un poco descabellado, pero creo que me he enamorado de ti.-

Aurora se quedó en silencio mirándole con cara de asombro y sin saber que decir, salió de la habitación corriendo hacia el jardín de la casa. Él la siguió pensando que había podido ofenderla, pero en realidad no era así. La muchacha había salido porque le daba vergüenza que hubiese sido tan franco con ella. Si apenas le conocía, y tenía miedo de sus sentimientos.

-¡Aurora, Aurora!!!- repetía él, corriendo detrás de ella hasta que frenó en seco frente a un pozo que había en el centro del jardín. -¿Por qué huyes? ¿He dicho algo que te haya incomodado? O es que tienes pretendiente-. Empezaba a arrepentirse de su atrevimiento.

-No... es que... bueno no sé qué decir. – dijo la muchacha titubeando.

-Pero eso que quiere decir.- Su corazón luchaba para que no se retirase.

-Que no hay nadie en mi vida ¿Quién se fijaría en esta simple criada?-. Se quitó la crespina dejando su larga melena rubia al descubierto y se apoyó sobre el pozo.

Con pausa se acercó hasta ella, se puso de rodillas y la agarró con cuidado las manos. -De simple nada, eres una de las damas más bellas que yo haya visto en mi vida.-

-Eso lo dice porque quiere adularme, pero soy una muchacha normal y corriente-. Intentaba luchar con todas sus fuerzas por lo que sentía por aquel muchacho.

-Te lo juro por mi vida, y si no que ahora mismo me parta un rayo si miento-. Se levantó y estiró sus brazos mirando al cielo, mientras contemplaba cómo se formaba una tormenta en la oscuridad.

-No digas eso nunca más, no soportaría que te pasase...-

Cuando se dio cuenta de lo que estaba diciendo, se tapó la boca con las manos para acallar sus pensamientos dichos en alto, pero ya era tarde. Manuel se estaba acercando con la intención de robarla un beso.

-¡No! Espera, esto no está bien, apenas nos acabamos de conocer y ya estás hablando de amor ¿Y si solo es calentura? Yo no lo sé.-

Se dio cuenta de que su valentía repentina la estaba asustando.- Bien, hagamos un pacto. Hasta que vuelva Juan Padilla y María Pacheco tenemos tiempo para conocernos mejor. Si para entonces me dices que no sientes nada, no volveré a molestarte.-

-Está bien. Haremos lo que tú digas, pero despacio y paso a paso-. Aurora aceptó de buen grado, esperando conocer mejor las intenciones de aquel muchacho.

Con este acuerdo se fueron a dormir cada uno pensando en el otro. A la mañana siguiente, siguieron limpiando y así pasaron los días, las semanas y la pareja cada vez se unía más, y se daban cuenta de que aquello sí que era amor. Cuando menos se lo esperaban, llegó el día en que el matrimonio volvió y fueron recibidos por todos los empleados que Manuel y Aurora les habían conseguido.

Una vez acabada la velada Juan y Manuel salieron al jardín, este último se atrevió a contarle a su hermano todo lo que había pasado en el tiempo en el que había estado ausente, y por supuesto, no olvido hablarle de lo que sentía por Aurora y que pretendía hacerla su esposa lo antes posible.

Juan se acicaló la barba. -Bueno. Entonces estás enamorado, y si va en serio, yo no me opongo, pero tienes que hablarlo con María, es la que manda y la chica es su doncella.-

Apenas la conocía y tenía miedo de su reacción.

-Bien, hablaré con Doña María para ver si me da su bendición-. Terminando esta frase fue en dirección a la casa, cuando al mismo tiempo salía María con cara de pocos amigos.

- Señora...yo...quería hablar con usted.-

-Sí, y yo contigo, y bien sabes de qué ¿Qué es eso que me ha contado Aurora? ¿Qué estás pretendiendo? Ella es huérfana y mi familia le prometió a su madrina cuidar de ella ¿Y tú haces esto? La pretendes sin pedir permiso, y encima viviendo bajo el mismo techo.-

Manuel avergonzado no levantaba la cabeza, simplemente asentía sin darse cuenta de que María se estaba riendo al ver la cara de susto que ponía el muchacho. Al levantar la cabeza se dio cuenta de todo, sin echarse a reír preguntó.

-Doña María, si ya sabe todo, no tengo más que decir excepto si puedo seguir tratando con Aurora como hasta ahora o tengo prohibido acercarme a ella.-

María se giró para contemplar cómo miraba Aurora a aquel muchacho. Su rostro se iluminaba con su presencia.

-Puedes tratarla, pero con una persona de mi confianza siempre con vosotros.-

Así fueron pasando los meses hasta que una mañana, Manuel se levantó de la cama con ganas de hablar con Juan y María, había decidido pedir la mano de su amada. Esperó a que todos se sentaran a la mesa para ponerse en pie y mirando fijamente a la chica se arrodilló delante de ella y sacó de la solapa de su chaqueta un anillo muy bonito de oro con una piedra encima. Parecía barato, pero a la chiquilla no la importaba, para ella era el más valioso del mundo porque era el que su amado había elegido para ella.

Una noticia cortó las celebraciones de boda. Segovia se había levantado en armas contra sus procuradores. Padilla decidió unirse a la causa, ya que el rey le arrebató lo que por ley le correspondía. Al oír que Juan se uniría, Manuel en forma de agradecimiento por todo lo que la familia Padilla había hecho por él decidió acompañarle.

Manuel se acercó donde se encontraba Juan para pedirle consejo, pero al ver la cara de preocupación de este, decidió callar y fue directo a decirle a la muchacha las noticias que habían llegado.

Sabía que la joven estaba en el jardín con su señora, así que se fue en dirección a ellas. María al ver la cara del joven en el umbral de la puerta le dijo.- Ha llegado el momento ¿verdad?-

-Sí-. Contesto mirando a Aurora.- Señora ¿Me permitiría unos minutos con ella?-

La muchacha al oír la voz de preocupación del joven se asustó y empezó a pensar cosas de todo tipo.

-¿El momento de qué?- Consiguió decir la chica con un nudo en la garganta, cuando terminó de decir la frase María ya había desaparecido del patio y había ido en busca de Juan.

-¿Qué pasa? ¿Qué me ocultas?-. Preguntó sin casi poder aguantar las lágrimas.-

-Esto... bueno... no sé por dónde empezar, pero lo que sé de seguro es que la noticia no te va a gustar.-

-¡Habla ya! Por el amor de dios.-

- Está bien, en unos días partimos hacia Segovia.-

-¿En Segovia han empezado los disturbios?-. Le dijo con los ojos muy abiertos y llenos de lágrimas.

-Sí. Mi niña, ha empezado la guerra.-

-Entonces ¿Ya vais al combate? ¿Se acabaron las negociaciones?-

-Sí. A unirnos a la lucha, es por una buena causa y yo no puedo dejar solo a mi señor, mi hermano.-

-Pero... y si no vuelves, y si pasa algo yo... no... -. Mirándole sabía lo que quería decir, pero no la salían las palabras.

-No te preocupes tanto, ya verás que en nada regreso y estamos juntos de nuevo.-

Aurora ya no pudo aguantar más y se echó en brazos del muchacho sollozando, le abrazó con tanta fuerza que a Manuel le costaba hasta respirar, pero no la apartó, ya que él tenía el mismo miedo de no volver a verla, ese mágico momento se vio empañado por la interrupción de la nana de Aurora que había ido a buscar a Manuel, ya que habían llegado dos hombres a hablar con Juan y este quería que el joven estuviera presente en la conversación. Manuel soltó a la muchacha, la apoyó contra el pozo que había en medio del patio y la dio un furtivo beso en los labios.

A los hombres les dieron las tantas hablando en el despacho entre copas, comida y sobre todo muchos gritos. Juan se levantó y se colocó detrás de dónde estaba sentado Manuel colocando las manos en sus hombros.

-Este será nuestro hombre-. Se sentía orgulloso de encabezar la avanzadilla que llevaba la ayuda de Segovia. Pero su alegría no era plena, ya que tenía que dejar a Aurora en Toledo y no sabía cuándo volvería a verla.

Aurora se despertó sobresaltada porque sentía que alguien la observaba mientras dormía y no se equivocaba, a los pies de la cama estaba Manuel mirando y velando sus sueños. Se frotó los ojos con las manos y se incorporó preocupada por la mirada de su amado -¿Qué pasa mi vida?-

Se sentó a su lado y la agarró fuertemente de las manos- Nada. Que.... Ya sabemos exactamente cuándo partiremos.-

Apoyó su cabeza en su hombro sabiendo que pronto se separarían. -Siiii ¿Cuándo?-

Titubeó durante unos segundos, la soltó las manos y se volvió a poner de pie.- Mañana por la noche. Con una pequeña guarnición.-

Él la abrazo con todas sus fuerzas, y ella aprovechó para darle un beso furtivo en la barbilla, giró la cabeza y la reposó en su pecho para poder oír los latidos de su corazón.

La separación era inminente, pero se necesitaban uno al otro como una simple bocanada de aire. Manuel la apartó, la dio un beso en la frente y sin pronunciar palabra para no arrancar a llorar, salió de la habitación.

Aurora se mantuvo inmóvil hasta que desapareció detrás de la puerta que se cerró a su paso. Sus ojos azules se empezaron a llenar de lágrimas, sin mayor consuelo que la desazón, se tumbó en la cama y dejó que los sentimientos salieran de su alma para poder mitigar el dolor.

Al día siguiente Juan y María les dijeron a los muchachos que se fueran de paseo al campo a pasar el día, ya que era un día soleado. Sabían de primera mano que los muchachos tenían que disfrutar de un día sin que nadie les pudiera molestar. No sabían si volverían a encontrarse, y pasar un tiempo juntos les brindaría los motivos suficientes para sobrevivir, en un conflicto donde no se sabía lo que pudiera pasar o el tiempo que tardaría en llegar a su fin. El amor era una de los mejores sentimientos para aguantar las peores barbaries en las que podría enfrentarse el hombre.

Salieron de la ciudad de Toledo montados en el mismo caballo que les regalo Juan ese mismo día. Era el caballo con el que partiría Manuel hacía Segovia y que llevaría en la contienda. Aurora se abrazaba con fuerza a su amado, no por miedo al caballo, (animal que sabía cabalgar con soltura y que en más de una vez, lo había cabalgado por fuera de aquella ciudad de la que se estaba empezando a sentir como en su querida Granada) sino por sentirse cerca de él, el tiempo que les quedaba.

Después de comer, mientras estaban tumbados mirando al cielo, él se giró y se la quedó mirando.

-No pienses, hoy no, olvídate de todo, recuerda este día cada vez que dudes de nuestro amor. Hagamos algo que nos persiga en nuestra vida cada vez que dudemos de nuestra existencia-.

Aurora no dejaba de pensar que en unas horas le apartarían de su lado, pero comprendía que ese momento tenía que ser especial.

-Está bien, pero no lo puedo evitar, tengo miedo de que no vuelvas y entonces ¿qué haría yo?-

Manuel tenía claro que volvería. Tenía motivos más que suficientes para regresar. -No sigas, volveré y estaremos juntos toda la vida.-

Ella dejó de pensar y entonces, se la ocurrió jugar a un juego que hacía años que no jugaba, y era mirar las nubes e imaginar que forma tenían, y así pasaron el día, paseando, viendo las nubes y riendo como nunca habían reído. Al atardecer llegaron a la casa donde les esperaban.

En lo que terminan de solucionar los últimos retoques del viaje, Aurora estaba sentada en el banco del patio trasero al lado del pozo, con la cabeza gacha y sujeta entre las manos, cuando alguien la cogió entre sus brazos y enseguida supo que el momento de la despedida había llegado.

La abrazaba con todas sus fuerzas, mientras intentaba no desmoronarse por la situación.- Lo siento, el momento ha llegado, he de partir.-

Quería retenerlo entre sus brazos, mientras escuchaba su corazón por última vez.- Lo sé, pero todavía no me acostumbro a la idea de estar aquí sin ti, sin verte todos los días y despertar deseando cruzarme contigo por la casa-.

-Solo ten presente una cosa, eras, eres y serás la mujer de mi vida pase lo que pase, mi amor solo te pertenece a ti.- Dijo esto besándola los ojos, las mejillas, toda su preciosa cara hasta que llegó a su boca, esa boca que lo traía loco y que llevaba deseando besar todo el día.

Al ver que el viaje era ya inminente los pensamientos de Manuel eran cada vez más sombríos, aunque delante de Aurora se mostraba impasible, para no preocuparla más de lo que estaba. Levantó la cabeza y vio en el umbral de la puerta a Juan haciéndole un gesto, ya era la hora, el chico asintió, apartando a la joven de su cuerpo, la dio un casto beso en los labios y con una gran sonrisa fingida en su rostro miró a la chica.

-Hasta pronto mi hermosa doncella, pensaré en ti todos los días hasta mi regreso.-

-Manuel-. Dijo ella-. Prométeme una cosa-. Corría hacia su prometido.

-Sí, lo que desees-. La recogió de nuevo en sus brazos.

-Vuelve por favor, vuelve junto a mí.- Las lágrimas que llevaba aguantando todo el día, por fin consiguieron florecer en su rostro.

La sonrisa de él se agrandó para dar una seguridad a quien le veía partir sin poder impedírselo.

-Eso es lo único que me mantendrá en este mundo-. Y con esas últimas palabras salió por la puerta dejándola llorando junto al pozo, donde se había prometido así mismo que cuando volviera de su aventura se casaría con ella.

Partía sin saber si volvería, se dirigían a ayudar a los segovianos, a una lucha que su hermano pensaba liderar. Juan había nacido para dejar huella en aquellas tierras, y no iba a dejar que un rey lo apartase y le dejara a un lado, mientras otros nobles extranjeros se apoderaban de sus ciudades. Juan Bravo le había pedido ayuda y pensaba entregársela.

Manuel solo quería defender a su pueblo y volver lo antes posible. No había nacido en el seno de una familia noble, ni siquiera conoció a sus padres, y la familia Padilla le había ofrecido una vida mejor que la que hubiera podido desear. Tenía que demostrar que estaría a la altura en esos momentos donde todo hombre debe ser fiel a su familia, sin importar más que el requerimiento de su apoyo. Aurora corrió por las calles empedradas de Toledo buscando el punto más alto de la muralla, para contemplar como Manuel se perdía en el horizonte. Apenas acababa de partir y ya sentía su ausencia. Esperaría para poder volver a sentir sus brazos rodeándola y acariciar el calor que únicamente él la proporcionaba.

ASEDIO A SEGOVIA
Junio - 1520

"TU TIERRA DE CASTILLA, MUY DESGRACIADA Y MALDITA ERES AL SUFRIR QUE UN TAN NOBLE REINO COMO ERES, SEA GOBERNADO POR QUIENES NO TIENEN AMOR."

Este pasquín se podía leer en muchas iglesias donde el descontento por la monarquía extranjera, había creado en muchas de las ciudades castellanas el rechazo, por estar cada vez más castigadas por la hambruna. Donde las noticias de más impuestos corrían a sus anchas en una población, que contemplaba como los favores se los llevaban los nobles extranjeros, mientras el monarca solamente pensaba en conseguir favores para su nombramiento como emperador.

La ciudad de Segovia no tardó en declararse en rebeldía, con el ajusticiamiento de inmediato de los dos funcionarios y el procurador que concedían los servicios al rey en nombre de la ciudad. Al frente de la rebelión se situó Juan Bravo, que no dudó en participar de forma muy activa en el levantamiento de la ciudad castellana. Por el contrario en el bando del rey, el alcalde Rodrigo Ronquillo, recibió la noticia de investigar a los culpables de las revueltas en la ciudad. Orden que cumplió con puño de hierro reprimiendo a los ciudadanos de Segovia.

-No dejéis que tan infame personaje reprima y abuse de los honrados segovianos.- Alentaba Juan Bravo con voz firme, mientras reorganizaba un ejército para echar de la ciudad a quien consideraba fuerzas extranjeras. Su única idea era la de devolver al pueblo la ciudad de Segovia, con la que en los últimos años se la había dirigido de forma autoritaria desangrando, humillando y vapuleando sin importar el sufrimiento de sus ciudadanos. Con el único objetivo del enriquecimiento de los que la gobernaban.

-Bravo, desiste de tu golpe de poder y devuelve las competencias de la ciudad a quienes jamás deberían haberlas perdido-. Gritaba con voz autoritaria y enfurecida el alcalde Ronquillo. -Si cumples de inmediato, solo se te castigará con una pequeña reprimenda y una multa. Si no, tu vida y la de los que están a tu lado, será el pago por tal desprecio hacia el rey y sus posesiones.-

Juan Bravo a lomos de su caballo fuera de las murallas que custodiaban la ciudad, al lado de los ajusticiados por el pueblo, que seguían colgados de sus pies. Se movía de forma provocadora para intentar enfurecer más al alcalde.

-Esta tierra, situada en la noble Castilla, pertenece a sus ciudadanos, no a nobles extranjeros que ni siquiera conoce su idioma. Solo rindo pleitesía a los ciudadanos de tal noble ciudad, y quién intente impedirlo acabará como Rodrigo de Tordesillas y sus secuaces. Juró que no desistiré, hasta conseguir tal noble objetivo o, sino que el señor me reclame a su lado-. Después de un corto silencio concluyó. -Marchad de estas tierras y no regreséis hasta que pidáis perdón a sus gentes.-

Ronquillo al ver a la multitud que cada vez era mayor y apoyaba las palabras de Juan Bravo, dio la orden de retroceder. Sus hombres estaban mejor preparados, pero la diferencia numérica entre bandos le hacía dudar de una victoria, y cualquier humillación, haría levantarse más ciudades.

-No conocéis la magnitud de lo que habéis creado, pero pronto recibiréis vuestro castigo.-

Sin mediar más palabras por ambos bandos, las tropas realistas abandonaron la ciudad. Pero Bravo y los suyos sabían que volverían muy pronto, y las palabras dejarían de tener importancia hasta para el moribundo, que en medio de la batalla pedirá clemencia para que terminen con su sufrimiento. Siendo originadas para dar ejemplo de sus alaridos al soldado rival. Sin perder ni un instante, Bravo hizo llamar a unos mensajeros para que se pusiesen de inmediato rumbo a Madrid y Toledo, para pedir ayuda. Sabía que las tropas carlistas no tardarían en regresar, para conquistar la ciudad por la fuerza, con un ejército mejor armado y más numeroso. Su causa solo saldría adelante si actuaba deprisa, solo con la unión y el apoyo de las ciudades podría dar la victoria a la causa comunera. Por ello necesitaba un contacto en Medina del Campo, para que el alcalde Ronquillo y sus tropas no pudieran conseguir la artillería que allí se guardaba. Juan Bravo mandó llamar a David de Molina, un gran amigo suyo desde la infancia, él pasaría desapercibido entre las líneas enemigas, al no pertenecer a la nobleza y llevar puestos ropajes más modestos, por lo cual no llamaría tanto la atención.

Su amistad nació antes de tener la decena de años por las calles de Atienza, Bravo era educado con la idea de que todos los hombres son iguales y que nadie es dueño de otro hombre, y siempre ha predicado con el ejemplo. David por el contrario, venía de familia humilde y con la única enseñanza de sobrevivir con el sudor de su frente, y el trabajo de sus manos, pero sin sentirse jamás menos que nadie. Su respeto hacia otros hombres era el mismo independientemente cuál noble era el escudo de su casa, desde el primer día que se cruzaron congeniaron y desde entonces se han respaldado, y ayudado sin pedir nada uno del otro. Por eso Juan sabía que su amigo cabalgaría enseguida hacia Medina, de inmediato sin poner ninguna objeción y sin preguntar, la confianza y la rapidez en la marcha eran importantes, por lo que David partió sin dilación con lo que llevaba puesto, y comida para un par de días.

Salió de su casa a poca distancia de Segovia, contemplado por su familia, que todavía no entendía por qué tenía que partir él hacia Medina, y no uno de los soldados que estaban más acostumbrados a esos escenarios. Montado en su caballo miraba en todo momento hacia atrás, hasta que les perdió de vista, deseando volver junto a ellos a pesar de que acababa de partir de su lado. Sabía que el viaje era peligroso y que era muy probable que no volviese, pero aun así decidió ayudar a su amigo.

A pesar de la prisa del momento y la importancia del viaje, el paso tenía que ser suave, para no levantar sospechas, porque si saliese a toda prisa entre un incesante goteo de tropas, alguno de los asediadores se podría dar cuenta de que no era un simple viajero.

Sin apenas llegar a Zamarramala, localidad muy cercana a Segovia, tropas realistas le dieron el alto junto a dos jóvenes que compartían el camino, pero no la compañía. Fueron conducidos a la plaza del pueblo donde el alcalde Ronquillo los esperaba. Por medio de la villa se veían carteles o edictos, donde se consideraban rebeldes a todo aquellos que proviniesen de Segovia. David esperando su destino, agarró su espada y esperó el momento para dar muerte a quien intentara apartarle de su caballo. Sin dar tiempo a desenvainar un mozo de Zamarramala le agarró la mano con la que sostenía la empuñadura de su espada y lo bajo del caballo.- David de Molina-. Le dio un fuerte abrazo alejándolo de los soldados que lo custodiaban. La mujer de aquel hombre, acompañada de su hija, agarró al caballo y se lo llevaron junto a él. Los soldados pensando que se habían equivocado, dejándole ir y siguieron custodiando a los otros dos jóvenes, que asustados pedían perdón por sus actos.

Cuando las tropas realistas se alejaron, David contempló el rostro de su primo que vivía en la villa.

-Gracias por tu ayuda-. Juan le agarró la cara y le condujo a su casa, donde las palabras no serían motivo de juicio. Al cerrar la puerta observó por las ventanas que nadie les había seguido y después de dar acomodo a su invitado se sentó, y desnudó sus pies de las botas altas que lo estaban matando.

- Toda persona que entre o salga de Segovia, es un traidor para la corona-. David se asomó con cuidado por la ventana y contempló como los soldados no paraban de custodiar las calles. Los campesinos que se cruzaban con ellos, se escondían y corrían hacia sus casas, por miedo a ser considerados traidores y ser castigados en consecuencia. Los encarcelamientos y torturas eran habituales desde el levantamiento de Segovia.

- Necesito llegar a Medina del Campo-. Su primo lo miró y negó con la cabeza.- Solo saldrás de aquí si aprovechas el juicio de los dos pobres hombres que serán castigados. No serán culpables de nada, pero necesitan dar ejemplo a los demás campesinos-. Sabía que les estaba poniendo en peligro y tenía que salir de ahí lo antes posible.- Tú ya has hecho bastante. Cuando los juzguen saldré de la villa-.

Los dos familiares que a pesar de la poca distancia de sus casas, hacía tiempo que no se veían, aprovecharon para contarse anécdotas de sus vidas. En el fondo de la conversación se escuchaban los alaridos de los pobres salmantinos, que torturados eran obligados a confesar, que participaron en la barbarie que sufrió el corregidor Tordesillas. A Ronquillo no le importaba si habían participado en el linchamiento, lo único que intentaba es dar ejemplo con sus vidas.

Aprovechando el tumulto formado por las mulas que arrastraban a los pobres infelices, David aprovechó para abandonar Zamarramala. A su espalda dejaba la barbarie que recorría el odio de las personas sin importar la vida, aprovechando el tumulto para matar sin importar si eran culpables o no. Él se había salvado de ese final gracias a la familia que aunque distante, encontrándose tan cerca, darían la cara y ayudarían a los suyos. Él no era noble y no poseía fortuna, pero las amistades para él, eran un gran sustento que pocos hombres, aunque muy ricos que fuesen, podrían mantener con solo pedírselo, sin necesidad de conseguir un beneficio por ello. Juan Bravo conocedor de la importancia de convencer a Medina del Campo de que no prestara su armamento a las tropas carlistas, con anticipo a los acontecimientos, hacía días que había enviado mensajeros hacia Madrid y Toledo, para que se uniesen a David de Molina.

Padilla sin dilación mando a la persona en la que más confiaba, Manuel que con el apoyo de otros tres hombres habían partido a su encuentro. A galope Manuel y sus escoltas dieron caza a un caminante que tenía más pinta de granjero que de mensajero, y sin dudar le dieron el alto, aquel hombre detuvo su caballo y se giró asustado, echando mano a la empuñadura de su espada.

-Buscamos a un viajero que salió de Segovia hacía Medina del Campo-. Dijo Manuel levantando las manos en son de paz.

-Yo me dirijo en esa dirección, pero no he visto a nadie más compartiendo mi camino-. Respondió sin quitar su mano de la espada.

Manuel detuvo su caballo a una distancia prudente para no poner más nervioso al viajero.- Venimos de parte de Juan Padilla.-

Al oír esas palabras David retiró enseguida su mano de la empuñadura de la espada, y más relajado dijo.- ¿Y cuál es el nombre del viajero que buscáis? Si no es mucha indiscreción-.

-David, David de Molina es su nombre-. Respondió intuyendo que le había encontrado.

Sus nervios desaparecieron.- Pues déjeme decirle señor que lo tiene enfrente de usted ¿Qué quieren de mí?-.

Se sentía orgulloso de haberlo encontrado.- Nos envían a ayudaros en su viaje hacia Medina del Campo-.

- Pues bienvenidos seáis señores-. Sin más que decir siguieron con su viaje.

Ronquillo al no ser capaz de terminar con la sublevación de los ciudadanos de Segovia, y que sus fuerzas serían incapaces de apoderarse de la ciudad por la fuerza, decidió dirigir sus tropas hacia Medina del Campo, donde se guardaba la artillería suficiente para asaltar la ciudad. La humillación que había sufrido por parte de Bravo, cegaba la cabeza de Ronquillo.

MEDINA DEL CAMPO

21 - Agosto - 1520

Al llegar a la ciudad de Medina del Campo, las tropas carlistas dirigidas por Antonio de Fonseca, se dirigieron al castillo de la Mota, donde pensaba que dentro de sus murallas custodiaban la artillería pesada. Fonseca se detuvo en la puerta que estaba cerrada, cosa que le pareció rara, porque siempre estaban abiertas con sus debidos centinelas. Mirando hacia las altas murallas gritó.- Abrid las puertas a las tropas del rey.-

Esperó contestación por parte de los centinelas, pero no la hubo.

- Abrid a las tropas del rey-. Volvió a gritar con voz severa y amenazante.

-Castilla no tiene rey-. Contestaron desde dentro una voz segura y firme.

-Que insolente osa decir semejante ridiculez.-

Al oír esas palabras una cabeza asoma desde una de sus torres, no demasiado, solo lo justo para que se le viera un poco.

-Yo, el responsable de esta fortaleza-. Y volvió a repetir con voz más clara. -Castilla no quiere un rey extranjero.-

Fonseca sorprendido ante tal respuesta desde el interior de la fortaleza, retrocedió unos pasos con su caballo, para poder ver mejor el rostro del que osaba no dejar entrar a las tropas del rey.

-¿Cómo os llamáis insolente? Os haré cortar la cabeza por apropiaros de las pertenencias del rey-.

-Roberto Caicedo es mi nombre. Esta tierra ha visto crecer a mi padre, a mi abuelo y a todos mis ancestros, así que tengo más derecho a esta fortaleza que quien dice ser mi señor, sin ser capaz de hablar mi propia lengua, la que se habla en estas tierras.-

Al decir estas palabras, Manuel de Linares y David de Molina asomaron también sus cabezas para apoyar las palabras de Roberto, al que no habían tenido que convencer mucho para unirse a la causa, ya que conocía a David y sabía que su causa era justa.

-Habéis sentenciado vuestro destino y el de toda la ciudad.-

-No hay peor sentencia que ser el perro de un señor extranjero-. Respondió David enfurecido, pues había visto de lo que era capaz y hasta donde llegaba la maldad de aquel hombre.

Fonseca dividió sus tropas y con su espada en la mano, apuntando hacia los tres hombres grito.

-¡Si no abrís de inmediato estas puertas, arderéis todos, incluso los habitantes de esta ciudad!-

La ciudad ya estaba sobre aviso por si la contienda llegaba a sus lindes y habían escondido la artillería por los rincones de la ciudad, en sitios estratégicos para crear una pequeña fortaleza. En el castillo Roberto no dudó en preparar un reducido número de hombres, para ayudar a las familias de la ciudad que aunque estaban bastante distanciados de las posiciones que defendían, la contienda podía llegar hasta a ellos.

- No expongáis vuestras vidas tan pronto-. Le pidió David a Roberto intentando impedir el abandono y la seguridad que les proporcionaba la fortaleza, y declarar una batalla abierta frente a un ejército superior.

- No puedo quedarme de brazos cruzados, esta es mi gente y tengo que velar por sus vidas-.

David asintió con la cabeza y colocó su mano en el hombro izquierdo de Roberto, mirándole a los ojos.- Te entiendo compañero, te deseo toda la suerte del mundo.-

Sin mediar palabra, Roberto montó sobre un caballo junto a un grupo de hombres fuertemente armados en la puerta principal que le estaban esperando. Fonseca ya se encontraba en las calles con más afluencia, las cuales llevaban hacia una plaza. Cuál fue su sorpresa, que según avanzaba, se fue encontrando barricadas puestas por los ciudadanos de Medina, que estaban dispuestos a defender las armas con sus vidas. El enfado de Fonseca fue en aumento, hasta tal punto, que empezó a cumplir su promesa de quemarlo todo. Empezó por las casas más humildes para escarmentar a los ciudadanos, pero al no tener el efecto que él había supuesto, siguió con el resto de viviendas, pero el fuego es caprichoso y no obedece a nadie y se le fue de las manos.

En ese momento Roberto con sus tropas embistió a las tropas de Fonseca que se encontraban preparadas para la batalla, los ciudadanos empezaron a disparar desde sus posiciones. La batalla no duro mucho por la diferencia de armamento y tropas de un bando y otro, pero la garra de un hombre que defiende a su familia, es más fuerte que la de un puñado de hombres que solo luchan por el oro que les puedan pagar. Hicieron sufrir mucho a las tropas carlistas, y en ciertos momentos incluso retroceder. Roberto en uno de los momentos de la batalla fue herido de muerte, lo cual le hizo caer de su montura donde yacían otros compañeros. Mientras espiraba su último aliento de vida, su cabeza no dejaba de pensar si había dado su vida a favor de un cambio, o por el contrario no habría servido para nada, su apoyo a la causa comunera fue por la idea de un cambio entre las clases sociales en castilla, que tenían que empezar a respetar al ser humano, simplemente por serlo y no por la nobleza de su escudo. Las riquezas de la tierra se compartiesen más equitativamente entre la población y no como hasta ahora, que mientras el noble derrochaba y tiraba comida. Los campesinos luchaban por no morir de hambre.

No luchaba a cambio de títulos o tierras, eso le parecía demagógico, luchaba por la igualdad del pueblo y solo esperaba que su muerte sirviera por lo menos para qué la causa por la que moría, estuviese un poquito más cerca.

Fonseca y sus tropas partieron de Medina con una victoria, que había desgastado mucho a sus hombres y que había puesto su causa en entredicho. Su principal objetivo había fracasado, que era la recuperación de la artillería. Ciudades como Valladolid que se mantenían al margen del conflicto, pero al ver la desproporción de las tropas carlistas, hizo que se pusiera del bando comunero.

David y Manuel junto a otros hombres que habían quedado en la fortaleza, salieron en auxilio de las viudas, huérfanos y heridos. Sofocaron el fuego, y cuando ya estaba extinguido, empezaron a dar cuenta de la barbarie que acababa de dejar la batalla. La mayoría de las casas se dieron por perdidas, y la desolación de los caídos, era palpable en el ambiente. David encontró a su amigo, que yacía muerto, con un disparo que le había alcanzado el cuello, se arrodilló a su lado y con una voz entrecortada por las lágrimas contenidas dijo.

- Descansa en paz, amigo, tu sacrificio, no será en vano y tu familia protegida-. Manuel que contemplaba la escena a un metro más o menos de David, no dejaba de pensar si tanta masacre merecía la pena, pero el esfuerzo que habían hecho los habitantes de Medina del Campo, le daba fuerzas para creer en lo que estaban haciendo.

- El honor de esta gente es mayor que el de muchos Reyes-. Comentó Manuel colocando la mano sobre David que seguía arrodillado frente a su amigo.

- El pueblo está cansado de que se mofen de ellos y hoy aquí se ha demostrado-. Farfulló David.- Este caballero ha dado su vida por el pueblo, y su familia que hoy lloran su perdida, mañana podrán decir con orgullo quien era este hombre.-

Roberto tenía un hijo y una hija de corta edad y su mujer superaba por poco la veintena, su dolor tardaría en desaparecer, pero sabían que su muerte había sido por una buena causa.

Pasaron los días y la villa seguía echando humo por las ascuas de las casas que había consumido el fuego provocado por Fonseca y el ejército que dirigía, al que no le tembló el pulso en quemar vivos a las familias de aquel lugar que defendieron los cañones de bronce sin pensar en las consecuencias.

La plaza de la villa mantenía los cañones, en vez de los típicos puestos de mercado que daban luz y colorido. Manuel y David recorrían la plaza inundada por el llanto de mujeres y niños, que buscaban por las ascuas que hace unos días eran sus casas, los restos de ropa y comida que podían haber sobrevivido. A pesar de los días, los hombres corrían con cubos llenos de agua terminando de apagar las ascuas que quedaban. Sin dejar de dar crédito de lo que acababa de pasar en Medina del Campo, contemplaron a un grupo de hombres armados con Bobadilla a la cabeza en busca de venganza por lo sucedido. Manuel sin dudar, se colocó en su trayectoria y cortó el paso de su líder al que apartó del grupo de agitadores.

- Bastante muerte ha habido en esta villa, como para crear más desgracias.-

Bobadilla le apartó la mano que reposaba en su hombro, agarró su espada y la sacó, poniendo la punta en el pecho de Manuel.

- Es hora de que paguen los culpables de esta desdicha. Aparta, o tú serás tan culpable como ellos.-

David se acercó y apartó a Manuel. Bobadilla levantó su espada y con un grito de guerra, ordenó al tumulto que lo siguieran convirtiéndose en la voz de Dios y la justicia.

David esperó a que el tumulto pasará y le soltó.

- Si quieres ayudar sigámosles, y salvemos las mayores vidas posibles, sin poner la nuestra en riesgo-. Manuel lo miró y apretó con fuerza los dientes.

- Están sedientos de sangre, y van a matar solo por envidia, sin importar lo que sucedió.-

-Eso pasa en cualquier conflicto, donde el hombre sin importar el rango social aprovecha el tumulto y el odio, para hacer posibles sus mayores deseos. Sé más listo y ayuda a quien puedas, sin caer en su juego.-

Manuel destensó el gesto de su cara y sin perder más tiempo se unió al tumulto, para saber las intenciones de aquellos hombres que habían perdido la cabeza. Aquellas calles acababan de perder su esplendor y riquezas que hasta hace unos días se llenaban de comerciantes en busca de productos para sus villas, convirtiéndose en unos de los lugares más logísticos del reino. Un lugar marcado con letras de oro en aquella época, donde la miseria se convertía en lo más habitual de los rincones de Castilla. Ese lugar se encontraba entre los más ricos, dando vida a sus tierras y sus gentes. Pero en solo unos días, todo aquello fue arrasado por el fuego.

Llegaron donde se encontraba el consejo, que pedía a gritos que las gentes de Medina pidieran perdón al Virrey, para no causar más daño a la villa, que podía sufrir toda la ira del reino. Bobadilla se acercó al consejo.

- ¡Ah cuantos traidores veo en este consejo!-. Se acercó por la espalda de Gil Nieto, al que le propinó un golpe en la cabeza, y sin darle tiempo a responder, le clavó la espada en un costado. Su cuerpo herido se desplomó en el suelo intentando respirar para no dejar escapar su vida. Manuel hizo el amago de intentar salvar la vida de aquel pobre infeliz, pero fue cortado por David que permanecía a su lado.

- Si dices algo te pasara lo mismo-. Apretó los puños y con ojos enrojecidos por el odio se mantuvo callado.

Los regidores que contemplaron aquel horror se alejaron del tumulto, con miedo de que hicieran lo mismo con ellos. Entre varios hombres agarraron el cuerpo aún con vida de Gil Nieto y lo arrojaron por la ventana, donde los ciudadanos que pasaban por aquel lugar lo agarraron y lo llevaron a la plaza. Empezaron a prender una hoguera, donde no habiendo muerto aún por las heridas, lo arrojaron para escuchar los gritos de dolor de alguien que les tenía puesto el yugo desde que tenían uso de razón. No sabía el pueblo lo que podía durar esa revolución, pero tenían claro que lo iban a aprovechar, castigando a los intocables por su nobleza o su dinero, sufrieran por primera vez, lo que habían sufrido ellos todos los días de sus vidas.

Bobadilla blandía su espada entre los corregidores deseoso de escuchar cualquier palabra que le sirviera para hacer justicia. Un librero que se encontraba en el consejo, se levantó y cortó el paso a Bobadilla que se detuvo, y con una pequeña sonrisa colocó su espada en su hombro.

- Tú no tienes ningún derecho a dar justicia en esta villa-. Le miró con desprecio, y a pesar de conocerse desde pequeños, le agarró por la camisa de lino que sobresalía de su chaleco.

-Yo soy la palabra y la justicia de esta villa.¡¡¡ Al fuego con este traidor también!!!-.

La multitud dolorida y sedienta de sangre lo agarró, y llevándolo en volandas lo arrojaron a la hoguera, donde permanecía el cuerpo de Nieto. Manuel cada vez más inquieto, intentaba saltar sobre aquel hombre, que más que sofocar las llamas buscaba echar más leña en una villa que bastante desgracia había sufrido. David que no apartaba la mirada de su compañero, lo agarró y se lo llevó lejos de aquel lugar, donde cualquier gesto sería suficiente para dar la orden que acabara con su vida.

- Si quieres ayudar saca tu espada, pasa por los regidores y nobles. Asústales para que no se atrevan a decir nada y salvaras sus vidas. Estamos en guerra. Lucha por la vida. No la pierdas y habrás ganado-.

Manuel sacó su espada y se dirigió a los nobles con intención de dar muerte al que abriera la boca. Su acto fue después de que otro regidor se atreviera a hacer frente a Bobadilla, que también terminó en la hoguera. David que también había sacado su espada, la enseñaba a los nobles, que con más miedo que coraje bajaban sus cabezas, rezando por sus vidas y la de sus familias. Sin nadie dispuesto a hablar en aquel consejo, Bobadilla y el tumulto después de escuchar por los nobles sus deseos de unirse a las comunidades salió victorioso y deseoso de contemplar los cuerpos que ardían en la plaza, como las casas de la villa que por mandato real, Fonseca había prendido fuego. Manuel acompañado de David, guardó su espada y salió contemplando los rostros de terror de los que allí se escondían preocupados por posibles revueltas. Sin saber en qué momento entrarían en sus casas matando a todos los que en ellas se encontrasen en honor a la justicia. Sin terminar de abandonar el lugar se giró.

- Todos aquellos que lo deseen, esta noche custodiaré una salida donde podréis abandonar la villa y poneros a salvo de los saqueos-. Y sin más palabras se encaminó hacia la plaza donde los cuerpos ardían al lado de los cañones por los que Medina del Campo había perdido sus casas.

Con las primeras estrellas de la noche Manuel con David y un puñado de hombres, Se colocaron en la calle de San Martín donde su final daba a la puerta de San Agustín, con centinelas colocados por David y conocedores de sus planes, les esperaban. Los nobles desconfiados, viéndoles pasar por la calle no se atrevían a salir. El miedo a ser apresados y quemados rondaba en sus cabezas, hasta que una familia montada en un carro, cruzó la muralla hacia otra villa, esperando no encontrar la muerte que se cernía sobre ellos. A los pocos minutos empezaron a desfilar los nobles y las clases pudientes con poco más de lo que soportaba sus mulas. Sus vidas estaban por encima de cualquier riqueza, y el odio en la villa les llevaría a la hoguera o a la horca en el mejor de los casos.

Manuel apostado en la calle esperando que no fueran descubiertos, contemplaba las caras de terror de los niños que no entendían lo que sucedía, y abrazados a sus padres partían sin saber a dónde se dirigían. La noche transcurrió sin incidentes, gracias a los festejos de los ciudadanos por haber derrotado a las tropas del rey.

El día siguiente amaneció con la entrada de Padilla, Bravo y Zapata. Los que pudieron contemplar banderas de luto en sus murallas. Juan Padilla contemplaba una villa de riquezas y esplendor quemada por el ejército real. Eso le demostraba el miedo que infundía el ejército comunero y el poder del pueblo, que podía sobrevivir a cualquier dictador. Las noticias de sublevación de otras ciudades entre ellas Valladolid, les hacía más fuertes y podrían conseguir la victoria. Solo les faltaba un rey o una reina y sus ojos se ponían sobre Tordesillas, una villa, que le podría entregar, a la princesa que avalaría su causa. Entre la comitiva que les recibía, se encontraba Manuel, con rostro gastado y ojos cansados, que pudo contemplar, como su hermano era vitoreado como si se tratase de un Rey. Juan descabalgó y contemplando a aquel muchacho se abrazó a él.

- Cumpliste tu misión al pie de la letra, esto es gracias a ti-. Manuel sintiendo el calor de su hermano se regocijó en aquella sensación de alivio cuando sintió aflojar ese abrazo contempló sus ojos, en ellos encontró orgullo y respeto. Se mordió la lengua y decidió no contarle nada de lo que en Medina del Campo había pasado después del incendio. Prefería que Juan Padilla siguiera con su causa sin distracciones. No quería que algo tan bonito fuera discutido tan pronto. Esa villa sin esperanzas, luchó por los comuneros, y por unos pocos, no quería hacer dudar a sus comandantes.

- Esta villa lucha por Padilla y las comunidades-. Se giró y con un grito hizo retumbar toda la villa.

- ¡¡¡Viva Padilla!!! ¡¡¡Viva las comunidades!!!-. El Pueblo al unísono le respondió reconociendo a Juan Padilla como su capitán, y a su lucha como algo divino.

MIEDO A LA LOCURA

TORDESILLAS

Agosto -1520

El mundo se desmoronó por completo en la mente de Manuel al contemplar aquella habitación desarbolada. Más que los aposentos de una reina, parecía una celda, donde después de meter al preso en su interior, se tira la llave para que jamás pueda volver a ver la luz del día. Por el suelo, había comida servida hace ya muchas lunas. Los muebles además de escasos estaban sucios y rotos. Una cama donde hacía años que no se cambian las sabanas. Sus huéspedes, una niña de unos trece años, a la que se le iluminan sus pupilas al vernos entrar, vestía con un atuendo más digno de una humilde sirvienta que de una infanta. La reina, se encontraba con la mirada perdida, como si nada de su entorno estuviera sucediendo. Padilla se giró hacia el Marqués de Denia.

- Más que su cuidador eres su carcelero-.

El Marqués de Denia con temor de perder su vida por los comuneros, se quiso disculpar con vagas palabras.

- Aquí se la ha cuidado como se merece, es ella quien no se deja-. Con la voz temblorosa prosiguió.- Muerde y araña. Ninguna sirvienta se atreve a acercarse. La tienen miedo.-

Catalina se levantó de la esquina donde se encontraba, postrándose a los pies de Juan padilla.

- Miente, nos tiene encerradas en este agujero sin poder salir, ni siquiera a pasear por dentro del palacio. Nos da de comer los restos que dejan su familia como si fuéramos sus perros.-

Juan Padilla se giró y miró con desprecio al Marqués de Denia. Se agachó y con delicadeza levantó a la niña con cuidado.

- No te preocupes. Con nosotros volverás a ser tratada como una princesa se merece.-

Catalina sonrió a Juan Padilla y se dirigió de nuevo al lado de su madre, a la que le parecía que todo lo que pasaba a su alrededor no tenía que ver con ella. Juan Padilla se giró, con mirada de desprecio y una mano empuñando su espada.

- Llevaros a ese captor. Apartarlo de mi vista, que no merece estar más tiempo en presencia de la reina-. Dos hombres que acompañaban a Juan Padilla, agarraron al Marqués de Denia de los brazos y lo arrastraron hasta las afueras del palacio. Juan Bravo en ningún momento perdió de vista a Juana, que se impacientaba por momentos.

- ¿Esta es la reina que queréis poner al mando de Castilla? ¿La estás viendo? Tienen razón, esta como la describen.-

Juan Padilla se giró soltando una gran carcajada.

- Señor Juan Bravo, esta es nuestra única salvación. Esta mujer es la única que puede avalar nuestra cruzada-. Continuó alzando cada vez más su voz.- Es lo único que nos puede sujetar en nuestro intento de conseguir hablar con Carlos. Sin ella, no somos nada, sin ella, no llegaremos más lejos de lo que alcance la espada.-

Juan Bravo se acercó a Juan Padilla con la espada en la mano.

- Esto es lo que nos hará libres. Esto es lo único que necesito para que un rey se arrodille en Castilla y para que nos pida perdón-. Guardó su espada y volvió a recuperar el sitio que desde el principio mantenía.- Castilla merece un rey castellano que hable y comprenda a sus gentes, no un niñato que piensa que no somos más que un botín ganado sin sufrimiento.-

Manuel no más lejos de la puerta que separaba un palacio de un calabozo, se encontraba ajeno a todo lo que sucedía en aquella habitación, excepto a la reina Juana, postrada desde que llegaron de rodillas con la mirada perdía. Desde su posición podía ver como los labios de Juana se movían repitiendo una y otra vez un susurro, que solo era capaz de escuchar con el silencio de los caballeros que discutían en la sala.

-Fernando ¿Por qué tú? Fernando.-

Se le metían esas palabras cada vez más en su cabeza, empezado a ver en el lugar de Juana a Aurora, con el mismo vestido negro, y cambiando el nombre por el suyo. Su delirio empezó a ser tan agudo, que empezó a confundir la realidad de la ficción. En la habitación solo aparecía Aurora tirada en el suelo con su parlota ensangrentada, repitiendo su nombre una y otra vez, con las únicas pausas del llanto.

- ¡Manuel!-. Gritó Juan Padilla. Palabras que le hicieron volver en sí.

- ¿Qué queréis? Juan.-

-Dile a Don Juan Bravo que es lo que ves aquí-. Manuel sin dudar gritó.

- ¡A nuestra reina! ¡La verdadera reina de Castilla!-. Juana se levantó y contempló a los hombres que tenía delante.

- Quien es ¿eres tú Fernando?-

Manuel la contempló, y volvió a retirarse al fondo de la habitación volviendo a ver a Aurora. El resto de los caballeros desaparecían, y solo quedaban ellos. Su destino. Su desdicha. Su muerte. Nada más en su mirada. Nada más en su mente. Solo Aurora, la pobre Aurora, que llora por su amado, solo Aurora, con la mirada pérdida, asumiendo que su desdicha no es más que la muerte en vida. Todo lo vivido, escaso para una eternidad sola. Una cura, una medicina, algo que haga que ese dolor se acabe. Que le devuelva a su hombre, que se detenga el tiempo. Volver a lo que vivió a su lado. Que nada de lo último sucedido jamás allá pasado. Que la unión de sus cuerpos, siguiera en este mundo y no solo en su mente.

Manuel se agarró la cabeza y gritó.- ¡No, eso no puede pasar!, ¡nunca dejaré que pase!-

Todos los caballeros que estaban en la sala se quedaron mirando a Manuel atónitos. Manuel volvió en sí y vio como le miraban, y con gesto de vergüenza, asintió la cabeza y sin gesticular ni una palabra abandonó la habitación.

En cuanto cruzó el umbral de la puerta, se frotó fuerte los ojos y con gran rapidez, salió de palacio y se dirigió al río Duero, para intentar escapar de aquella escena caótica que acababa de vivir.

Se arrodilló en un pequeño claro junto al río, donde podía lavarse la cara. Se mojó la nuca con las gélidas aguas, se quitó la parlota y dejó que el agua se deslizase por sus cabellos oscuros. Durante unos minutos se quedó parado mirando su reflejo en el río. No parpadeaba ni gesticulaba, ni emitía ruido alguno, intentando dejar su mente en blanco. Cuando pensó que lo había conseguido se relajó y cerró los ojos, pero al abrirlos, contempló el reflejo de Aurora llamándole desesperadamente. Se retiró asustado, y se tumbó boca arriba en el trozo de playa que le había ofrecido el río. Se tapó la cara con la parlota y arrancó a llorar. No era un llanto de dolor ni de pena, era un llanto de desesperación por su amada. Cada vez tenía más dudas, más miedos por no poder cumplir con su promesa.

Cuando lo daba todo por perdido, sintió que se acercaba una presencia conocida, un aura que le proporcionaba la suficiente tranquilidad que tanto necesitaba en ese momento. Con gran curiosidad miró sin poder creer lo que veían sus ojos. Esa joven risueña que se acercaba hacia él era su amada. Por mucho que se frotaba los ojos no conseguía borrar esa imagen que se acercaba hasta él. Se levantó de un salto y se colocó de rodillas en el trocito de playa a la orilla del río Duero, para contemplar a la mujer más hermosa que había tenido el derecho a conocer en su corta vida. No sabía si era un embrujo del río o producto de su imaginación, pero le habían concedido una oportunidad que añoraba desde hacía tiempo. Esa dulce doncella es lo que recuerda de ella, no la triste realidad que llevaba contemplando desde que entró en aquella habitación del palacio de Tordesillas.

Solo importaba ella, esa dulce muchacha que con paso suave se acercaba a su lado. No podía dejar de sonreír al contemplar esos ojos azules, que se confundían con el claro día, perdiéndose en el horizonte.

- Aurora, mi dulce Aurora. Solo tú me mantienes cuerdo en estos días, donde la sangre de los castellanos riega las tierras por un sueño, que cada día se vuelve más incierto.-

-¡Levanta fiero soldado!, ¡tus lágrimas no vencerán en esta guerra desdichada! Te guste o no, tu espada está destinada a llevar a todos los rincones de Castilla, la justicia y la verdad-. Manuel se levantó y cogió de la mano a Aurora.

- Cada día que pasa, pierdo el significado de esas palabras.- Agarró con firmeza la cabeza de Aurora y la miró fijamente a los ojos-. Justicia, palabra vaga muy utiliza por aquellos que a golpe de espada, la quieren utilizar para que sus cruzadas sean la verdadera, con respecto a los que mueren bajo sus botas. Sin tener que pedir perdón, y su remordimiento, no les acompañen en el último día de su vida, teniendo que pedir perdón al cura que le ofrece la extremaunción.-

La soltó y se giró para contemplar el río durante unos segundos, se agachó para coger una piedra y la lanzó con fuerza, intentando llegar a la otra orilla.

- La verdad ¿Cuál es la verdad? Cada día mi cabeza no reconoce la verdad de la mentira. Tú, Aurora, no soy capaz de distinguir si esto que está pasando en este mismo instante es real o una simple alucinación de mi cabeza, para poder tenerte a mi lado. Si no soy capaz de distinguir algo tan sencillo, como podre luchar por la verdad. Como podré mirar a los soldados del rey a los ojos con mi espada clavada en sus entrañas y poder dormir tranquilo, sabiendo que defiendo la verdad, y él estaba equivocado.-

Aurora se acercó para abrazarle, colocando su cabeza en la espalda.

- Que importa si yo estoy aquí o solo soy una alucinación creada por ti. Lo realmente importante es que tú y yo estemos siempre juntos, y eso es la única realizad a la que te tienes que agarrar, para que hasta en el peor de los escenarios sigas con vida.-

Manuel se giró y abrazó con fuerza a Aurora. El cielo se empezó a oscurecer, y las nubes empezaron a dejar caer gotas sobre su cuerpo aturdido calándole hasta los huesos. Su mente confusa, no reaccionaba frente al calor que le proporcionaba ese abrazo.

- Solo tú me importas por encima de todo. Incluso de mi propia vida, no quiero desaparecer de este mundo dejándote sumida en la más mísera tristeza, y tampoco pasando penurias.-

Manuel se soltó de Aurora, la agarró por los hombros y la miró fijamente a los ojos. El agua cada vez caía con más fuerzas.

- Seguiré a Juan Padilla hasta la misma muerte si fuera necesario, pero ese mismo sentimiento me obligaría a romper la promesa más importante que jamás haré. Después de todas las batallas vividas, la gente que he matado, lo único que me causa peor remordimiento es no poder volver a tu lado.-

Aurora se apartó de Manuel, y se alejó de la playa despacio sin dejar de mirarle, se detuvo a unos metros y le soltó un beso.

- Recuerda este día durante toda tu vida, y cuando veamos partir a nuestros hijos, para vivir su vida, quiero que me sientes junto a ti en el porche de nuestra casa y me recuerdes hasta la última palabra de este día.-

Manuel se giró y se sentó en medio de la playa, aprovechando la sombra de dos chopos, mientras las nubes se abrían dejando un gran claro en el cielo.

- No desaparezcas tan pronto, necesito que hoy sea un día inolvidable para saber por qué lucho, porque vivo y a quien pertenece mi vida. Siéntate a mi lado y guardemos este día como algo que realmente pasó, y no solo sea una confusión de mi realidad.-

Aurora se detuvo durante unos instantes. El agua ya no mojaba su cabello rubio, la brisa del río secaba su rostro y el fuerte sol de los últimos días de agosto secaba sus ropajes. Se giró y con la máxima confianza que da el calor de la persona amada, se sentó a su lado, descansando su cabeza en su hombro.

- Siento no poder disfrutar de la vista que nos brinda esta villa que baña el río Duero, que no pueda ser en otras circunstancias donde el palacio de Tordesillas nos cubre las espaldas, y contemplamos desde este privilegiado lugar resguardado, como vigías entre estos chopos, de los mercaderes que cruzan el puente, buscando la seguridad que proporciona las murallas.-

Manuel la abrazó con fuerza y olió sus cabellos, que se enredaban en sus dedos como si fueran briznas de hierba alta.

- Por esos campesinos que no pueden luchar estamos entregando nuestro tiempo. Ellos están demasiado agotados y hambrientos, como para enfrentarse con sus medios, a los saqueos del rey. Ellos no entienden esta lucha ni pueden ayudar, pero nosotros tenemos la oportunidad de luchar por ellos; con nuestra juventud, nuestro tiempo y nuestra vida. Podemos por lo menos hacer dudar hasta todo un ejército bien entrenado ¿Por qué no intentarlo a pesar de nuestro sacrificio?-

No importaba si ese momento era real. Ella está junto a él, en ese momento donde toda su vida se detenía para recuperar el tiempo perdido, contemplando al majestuoso rio desde su orilla, aunque en realidad solo estuviera rodeado por dos chopos y un poco de arena, pudiendo vivir un momento de libertad que todo hombre necesitaría sentir. Solo en ese preciso instante entendió la palabra libertad. Reconoció para qué serviría la justicia, que solo su espada le brindaría luchando por todos aquellos castellanos de bien que sufren desde el amanecer hasta el anochecer, con el único beneficio de encontrarse con su familia, para mirar las estrellas y poder sentirse unos segundos libres, sin pensar que su vida depende de un emperador que ni siquiera conoce su idioma o sus costumbres.

Manuel miró al cielo, buscando los claros azules que dejaban entrever las nubes, y luego, dirigió su mirada a los grandes ojos de Aurora.

- Tus ojos, como el cielo azul, es la iluminación que necesito para mantenerme cuerdo. Mi corazón es tuyo, y solo tú tienes el derecho de arrancármelo del pecho si con ello fueras feliz.-

Manuel cerró los ojos y al volver abrirlos, Aurora había desaparecido, encontrándose solo de nuevo a la orilla del río. Sabía que ella jamás había estado ese día a su lado, pero era un recuerdo tan bonito, que pretendía conservarlo, como algo real para el resto de su vida. A pesar de saber la importancia de la visita a la villa, Manuel se mantuvo en la ribera del río durante un largo tiempo, reparando hasta en el más mínimo detalle de lo que tenía delante. Se levantó, y acaricio los árboles con suavidad, cogió un poco de arena en el lugar que él imaginó que había estado sentada Aurora, y después de olerla como si fuera perfume, se la metió en el bolsillo como un recuerdo de aquel sitio. Se acercó a la orilla del río, donde utilizó sus manos en forma de cuenco para mojar su garganta seca.

Manuel se dirigió con premura hacia la habitación del palacio, dónde se encontraba Juana y los comuneros. Al subir la escalera pudo contemplar a la infanta Catalina asomada en la barandilla, observando el patio interior con una cara radiante y llena de vida. Manuel se acercó a su lado a contemplar los maravillosos jardines de palacio.

- Ya no tendrá que seguir encerrada en esa habitación, ni vestir con esos ajuares que no son dignos ni de una campesina.-

Catalina se giró, y con su pequeña mano agarró la empuñadura de la espada de Manuel.

- ¿Puedo coger su espada?-

Manuel accedió complacido y le entregó la espada.

- Esta no es espada de un simple soldado, pero tú tampoco eres caballero, o por lo menos con títulos reconocidos.-

Manuel sonrió a la pequeña.

- Esta espada me la hicieron en exclusividad para mí, por encargo de Juan Padilla. Aunque no somos hermanos, él siempre me ha tratado como si lo fuéramos.-

Catalina devolvió la espada a Manuel, y volvió a contemplar con sus ojos claros, la libertad que la proporcionaban aquellos patios.- Yo también tengo hermanos, e intentaron sacarme de aquí, pero mi madre, enfermó por falta de mi presencia y me volvieron a traer.-

Catalina se puso a pasear por el mirador que le brindaba el castillo, quitándose una y otra vez el pelo claro que le tapaba su cara.

- Hablé con Carlos de las aberraciones que nos hacía el marqués de Denia, y en un principio parecía que todo iba a cambiar, pero no fue así. Me mintió, abandonándonos aquí con nuestros carceleros, quienes después de eso me obligaban a enviar cartas, donde tengo que mentir para que no hagan daño a mi madre.-

Manuel la seguía sin perder detalle de lo que aquella niña le contaba.

- No os preocupéis mi señora, todo eso ha terminado, a partir de hoy tendréis la atención que os merecéis, vestiréis como una princesa se merece, y seréis aclamada por todos los castellanos, como la infanta de Castilla, que liberó al pueblo de las injusticias a las que se les está sometiendo.-

Catalina se giró y con un gesto de su mano, pidió a Manuel que se arrodillara a su lado.- A quien tenéis que sacar de aquí es a mi madre, ¡ella no está loca! Su único pecado fue amar de verdad a mi padre.-

Manuel se levantó.- Por ese motivo estamos aquí. Por ese motivo os hemos liberado de vuestros captores. Juan Padilla, Juan Bravo y Francisco Maldonado entre otros, han venido aquí sabiendo que su madre no está loca, y tiene que ocupar el lugar que nuestro dios la ha concedido.-

Catalina reanudo de nuevo el paseo.

- Por favor, soy una niña, pero ese motivo no os da el privilegio de tratarme como si fuera tonta. Vosotros estáis aquí pensando lo mismo que los demás. Que mi madre está loca, pero su bendición os otorgaría el privilegio de poder derrocar a mi hermano, pudiendo poner a los caballeros que vosotros queráis al frente del reino.-

Catalina se detuvo y se sentó en una silla de roble, mirando con sus ojos claros al horizonte.- Por favor, sentaros a mi lado. Vos me caéis bien, pero creo que sois más ingenuo que yo. Si queréis que mi madre se ponga a vuestro lado tendréis que conseguir sacarla de esta villa, y que recupere la libertad que tanto anhela. No será fácil. Para ella esa habitación es lo que cree que se merece al no poder volver a sentir el calor de mi padre. Ella siempre ha sido rebelde, y cree que la pérdida de su marido, es un castigo divino por sus innumerables desplantes.-

Manuel volvía a tener aquellos pensamientos, donde Aurora caía en la desdicha, por la desaparición de su amado. Su cabeza no podía dejar de pensar una y otra vez, de que sería de Aurora si él no estaba. Que la pasaría si los soldados del rey la capturaban y la castigaban en las peores mazmorras del reino, por el grave insulto de querer apartar a un rey de su reino. Eso no podía dejar que pasara, pero el mínimo pensamiento le hacía recorrer un escalofrío por todo su cuerpo. Catalina le contemplaba con interés. Veía algo en él que le gustaba. La proporcionaba una tranquilidad que solo su madre había sido capaz de proporcionarla.

- Veo en tu rostro que toda esta campaña te producen dudas. Hay algo o alguien que no te deja ver la realidad con claridad. Tú me gustas, no te conozco y tengo la sensación de que te he tenido a mi lado toda la vida. Sé que tú puedes convencer a mi madre para que salga de esa habitación, y contemple el mundo como antes lo veía. En cuanto la conozcas un poco, sabrás que no está loca, que no es más que una mujer asustada, que necesita el cariño y la compresión de su pueblo.-

Aquella niña era más lista que muchos adultos que él conocía. No sabía si reinaría algún día, pero tenía la cabeza para poder ser una buena reina.

- Para ser solo una niña tenéis la cabeza muy bien amueblada, y toda palabra que pueda decirla, sabrá de antemano si se podrá cumplir.-

Catalina contemplaba a Manuel con una mirada dulce y cariñosa, sin enseñar en ningún momento los sentimientos que ocultaba debajo de aquellas sucias ropas que vestía.- Vosotros necesitáis a mi madre, y en consecuencia también me necesitáis a mí. Yo tengo tanto o más interés en vuestra causa que vosotros. Sin ella creo que jamás saldré de aquí.-

Manuel no apartaba su mirada de aquella niña.- Si tu hermano se entera de que has estado detrás de toda esta revuelta, jamás te dejara salir de aquí, y volverá a poner al Marqués de Denia como tu carcelero hasta el fin de tus días-.

Esbozó una leve sonrisa irónica.- Le importo más viva que muerta, en un futuro mi casamiento le vendrá bien para conseguir más poder en Europa. En cambio vosotros seréis perseguidos hasta el último rincón del imperio, para que seáis ajusticiados. Un rey no puede permitir que unos nobles de clase baja se entrometan en sus asuntos, y menos con lo que hay en juego en estos momentos.-

Manuel sabía que aquella niña tenía razón. Aunque ganaran todas las batallas y consiguieran que Juana fuera la reina, el pueblo, volvería a ser el último peldaño de la escala social. Las innumerables incursiones al nuevo mundo habría que pagarlas de alguna manera ¿Y Juana cuanto tiempo podría reinar hasta su siguiente sucesor? Podría ser un tirano, y matar al pueblo de hambre por mero placer.

Todo parecía ser una rueda bien engrasada, que durante toda la historia, ha seguido girando sin importar a quien dejaba tirado en la cuneta. A pesar de todo eso, Manuel solo pensaba en pequeño, solo le importaba una cosa. Para Manuel la victoria significaba volver con Aurora, y pasar la mayoría de sus días junto a ella. El poder era un juego, donde a él nunca le había interesado entrar, y cuanto más conocía, menos ganas tenía. Se levantó del majestuoso asiento, que durante un largo rato le había dejado descansar y bajó al patio interior, ocultado al pueblo por las paredes de palacio. Catalina le siguió sin que se percatara. En ese mismo instante, solo le preocupaba la belleza, que le brindaba aquel jardín, que con tanto mimo se había cuidado. Respiró profundo para sentir los olores de aquellas flores traídas de todo el reino. Catalina lo observaba con curiosidad. Aquel muchacho que había irrumpido como por arte de magia, era capaz de detenerse durante unos minutos, para sentir las pequeñas cosas que la vida le brindaba. De toda la comitiva que había irrumpido en palacio, Manuel era el único que no seguía un guion establecido.

Se movía como si de un pájaro suelto se tratase, que tiene todo el cielo para aprovechar su libertad, sin importarle las tierras que sobrevolase.

A pesar de que ella añoraba esa libertad. Sabía que ella estaba condena a la esclavitud. No una esclavitud de grilletes y trabajos forzados como contemplan muchos la falta de libertad, más bien una esclavitud donde su vida siempre estará ligada a los intereses de Castilla, donde aunque consiga ser reina de este reino o de otro, siempre estará condenada a realizar actos que requerirán el bien común.

Durante unos instantes querría sentir lo que aquel hombre estaba sintiendo, sin miedo a lo que piensen los demás. Quería sentirse libre, sintiendo la brisa mover sus cabellos. Sentir el perfume de las plantas que acariciaba con suavidad. Ser libre detrás de aquellas paredes, refugiada entre los muros que protegen la villa de Tordesillas, y a pesar de la ironía de los muros que la impedían contemplar el horizonte, preocuparse por primera vez en sí misma y no en los demás.

Manuel se giró y contempló la cara de felicidad de Catalina.- Sé lo que estás sintiendo. Desde que la he visto hoy, es la primera vez que la veo feliz y despreocupada, algo que una niña de su edad debería tener en todo momento-. Siguieron recorriendo el patio sin preocuparles nada más.

- Es la primera vez que no intentas controlar todo lo que se mueve por el castillo-. Catalina se agachó y cortó una amapola para poder observarla más de cerca.- Tú me has hecho conocer cuál es la libertad de verdad, no la que te venden para tenerte engañado en un mundo donde todos tenemos nuestro papel y jamás nos dejaran salir de él.-

Se la colocó en el pelo, agarrada con el pañuelo que tenía atado en la cabeza.

- Pase lo que pase, cuando acabe vuestra cruzada, sé que esa libertad que siento ahora desaparecerá de nuevo, para volver a portar los grilletes que me ha colocado la vida.-

Catalina prosiguió andando hasta la entrada del palacio.- En cambio tú seguirás siendo libre, porque veo que es así como tu corazón lo quiere.-

Manuel sonrió con una pequeña pesadumbre.- Mi corazón no es libre. Mi corazón tiene dueña y ya jamás volverá a tener libertad. No porque no le dejen, más bien porque yo quiero que así sea.-

Catalina encontraba su libertad, en poder elegir sin prejuicios a su amor, y no siendo obligado a amar a quien le mandasen.- Eso es lo que te da la libertad que todo el mundo ansia. Esa es la libertad que mi madre tenía hasta que perdió a mi padre. Nadie jamás te podrá arrebatar eso, y eso lo es todo para cualquier hombre.-

Manuel observó cómo los caballeros abandonaban la sala, donde se encontraba Juana. Todos menos Juan Padilla, que debía de seguir dialogando con ella. El encuentro debía de haber salido bien, ya que los caballeros salían como si la guerra había llegado a su fin y podían volver a sus casas. Todos menos uno, Juan Bravo con rostro serio clavó la mirada en Manuel de Linares, se acercó y le agarró con fuerza la camisa, justo por debajo del cuello, y se le arrimó a menos de un palmo.

- Sube y habla con Juan Padilla, que no es capad de ver lo que tiene delante de él. Su ciega fe le nubla la vista y no atiende a razones, parece que la locura también le ha invadido y necesita alguien cercano que le muestre la verdad.-

-Juan sabe muy bien desde que puso el primer pie en aquella habitación lo que venía a buscar, y lo que se encontraría en este palacio.-

Con un leve golpe de su mano, Manuel se soltó del agarre de Juan, que apretó con fuerza los dientes mientras veía como pegaba su cuerpo al suyo.

- ¡Él va un paso por delante que todos vosotros y de las tropas carlistas! ¡Si no fuera por él jamás hubieras salido con vida de Segovia! ¡Le debes todas las victorias que lleváis conseguidas! ¡Incluidas las que os han podido acercar a Juana! Sí él cree que Juana tiene que reinar en Castilla, tú deberías alegrarte como el resto, ¡ya tenéis a vuestra reina!-

Juan Bravo le apartó de un empujón, que lo tiró al suelo, y se dirigió a la salida del palacio.- Rezaré porque ninguno de los dos se equivoque, ¡o perderemos todos la cabeza!-

Continuó con su camino con paso cada vez más elevado.- No vuelvas a dejar solo en un momento tan necesario a Juan Padilla, él te necesita en todo momento a su lado.-

Manuel se levantó del suelo, y se sacudió los ropajes que se habían manchado de polvo. Miró a un lado y a otro, para contemplar que estaba él solo. Catalina había desaparecido en el momento que los caballeros salieron de la habitación, y Juan Bravo con el resto había abandonado el palacio. En el interior solo se escuchaba las voces que salían de la habitación, donde se encontraba Juana Y Juan.

Cuando pasó el umbral de la puerta de la habitación, pudo contemplar a Juan hablando con Juana de una manera cercana y conocida. Se dirigió hacia ellos con un paso suave, para no intentar entrometerse en la conversación de una manera brusca, convirtiendo su presencia en algo incómodo. Mientras se acercaba a ellos, miraba cada rincón de la habitación horrorizado por el estado en la que se encontraba. Al fondo, había una puerta donde seguramente dormía Catalina. Entre la puerta, se podía ver gracias a unas velas que era lo único que iluminaba la habitación, al carecer de ventana, una cama desecha con una manta rota tirada en el suelo. Salía de ella un olor a moho por la humedad acumulada en la habitación, al no poderse orear. Al lado de la manta, se contemplaba unos harapos como los que llevaba Catalina puestos.

Volvió la vista hasta Juan y Juana que le contemplaban mientras seguían hablando. Manuel pudo ver con más tranquilidad que con la que había entrado la primera vez, el atuendo de Juana con el que guardaba luto a su marido. El velo negro le tapaba casi por completo el cabello, que estaba adornado con una franja roja en la frente y unos ribetes de color oro, que rodeaba todo el velo. Su cara con un semblante serio, acompañado de unos ojos llorosos, a juego con el traje de luto que portaba. Su tez blanca como la leche, llamaba la atención en una habitación tan poco iluminada, y sus manos temblorosas estaban llenas de heridas, por golpear las paredes de la habitación. Gracias a ese escenario, podía entender como la princesa Catalina se comportaba y hablaba como una persona de más edad de la que aparentaba. Tenía que haber madurado pronto, para sobrevivir en aquellas tristes circunstancias y poder mantener a su madre sana y salva, después de todo lo que había sufrido.

Juana dio un paso hacia Manuel, dejando con la palabra en la boca a Juan Padilla, que al no querer interrumpir a la reina guardó silencio.

- No tengas miedo dulce muchacho, aquí estarás a salvo. No sé quién sois ni cuál alta es tu cuna, pero en tus ojos veo algo bastante conocido para mí.-

Manuel se paró en seco y miró con preocupación a Juan, que con gestos de sus manos, le pedía que siguiera avanzando hacia Juana.

- ¡Yo tuve tu mirada! Esa mirada pocos la conocen, y yo sé que tu mirada es de amor. Yo antes miraba como tú lo haces ahora, pero ya no es correspondida. Mis ojos siguen buscando el rostro que un día les cautivo, pero ya no volverán a contemplarlos.-

Le agarró de las manos, con la confianza que lo haría un amigo y lo condujo hasta unas sillas, que se juntaban alrededor de una chimenea.- ¡Cuéntame, necesito saber quién es esa joven por la que has entregado tu alma! No temas, yo no te haré ningún daño.-

Al observar su rostro, pudo ver a una mujer totalmente diferente a la que había visto hace unos segundos antes. Ese rostro triste e infeliz, había cambiado por completo en una cara risueña, con unos ojos de esperanza, deseos esperando la carta de su ser amado. Juan al contemplar la escena, vio una luz de esperanza en la causa comunera, que al no querer perder el momento se acercó con sigilo a la puerta de la habitación y la cerró con cuidado. Antes de poder cerrarla completamente Catalina se coló en la habitación, miró a Juan, contempló la escena y se escondió en su habitación, no antes de soltar una leve sonrisa de esperanza por su madre. Jamás la había visto con la cara que tenía al observarle los ojos.

Manuel no entendía la escena que se acababa de presentar. Se suponía que él tenía que pasar desapercibido entre tanto noble, y ahora era el foco de atención.

-¡Necesito escuchar de tus labios lo que sientes!-. Juana deseaba escuchar de otros labios lo que ella sentía.- ¡Necesito volver a sentir lo que tú estás sintiendo en estos momentos!-. Aquel muchacho la podía devolver la felicidad perdida.- ¡Solo tú puedes hacer que se rompan mis cadenas durante unos segundos!-

Juan Padilla se acercó a Manuel y le dio un leve toque para que abriera la boca, necesitaban a Juana al cien por cien para conseguir más aliados en la causa comunera.

-Ella es más de lo que jamás hubiera deseado-. Le costaba articular las palabras.-Cuando me acerco a su lado me cuesta respirar, el pulso se me dispara y no sé si quiere hablar conmigo o va a pasar de largo-. Manuel empezó a recordar esos labios carnosos, que se tapaban con su gran melena rubia.- Hasta que me sonríe y me coge de la mano, entonces el mundo se para, y lo que en principio eran dudas se torna en confianza.-

Juana se levantó de su asiento, empezando a bailar con el sonido de las palabras del muchacho, que se convertían en música para sus oídos.

- No pares sigue contando-. Se giró para contemplarla y cerró los ojos, buscando en sus pensamientos.

- Mi alma, en ese mismo instante, nos coge entre sus brazos elevándonos hasta el monte más inhóspito, donde nuestras miradas se entrecruzan y el resto de la humanidad desaparece, convirtiéndonos en uno solo.-

Manuel sé jira para contemplar como los ojos de Catalina, que se asomaba entre la puerta de su habitación se habrían al contemplar a su madre bailando y cantando por la estancia.

Manuel prosiguió.- No sé si será amor o capricho, pero en mi corta vida, jamás he sentido lo que siento por Aurora.-

Juana al escuchar estas últimas palabras, se acercó hasta él, y le agarró fuertemente las manos, sentándose de nuevo al lado suyo.

- Eso que tú sientes es amor, y solo es tan fuerte cuando es correspondido. Seguro que ella siente lo mismo que tú, y eso te hace ser el hombre más afortunado del mundo. Yo amé a Fernando como amas tú a Aurora, por eso conozco la mirada que tú tienes. En esta vida incierta es difícil ser capaz de amar como tú amas, y eso es algo que está al alcance de muy pocos.-

A Manuel le brillaban los ojos más de lo normal, al recordar el momento exacto de cuando conoció a Aurora. Ese flechazo a primera vista, le hizo el hombre más afortunado de Castilla. Juana no podía dejar de contemplar sus ojos.

- ¡Por favor, necesito que me sigas contando más de lo que sientes a su lado! Te estás convirtiendo en la droga que necesito, para sentir el placer que sientes tú en estos momentos de tu vida.-

Juan se acercó a Manuel y le susurró al oído.- En tus manos está el levantamiento comunero. Ella te necesita tanto como tú a ella, y juntos podéis hacer grande a Castilla.-

Manuel se levantó de su asiento olvidando la presión del movimiento comunero para contar a Juana sus más íntimos pensamientos, para poder complacer a esa mujer, que había perdido lo que él sería incapaz de soportar. En ese mismo instante no le preocupaba Juan, ni el movimiento comunero, por los que daría su vida sin titubear. Le importaba aquella mujer, que detrás del luto, sentía lo que él estaba sintiendo y solo ellos entendían. Se dirigió a la puerta de la habitación y con los ojos llorosos miró a Juana.

- ¡Yo te seguiré contando todo lo que tú quieras, pero para ello, necesito que salgas conmigo a la terraza, para poder contemplar el majestuoso río que te brinda la villa!-. En su cabeza, seguían resonando las palabras de Catalina, de intentar sacar a su madre de la habitación, que hace tiempo que ocupaba.

Juana deseosa de seguir escuchando las palabras de aquel mozo que le habían traído los comuneros, le siguió, sin dudar en abandonar la habitación, donde había pasado sus últimos años.

-Solo con la condición que me sigas contando más de tu amada, y que en ningún momento, abandone este palacio donde mi padre me trajo.-

Manuel miró a Juan para tener su consentimiento, y él a su vez se la dio a Juana. Detrás de ellos salió de la habitación Catalina, que por un día podría ver el río Duero, que tan cerca de ella se encontraba, pero muy lejos lo sentía.

-Catalina escucha con atención a este muchacho, que las palabras que hoy salgan de él, son palabras puras, castas y rara vez podrás escuchar de alguien en tu vida.-

Con el refugio de la noche, Manuel, Juana y Catalina se asomaron al balcón del castillo, para contemplar al majestuoso rio. En él se reflejaba las estrellas que brillaban en un cielo, que se había despejado completamente, dejando al descubierto todo el firmamento. Manuel apuntó a una de las orillas.

- Entre esos dos árboles, que cobijan una pequeña playa a la orilla del río, he charlado con mi amada. Que a pesar de estar muy lejos de aquí, sé que nuestras almas en ese mismo instante han estado juntas, en un momento que físicamente sería imposible.-

Catalina lo miraba con gran curiosidad, mientras se abrazaba a su madre con fuerza. Manuel continuaba con su relato. No sabía si al final estaba loco, pero le gustaba lo que las contaba.

- En mi mente, tengo grabado hasta el último gesto inapreciable para cualquier otro ser humano. Desde sus pies, hasta su frente, soy capad de reconocer hasta el más mínimo detalle. Su pelo largo le llega hasta la cintura, con un rizo tan ondulado como el trigo en el mes de julio, cuando lo acuna la brisa del atardecer. Sus ojos azules se confunden con el cielo en una tarde de agosto. Entre sus dedos, esconde un lunar, que poca gente conoce al sentir vergüenza de enseñarlo, y cada vez que se lo miro esconde la mano y se ruborizaba, cambiando sus mejillas de blancas a un rojo como el de la más apetecible de las manzanas, que me obligan a abrazarla, para intentar convertirme en una armadura, protegiéndola de todos los males que la pudieran hacer el más mínimo rasguño.-

Juana se acercó y dio a Manuel un beso en la frente, y luego abrazó con fuerza a Catalina, recordando que su amor por Fernando, se había transformado en una niña que la perseguía a todos lados.

-Gracias por ver las cosas como yo las he visto. Solo tú me has enseñado que la vida siempre te da más de que lo te ha quitado, y a mí me lo ha recompensado con creces. No tengas miedo de algo que ya es tuyo, y nadie podrá quitarte.-

Juana y Catalina volvieron dentro de su palacio con las vistas renovadas. En su interior ya no se encontraba una cárcel. En el interior a partir de ese día se albergaba un palacio digno de una princesa y una reina. Entre la oscuridad asomaba Juan Padilla que en ningún momento se había alejado de Manuel, otorgándole un segundo plano, al que hacía tiempo no estaba acostumbrado, y que durante unas horas estaba orgulloso de tener. Se acercó y le abrazó con tanta fuerza que apenas podía respirar.

- La verdadera victoria de Tordesillas, la acabas de conseguir tú solo, sin dejar víctimas a tu paso. Esto lo tenemos que celebrar en una vieja cantina que conozco, en la plaza de Tordesillas.-

Al salir del palacio, se toparon con un hombre escondido en un callejón de la villa.- Aquí salen mis hombres preferidos.-

Manuel estaba desconcertado. Hace unas horas, ese hombre que ahora se alegraba de verle, le había tirado al suelo y salía del palacio maldiciendo a todo ser vivo que encontraba a su paso. No entendía el cambio tan repentino en Juan Bravo, que el apellido le venía que ni pintado. Siempre dispuesto a luchar en cualquier momento sin pensar en las consecuencias, pero también era un caballero en el arte de la guerra. Igual que nunca rehuía una batalla, siempre iba de cara y dispuesto a luchar sin incumplir las condiciones establecidas.

Manuel siempre se había mantenido distante con Juan Bravo, por miedo a que cualquier gesto malinterpretado fuera razón de riña. Manuel siempre lo había respetado más por su forma de ser que por sus títulos. Siempre miraba al prójimo como su igual y no por los títulos que poseía. Gran adorador de las personas, que aunque derrotadas reconocían sus batallas perdidas sin importar la desgracias que aquello conllevaba. Juan Bravo por su carácter, había tenido numerosos duelos, de los cuales, no recordaba haber perdido ninguno.

- ¿Dónde van los tortolitos? De paseo como unos enamorados.-

Juan Padilla reanudo el paso, invitando a Manuel y a Juan Bravo a que lo acompañasen.

-El muchacho tenía miedo de encontrarse con un violador, y no quería salir solo por la noche. ¡Y mira, tenía razón! Porque había uno acechando, y nos lo hemos tenido que encontrar.-

Bravo se unió a los dos caballeros.

- Tú siempre tan diplomático en todas las situaciones. Deja el paseo y llévame a una taberna, que hace tiempo que no me emborracho, y me da que pocos momentos como hoy voy a poder aprovechar.-

Los tres caballeros se dirigieron a una taberna, donde en su interior, la luz, era escasa, dando la comodidad que los clientes buscaban. A esas horas, los que buscaban ese sitio, querían estar tranquilos y pasar desapercibidos. Se sentaron en una mesa de roble macizo al fondo, en una esquina, donde podían contemplar todo el local, pudiendo sentirse cómodos y relajados, que eran lo que estaban buscando en aquel lugar.

En aquel sitio no importaban los títulos, la nobleza, ni las tierras que poseías. En aquel lugar, y a esas horas, todo hombre partía en las mismas condiciones, nadie quería ser reconocido, ni meterse en problemas donde solo podían acabar en un duelo a muerte. Los gallitos de palabra suelta y espada lenta, hacía tiempo que habían abandonado el lugar, por miedo de perder la vida, por no controlar su lengua.

Perdidos en una taberna, bebían tres hombres, con la espada más rápida que la lengua, donde sus mentes estaban entrenadas a contemplar cualquier escenario, donde cualquier conflicto les fuera favorable. En el exterior la tormenta de últimos de agosto, asustaba más que lo que era capaz de mojar el agua que desprendía, siempre acontecida con los truenos que avisaban su llegada. Juan Bravo un caballero reservado y respetado como le había conocido Manuel, de repente cambio su forma de ser, por el típico amigo de cuadrilla, que tomaba unos vasos de vino en cualquier taberna de Castilla. Por el contrario, Juan Padilla con palabra diplomático, seguía con su semblante firme como en cualquier reunión de alto nivel.

Manuel por el contrario, no sabía cómo reaccionar, en medio de dos personas dispuestas a convertirse en leyendas en la taberna de una villa, donde jamás había estado en su corta vida.

-Toma Manuel-. Le dio un vaso de vino Juan Bravo.- Hoy te has ganado beber con los mayores.-

Manuel agarró el vaso y atónito, miró a Juan Padilla.- Esto se bebe de un trago.-

Juan Padilla elevó su vaso, y los dos hombres sentados con él chocaron sus vasos, y se los bebieron de un trago.- Camarero otra ronda.-

La muchacha del tabernero, que les había servido la primera desde una jarra de barro, les lleno los vasos, que sin dudar lo volvieron a alzar y se lo bebieron de una tacada. Juan Bravo pidió un tercero, luego un cuarto, que se lo terminaron con la misma premura y luego un quinto, donde Manuel lo levantó como los anteriores para chocar, pero en esta ocasión Juan Padilla lo detuvo.

- Ahora es cuando los hombres que se sientan en una mesa, empiezan a conocerse, y los vasos tienen que aguantar la noche.-

Manuel se quedó atónito sin comprender nada de lo que estaba pasando. Entre la subida del alcohol, y el comportamiento de sus acompañantes, cada vez entendía menos la situación grotesca de aquel escenario.

- Muchacho, disfruta de una noche como esta, que te quedaran pocas por tener, y muchas de que aprender-. Padilla empezaba a dejarse llevar por los efectos de la noche.- Escucha la sabiduría del señor Juan Bravo, que de esto entiende un rato.-

Bravo aguantaba el golpe del alcohol sin cambiar de semblante.- Habló el señor pico de oro, que ni unas cuantos vinos le dejan perder el temple.-

Manuel miraba atónito a los dos caballeros, y daba un trago corto.

Padilla contemplaba al muchacho con una envidia sana, al poder congeniar con la reina cómo le hubiera gustado hacerlo a él.

- Disfruta y no intentes analizar la situación. Hoy has podido conseguir algo que ni toda la santa junta con todo su séquito, podrán conseguir más de lo que has hecho tú. Juana no está loca, pero no quiso enfrentarse a su padre, y no quiere luchar contra su hijo. Un asunto complicado, donde ninguno querríamos estar en su pellejo.-

Juan Bravo dio un trago largo de su vaso.

- Tú hoy has sido más caballero y responsable, que muchos de los que llegarán estos días, a una villa tranquila para conseguir su porción de pastel. Tú y Juan Padilla sois hombres de honor, por los que daría mi vida, sabiendo que buscáis lo mismo que yo. El resto son cuervos, deseando comer la carroña que les vamos dejando en el camino, sin arriesgar una pluma en ello.-

Manuel se recostó en su silla, y contempló a los dos Juanes, entendiendo por primera vez los motivos por los que actuaban en cada momento. Utilizaban los medios que tenían a su alcance para conseguir sus metas, aunque los compañeros que miraban por su bando no compartieran los mismos ideales que ellos.

RETORNO A TOLEDO
Noviembre - 1520

La situación de Juan Padilla frente al ejército comunero, hizo adelantar la vuelta de Manuel a su tierra de una manera precipitada, ya que después de dar el do de pecho en el inicio de la revuelta, les habían relevado a un segundo plano.

Juan Padilla sabía que el hecho de quitarle el mando a él, para poner a Pedro Girón, saldría caro a las fuerzas comuneras, porque cada vez que habían coincidido, no le veía muy convencido de estar de acuerdo con la causa. A Juan no le preocupaba su retirada del frente, ya que solo iba a ser momentánea, y en el momento que le llamasen acudiría presto y sin dudarlo un minuto.

Toledo se engalanaba para recibir el retorno de sus héroes, con una gran bienvenida, para quienes habían ofrecido sus vidas por la libertad de todos. Entre tanta gente entusiasmada, se encontraba una jovencita, que llevaba varios días con una hermosa sonrisa y un brillo especial en los ojos, después de tanto tiempo separados, volvía a ver a su amado.

Juan Padilla, había dado la orden a sus soldados, de descanso hasta que llegasen noticias de Valladolid, reclamando su presencia. Manuel al ver el alcázar en el horizonte, se acercó a Juan, que encabezaba la marcha.- Estaré a tu lado día y noche para lo que haga falta.-

- No es necesario-. Le contestó Juan con una sonrisa en los labios, mirándole a los ojos.- Sé que te están esperando con muchas ganas, y quiero que pases el mayor tiempo posible con ella. María la va a dar unos días libres, para que no tengáis que veros solo a ratos pequeños.-

-Gracias, señor, llevo varios días sopesando la idea, para aprovechar nuestra vuelta y casarme con ella.-

Después de un largo silencio entre ambos, agachó la cabeza y se disculpó.- Si los señores están de acuerdo, por supuesto.-

Juan que llevaba mucho tiempo sin reír, soltó tal carcajada que los hombres que estaban cerca de ellos, se asombraron, ya que en todo el viaje de partida y de regreso, le habían visto muy serio y pensativo.- Por supuesto que estamos de acuerdo, es más, os acompañaremos en un día tan especial. Eso sí, debería de ser en una semana-. A pesar de la gran noticia de los muchachos, quería tener todo zanjado, por si la santa junta le volvía a llamar para liderar el movimiento. Cosa que a pesar del disgusto de ser retirado de primera fila, deseaba volver a retomar.

-¿Haríais eso por nosotros?-. Dijo Manuel con una sonrisa de oreja a oreja.

Juan detuvo su caballo haciendo detener a todo el grupo, colocándose de frente a Manuel.

- Es lo mínimo que puedo hacer por alguien que ha dado tanto por mí. Es más, te libero de tus tareas-. Dijo esto último con un nivel de voz tan alto, que lo escucharon todos los miembros de la compañía. Acto seguido, se elevó un poco sobre su montura, para que le escucharan en todo el regimiento.- Os libero a todos de vuestros deberes, en cuanto crucemos las puertas de Toledo, seréis tratados como lo que sois, unos héroes, y el que no quiera volver a blandir una espada, no será deshonrado.-

Toda la tropa vitoreó y aplaudió a Juan. Cuando acabó el bullicio, Manuel se le quedó mirando con cara muy seria.- Yo estaré siempre a tu lado, y cuando te vuelvan a llamar, yo partiré contigo.-

Juan reanudó la marcha, y después de un largo silencio se giró hacia Manuel.

- Mejor escudero no hay.-

El agradecimiento de la tropa hacia su general, era tal, que decidieron que le acompañarían hasta el mismísimo infierno. Ninguno de ellos, se había planteado el no volver a usar un arma, si fueran llamados a la batalla con Juan Padilla a la cabeza.

Los soldados desmontaron de sus caballos, y a pie entraron por el puente de Alcántara, donde se encontraron con las angostas calles empedradas repletas de los ciudadanos de Toledo, esperando a sus caballeros triunfantes. Padilla no quiso entrar el primero, dejando que sus soldados fueran homenajeados por su valor, y vitoreados como se merecían. Cuando el batallón cruzó las puertas de la ciudad, se encontraron con toda la ciudadanía, que les recibía con aplausos y vítores. Los soldados les devolvieron su recibimiento con aplausos, y a la vez buscaban a sus seres queridos, entre toda esa marabunta de gente. Según se iban encontrando con las familias, el batallón se fue disolviendo, pero no sin antes despedirse de su general. Orgullosos de haber servido bajo el mando de aquel hombre. Juan al ver que Manuel buscaba, y buscaba, y no veía a esa persona que tanto estaba deseando volver a encontrar, decidió acercarse a él.

- La persona a la que buscas, te espera en la casa.-

La cara de Manuel cambió al instante, y según se iban acercando a la vivienda, su semblante cambiaba por momentos, ya que los nervios que sentía no le dejaban casi avanzar. Desmontó de su caballo, y presto, se dirigió hacia la casa. A Juan también le esperaban, pero primero, antes de ir a su casa, tenía el deber de cumplir con los ciudadanos, que habían confiado en él. Manuel entró en la casa, y allí se encontraban familiares de Juan y María. Está última se acercó, y con una gran sonrisa en la cara apunto hacia el patio trasero.

- Ella te espera fuera, es mejor que estéis un rato solos.-

Con paso decidido, el muchacho fue en la dirección que le habían indicado, y allí sentada en un banco estaba ella, Aurora, hermosísima, tal y como la recordaba. Dando de comer a los pájaros que revoloteaban a su alrededor. Manuel se acercaba a ella acelerando el paso, para recorrer los pocos metros que les separaban. Ella levantó la cabeza, y se quedó completamente embelesada. Tanto, que el único ruido que escuchaba, eran los rápidos latidos de su corazón. Cuando llegó a su altura, ella se levantó y después de un largo momento mirándose a los ojos, la muchacha se lanzó a los brazos de su gran amor fundiéndose en un abrazo interminable, o eso es lo que ellos sentían en ese mismo momento. Aurora rompió a llorar, ya que por su cabeza habían corrido un montón de pensamientos y ninguno positivo. Manuel la contempló recordando los momentos vividos en Tordesillas. Observando que el rostro que allí le acompañó, era el mismo que sostenía en esos momentos con sus manos. No estaba loco, simplemente echaba de menos lo que más quería. Cuando se deshizo el abrazo, Manuel se arrodilló pillando por sorpresa a Aurora, se metió la mano en el bolsillo para sacar un anillo que le había regalado Juan Bravo por la ayuda que prestó en Medina.

- No puedo ofrecerte más que mi vida, y eso por el tiempo que dios me conceda estar a tu lado.-

Mantuvo un largo silencio, dónde su alma le sostenía para que no desfalleciera, y sin querer dilatar más la espera, balbuceó con una voz rota las palabras que más deseaba pronunciar.- ¿Quieres casarte conmigo?-

Aurora, que había conseguido contener un poco las lágrimas al verle arrodillado a sus pies, empezaron a caer por sus mejillas, pero esta vez, eran lágrimas de inmensa dicha, y con voz quebrada por la emoción, respondió sin dudar.- ¡Sí! ¡Sí! ¡Siempre sí!-

Al escuchar esas palabras, Manuel se puso en pie a la velocidad del rayo, para ponerla el anillo. La miró a los ojos, y la dio un beso interminable, al que ella respondió con todo el amor de su corazón, pasándole los brazos por alrededor de su cuello. No sabrían el tiempo que pasarían juntos, pero fuera el que fuera, lo pasarían uno junto al otro, y ni la muerte podría acabar con esa sensación de ser inmensamente feliz, ni el amor que sentían el uno hacia el otro.

La pareja estaba tan embelesada, que no se había dado cuenta de que todos los habitantes de aquella casa, les había rodeado, para darles la enhorabuena con Juan a la cabeza, lo que hizo que la muchacha se ruborizara, ya que les habían visto besarse.

- Bueno, como veis aquí esta joven pareja tiene planes que tenemos que solucionar en una semana como mucho, así que.. ¡Manos a la obra!-. Dijo Juan arrastrando al novio a sus brazos, y así empezó una ronda de besos, palmeos en la espalda y abrazos a los dos jóvenes, separados durante un buen rato. Los días iban pasando y todo el mundo estaba muy ajetreado con los preparativos de la boda. María había hecho muchas compras, sobre todo vestidos y enseres para la novia, no tenía familia que la agasajara, y se pensaba encargar ella. Se había merecido la mejor boda posible y se la iba a ofrecer.

Por fin se estaba acercando el fin de semana. Era una mañana soleada, aunque fría, ya que estaban en los peores días del otoño. Por fin llegó el sábado, un poquito de tranquilidad, aunque no mucha, porque quedaban pocas horas para ir a la iglesia.

Era muy temprano cuando la joven, se levantó de la cama nerviosa, todo estaba listo y la mañana era suficientemente extensa para vestirse sin preocupaciones, pero ella se solía encargar de esas cosas. Las dudas la empujaron a vestirse con lo primero que cogió y salió de la habitación, pero

María la cortó el paso y la obligó a retroceder a su cama.- Con esas pintas no puedo dejar que te vean, y menos un día como hoy.-

Su cabeza no la dejaba pronunciar ni una palabra. Buscaba la manera de darse a entender sin conseguir ni un gesto comprensible. Era demasiado bueno para ser verdad. Se iba a casar con Manuel, y por fin podría demostrar al mundo lo que sentía por él. Con tranquilidad, María la acercó a una puerta, en la que detrás se encontraba el cuarto de baño. Cuando entró, se dio cuenta de que la tina está llena de agua caliente. Se giró para contemplar la sonrisa de María, que la ayuda a desnudarse y a meterse en el agua. Una vez dentro cerró los ojos para intentar relajarse un poco, y no pensar en el día que la esperaba, las únicas imágenes que se la venían a la mente son las del día que llegó Manuel y la pidió en matrimonio.

Unos ruidos sobresaltaron a Aurora, lo que la hizo salir de la tina, y cuál fue su sorpresa al ver a María y a tres muchachas del servicio que corriendo hacia ella, volvieron a meterla al agua, disponiéndose a asearla y a prepararla para la ceremonia.

Cuando ya consideran que está lo suficientemente limpia, la sacan y la dirigen hacia la habitación, donde su vestido está tendido encima de la cama, junto al ajuar que la ha regalado María. La sentaron en una silla frente al tocador y empezaron por su pelo, haciéndola un montón de tirabuzones, acompañados con un recogido con varios mechones que la tapaban un poco la cara, terminando por descansar sobre sus hombros. Todavía quedan horas para la ceremonia y no dejaban de atenderla ni un minuto, antes de terminar de vestirla trajeron el desayuno para María y ella, ya que esta primera se había negado a dejarla sola en todo momento.

- ¿Cómo te encuentras?-. Preguntó María al ver que no ha tocado a penas su desayuno.

-Bien. Aunque estoy muy nerviosa y... sí... se arrepiente-. Intentaba compartir sus nervios con la mujer más sabía que conocía.

-¡No digas bobadas! Está loco por ti. Además, Juan no le dejaría nunca que hiciera algo así-. Y al terminar la frase se echó a reír contagiando a la joven.

Aurora al oírle decir esas palabras se tranquilizó de inmediato, y sin darse cuenta ya no quedaba nada para dirigirse hacia la iglesia. No tardaron mucho en ponerla el vestido y terminar de arreglarla, en pocos minutos estaba en el salón, donde se encontraba Juan esperándola, que como había prometido a Manuel, él y María les iban a entregar.

Juan que estaba de espaldas a la puerta al oír el ruido se giró, para contemplar a la muchacha, quedándose anonadado por la belleza de la joven.

- Si Manuel se arrepiente, me encargaré de que vaya en primera línea en la próxima batalla-. Dijo estupefacto.

-No diga eso ¡Ojalá no se arrepienta!-. Contestó la joven con cara desolada.

- Era una broma, no te preocupes, que ya está en la puerta de la catedral esperándote-. Comentó girándose hacia su esposa y haciéndole un gesto con la mano para que saliera hacia allí. María sin decir nada, salió a toda prisa de la casa en dirección a donde se encontraba el novio.

-Perdón ha dicho usted ¡La catedral!-

-Si mi hermosa niña, era una sorpresa que te teníamos preparada para este día, y ya sabes la mano que tiene María para conseguir las cosas-. Se asomó por la ventana y volvió a llevar su mirada sobre la joven.- ¿Lista para salir?-

Se acercó a él y le cogió del brazo.- Si cuando disponga.-

Aceptó con buen grado el ofrecimiento de la muchacha.- Pues bien en marcha.-

Con paso firme se dirigen hacia el carruaje que les espera en la puerta, era un carruaje descubierto tirado por dos caballos negros como el azabache. Entre el cochero y Juan, la ayudan a subir, y una vez sentada y acomodada, el cochero volvió a su lugar, mientras Juan se subió en un caballo igual de negro que los dos que tiran del carruaje. De camino a la Catedral de Santa María, la joven, cada vez se va poniendo más nerviosa. Juega con un pañuelo que la ha regalado María y no es capaz de soltarlo de sus manos. Van cruzando calles y más calles, o eso es lo que a ella la parece. El carro apenas entra por las estrechas vías que la suben a la Catedral. Cuando deja de jugar con el pañuelo y levanta la cabeza, se da cuenta de que ya lleva un rato parado, y Juan la tiende la mano para ayudarla a bajar del carruaje. Los invitados están congregados a las puertas, pero ella solo busca a Manuel con la mirada. Entre los invitados pudo encontrar a Manuel al lado del obispo, colocados delante de la puerta de la catedral. El arzobispo que tenía derecho en esos momentos sobre esa santa construcción, no se encontraba en la ciudad, al ser puesto a dedo por el rey y que jamás había pisado la ciudad ni conocía a sus gentes, ni su idioma.

Le pareció gracioso ver cómo se movía de un lado para otro mientras esperaba su llegada. Desde la distancia podía observar como aquel hombre había ganado su corazón por ser solo como era.

La muchacha más tranquila, le dio la mano a Juan y bajó del carro. Se empezó a dar cuenta de la cantidad de gente que se había congregado para su boda. La mayoría eran ciudadanos de la villa, que se acercaron para acompañar a la pareja, en su gran día.

Manuel se giró nervioso, puesto que por su cabeza, también en algún momento, había tenido el pensamiento de que ella se arrepintiera. Al verla allí del brazo de Juan, hermosa y sonriendo, se le pasaron todos los temores, cambió el rostro que tenía de preocupación por uno de adoración. Ella no había perdido detalle de lo guapo que iba su futuro esposo, con una camisa blanca de seda abierta por el cuello, la tapaba un jubón oscuro con las mangas cosidas por tiras de cuero. Los calzones eran estrechos del mismo color que el jubón por encima de unas calzas blancas. Los borceguíes altos de color marrón. En la cabeza lucía una parlota negra con una gran pluma.

Dio despacio los pasos que les separaban, intentando que aquel momento pasase lo más lento posible, para saborear hasta el más mínimo detalle. Él se quedó embelesado, y observó la preciosa saya a dos colores; la falda confeccionada toda ella en color lila, menos una enorme franja delantera color beige y adornada con una línea plateada, dando toda ella vuelo por el verdugo que llevaba debajo. La parte superior, era beige tapada por un corpiño blanco con bordados en color oro y líneas plateadas. Las mangas eran cerradas hasta por encima del codo, que se abría para dar vuelo al vestido, y en la parte superior, la saya deja al descubierto los hombros, algo que a Manuel le encantaba.

Al llegar a las puertas de la catedral donde él la estaba esperando, empezó a temblar, le cogió de su brazo y cuando sintió el calor de su cuerpo, todo el nerviosismo de la ceremonia empezó a desaparecer, pero alguna duda todavía se refleja en su cara. Él al ver esa cara de susto, se acerca a su oído y la susurra algo tan bajo que solo ella escucha, dejando a los asistentes con la duda de sus palabras. Esas palabras son un bálsamo para la muchacha, que se tranquiliza al instante. Al comenzar la misa ellos apenas se enteran, ya que se están embebiendo el uno del otro. La ceremonia va llegando la parte que más les interesa a todos, tanto a los novios como a los invitados, todos escuchan atentamente los votos de los novios. Aurora muy nerviosa, ya que nunca había hablado en público de sus sentimientos hacia él, se va sonrojando por instantes, cosa que a Manuel le parece encantador. Cuando acaban de pronunciar los votos, el obispo une las manos de los enamorados con una estola. Con este gesto da por terminada la unión declarándoles marido y mujer. Ya solo quedaba una cosa por hacer, los recién casados sabían que tenían que sellar el matrimonio, con un beso que todos contemplarían. Se acercaron y cerrando los ojos juntaron sus labios para darse un beso casto. Al sentir los labios, la joven pareja se abrazó sin dejar de besarse. Era su primer beso cómo marido y mujer, y no querían terminar con algo que habían deseado desde el día que se conocieron. Los vítores de los asistentes, obligó a la pareja a terminar con su primer beso, que tanta tranquilidad les acaba de aportar.

Se giraron para contemplar a toda la gente que se congregaba allí, para ver la unión de sus vidas. La mayoría de los asistentes, eran vecinos de Toledo que simplemente querían dar sus respetos a los novios, que habían luchado por sus intereses. Ella no hacía más que acariciar su alianza de matrimonio, un sencillo aro de plata con un grabado en su interior, donde aparecía el nombre de ambos. No podía dejar de juguetear con él, como de un acto reflejo al no creerse todavía lo que estaba pasando.

Se giró hacia su ahora marido, que estaba mirándola con adoración, y se contemplaron como si no hubiese nadie más en aquel hermoso lugar, adornado para la ocasión. Solamente ellos bajo aquella catedral, que les cubría con su arco de entrada orgullosa de la unión que acababa de contemplar. Sus almas permanecerían juntas, sin el temor de no poderse encontrar en la otra vida. Únicamente ellos, serian a partir de ahora, dueños de sus destinos. Nadie, podría desunir la alianza ensamblada bajo las faldas de la catedral de Santa María.

Retornaron a la casa para seguir con los festejos. El salón estaba lleno de mesas redondas con manteles blancos, cubertería de plata y platos hechos para la ocasión. En el centro un hermoso y gran ramo de rosas blancas y rojas, excepto la mesa de los novios, donde se sentarían también Juan y María. Que era rectangular y estaba en medio de las otras mesas. Esta estaba cubierta con un mantel de color rosado, y las flores de encima eran unas flores silvestres con muchos y bellos colores, ya que eran las preferidas de la novia. El menú constaba principalmente de perdices, cochinillo y cordero, acompañado todo con mucho vino de la tierra. Juan dejó que todos los vecinos de Toledo que quisieran les acompañasen en el convite, y los vecinos respondieron en masa llevando con ellos guisos y recetas tradicionales para acompañar a los novios. La lucha de las comunidades les había unido más como pueblo, y todo lo que pasaba en la villa era celebrado como si se tratase de un acto familiar.

El banquete se le estaba pasando muy rápido a todos excepto para los novios, tenían ganas de que se acabara todo para poder estar un rato a solas. Fuera se ha hecho casi de noche, cuando los invitados ya empiezan a marcharse a sus casas. Ya solo quedan los más allegados y Aurora cada vez más nerviosa, pide a María que si puede acompañarla de nuevo al patio, ya que necesita un poco de aire fresco, pero en realidad lo que quiere es consejo.

 - Por favor, dime como he de comportarme esta noche con mi esposo-. Dice con la voz preñada por el miedo y los nervios.

 - Mira, no te puedo dar consejos al respecto porque a mí me pasó lo mismo, mi primera noche de casada. No te preocupes. Cuando llegue el momento sabrás que hacer.-

Cuando volvieron a entrar en el salón, solo quedaban Juan y Manuel, cosa que la novia agradeció infinitamente. Manuel se acercó a su mujer y la agarró de la mano, para acercarla hasta donde se encontraba Juan.

 - Bueno, muchachos, como regalo para culminar este día, os entrego estas llaves-. Dijo mirando a la muchacha, que lo observaba con los ojos muy abiertos.

 - Manuel conoces la finca de la familia, y es toda vuestra durante cuatro días, no abráis a nadie, solo vosotros la podréis disfrutar sin preocuparos por nada.-

La chica que no se lo creía, les miró con estupefacción y al ver sonreír a Juan, se acercó y le dio un inmenso abrazo.

 - Gracias. Es un gran detalle por su parte.-

 -No tienes por qué darlas, es lo mínimo que puedo hacer por ti, ya que eres una mujer casada, y es tu marido el que tiene que velar por ti a partir de ahora-. Se volvió hacia Manuel.- Ahora eres un hombre casado y tienes que velar por ella como se lo merece. Si no, María me mataría a mi primero y luego iría a por ti. Ya conoces su carácter.-

Sonrió mirando de reojo a María, que no apartaba la vista de Aurora.

- Gracias hermano, pero espero que eso no suceda. Ya que me gustaría vivir muchos años para velar por mi esposa, y por los hijos que dios quiera mandarnos.-

Dicho esto, la joven pareja subió al coche de caballos que había llevado a Aurora a la catedral. Empezaron a descender por la ciudad que se sumergía en la penumbra con la puesta de sol. El cochero cruzaba la villa con cuidado para no dañar el carruaje, que botaba por las pedregosas calles que se cerraban a su paso. Surcaron la puerta del Cambrón y abandonaron la ciudad con la luz que les otorgaba la luna llena. Aurora nunca había estado en la finca, puesto que los patrones llevaban muchos años sin acercarse, dejando la explotación a cargo de un administrador, y este inteligentemente le había sacado el máximo rendimiento. Cuando llegan a la finca, pasando la media noche, el cochero les ayudó a descargar sus cosas, y les dejó para que siguieran con la noche de bodas. Nadie les esperaba, y a nadie se encontrarían como les habían dicho.

En la entrada de la casa, había un plano que les habían preparado con una nota.

"SIGAN EL CAMINO MARCADO"

Los jóvenes se miraron y se echaron a reír, sabían que esto había sido idea de María y Juan. Abrieron la puerta, y en el inmenso recibidor había una jarra de vino y dos copas. Manuel cogió las copas, avanzando hasta la siguiente puerta y dio una copa a su esposa. Al cruzar el umbral, miraron a su alrededor, y no vieron ninguna señal, hasta que miraron hacia el suelo, donde se encontraron con un camino echo con pétalos de rosas. Siguieron su rastro hasta llegar a la segunda planta, donde al final del pasillo había una puerta abierta. Al cruzarla se encontraron con un dormitorio inmenso. Al otro lado de la habitación, había una cama de cuatro postes, de un color muy claro, envuelta en dosel del más fino y costoso, a la derecha de la cama, había un tocador a juego, donde descansaba otra jarra de vino con ambas copas, y a su lado una mesita redonda de roble oscuro con un pequeño cofre de viaje encima. Aurora se acercó a la mesita, para ver que guardaba el cofre que tanto la llamaba la atención. Encima del cofre había otra nota que decía.

"ESTO ES PARA AURORA O ¿PARA MANUEL?"

Intrigada por ver lo que había dentro y aprovechando que Manuel estaba rellenando las copas, y todavía no se había acercado a su lado, abrió la tapa y miró en su interior. Al acercarse Manuel, ella ya había bajado la tapa y tenía los ojos abiertos como platos, cosa que le extrañó mucho. La entregó la copa llena de vino y se acercó curioso al cofre.

- ¿Qué contiene?-

Aurora no dejaba que su marido la abriera.

- No me atrevo a decirlo.-

Le llamó más la atención el contenido que escondía.- ¿Tan malo es?-. Dijo con una mano en la tapa para abrirlo.

-¡No! Tienes que esperar, eso es lo que pone aquí dentro-. Colocó sus manos sobre la tapa tirando su copa al suelo. Manuel la miró extrañado, pero decidió no decir nada. Recogió la copa del suelo, limpió el vino derramado y volvió a llenar la copa que por suerte no se había roto. Alzó la suya.

- Por nosotros-.

Esperó hasta que su mujer también la levantó. Entrechocaron las copas y acto seguido la muchacha cogió la caja, y se ocultó tras la puerta del aseo, donde había una gran tina, y al lado una cesta llena de pétalos de flores acompañadas por otra nota.

"ESTO ES PARA CUANDO OS APETEZCA.

EL AGUA ESTÁ EN LA COCINA, SOLO HAY QUE CALENTARLA"

Aurora puso la caja encima de una silla y la abrió. Dentro había un camisón de encaje en color rosado y una bata a juego. Era lo más atrevido que había visto. Nunca había contemplado nada igual, por eso ponía en la nota que era para Manuel, pensó la chica mientras se lo ponía. Estaba tan embelesada en sus pensamientos, que cuando su esposo golpeó la puerta para ver si la había pasado algo, se sobresaltó de tal manera que tiró la caja al suelo. Ya se había puesto el ajuar que la había proporcionado, y armándose de valor, salió a la habitación donde la esperaba Manuel apoyado en uno de los postes de la cama, con su torso al descubierto. Al oír la puerta levantó los ojos del suelo y quedó embelesado al ver a la hermosa mujer que salía por la pequeña puerta del baño, abriendo la boca anonadado sin dar crédito a lo que veía. La joven al ver la reacción de su esposo, se puso roja como los pétalos que habían colocado encima de la cama, bajó la cabeza y se quedó paralizada sin saber qué decir ni que hacer. Cuando Manuel reaccionó, se acercó a Aurora y con una suave caricia la levantó la cabeza, dándola un leve beso en los labios. La miró a los ojos. Se dieron una tímida sonrisa y la condujo hacia la cama.

Antes de tumbarse en la cama la abrazó con fuerza mientras la susurraba al oído.- Si no estás segura, esperaremos el tiempo que haga falta.-

Ella lo miró, y a la vez negó con la cabeza, aunque no sabía si era por el vino que la desinhibía. Con toda la valentía que consiguió reunir, rozó su mejilla con el dorso de la mano, a la vez que le devolvía el beso que antes le había dado él. Esa es la señal que Manuel necesitaba saber que su esposa estaba preparada para pasar su primera noche juntos.

A la mañana siguiente, cuando se despertó sobresaltada por no reconocer donde se encontraba, miró a su alrededor y se acordó que estaba en su pequeña luna de miel, mirando desde la cama toda la alcoba se dio cuenta de que estaba semidesnuda y sola, su esposo (el recuerdo de lo acontecido la puso muy nerviosa) no se encontraba a su lado. Hasta que escuchando atentamente oyó ruidos en el baño, se levantó de la cama para dirigirse hacia la puerta, donde se encontró a Manuel, que salía vestido con el calzón oscuro y la camisa de seda.

Con voz dulce y amable se abrazó a su mujer.- ¿Ya te has despertado amor mío?-

Su rostro se relajó sintiendo de nuevo el cuerpo de su marido.- Me asusté al despertar y no encontrarte a mi lado ¿Qué hacías?-

La sonrió y con cariño la tapó los ojos con delicadeza.-Confía en mí-. La susurró al oído.

Aurora obedeció y confiando en él, se dejó llevar. Una vez dentro, la quitó las manos y la pidió que abriera los ojos. Pudo contemplar el cuarto de baño lleno de velas, la tina estaba llena de agua con espuma y metió la mano para sentir el agua templada. Se giró hacia su marido, que estaba expectante a su reacción, y sin mediar palabra se lanzó sobre él dándole un beso en el mentón, como forma de agradecimiento.

LA ESPERA EN PEÑAFLOR

22-Abril-1521

Los días pasaban lentamente tras las murallas de Peñaflor. El aumento de soldados en la villa, preocupaba a la población, por si la siguiente batalla entre bandos fuera dentro de sus lindes, con las consecuencias colaterales que les afectarían.

Para la mayoría de los campesinos, las consecuencias que sufrían por el conflicto, eran las subidas de impuestos, que apenas les dejaba vivir y los continuos saqueos del bando victorioso en la batalla del momento, que les terminaban de quitar el poco sustento que conseguían guardar.

Alejandro Martín era uno de los ciudadanos de Peñaflor, que cansado de trabajar la tierra para no tener nada que poder llevarse a la boca, decidió alistarse con las tropas realistas con el único fin de conseguir un sueldo para que comiera su familia. Su única esperanza, era aguantar vivo en batalla lo suficiente como para dar un sustento a su familia, hasta que terminase la guerra y sus hijos pudieran después cultivar la tierra que poseían, como les había enseñado.

Aunque no era normal para un campesino, incluso con la revuelta comunera, alistarse en el ejército realista, a cambio del sueldo mínimo más incentivos y pudiera montar a caballo junto a la caballería del ejército. La destreza que demostró Alejandro a lomos del animal, hizo que el Condestable de Castilla no pusiera impedimentos para que cabalgara con sus soldados, ya que la figura de ese campesino a caballo, le podría facilitar un acercamiento al pueblo, para que les ayudasen a defender los territorios del rey. Necesitaba que el pueblo estuviera con ellos, y sabía de primera mano, que más levantamientos, aunque estuviera rodeado de buenos soldados le podía salir muy caro. En Burgos ya tuvo que escapar de la ciudad, y lo complicado que fue recuperarla, y no quería volver a vivir un incidente parecido.

El reclutamiento de soldados en los pueblos que seguían siendo fieles al rey, les daba un apoyo, que unido a las tropas de las que disponía, les daba los suficientes hombres para plantar cara a los comuneros. Una espada blandida por un campesino no era diestra, pero la protección hacia su pueblo, le dotaba de la fuerza necesaria para poder doblegar al mejor soldado de la corte.

Alejandro apenas conocía el motivo de las revueltas, y por qué luchaban unos y otros. Pero tenía claro que sin su alistamiento, no acabaría el año, y en vez de a él, llevarían a uno de sus hijos. Pronto llamó la atención entre los jinetes. Su agilidad y destreza con el caballo con el que ya había pasado muchos veranos, no era comparable a la del mejor soldado de los que habían llegado a la villa, aunque para su pesar, su manejo de las armas era muy limitado y tenía mucho que aprender.

Desde mozo su padre le había enseñado, y muy bien por cierto, a relacionarse y a ganarse la confianza de las personas, para conseguir sacar el mayor beneficio en la venta de trigo, de ganado y especialmente de caballos, que era el animal que más ingresos le proporcionaba. Esa facilidad de palabra que anteriormente le ayudaba en las ventas, ahora le daba la oportunidad de codearse con los mejores jinetes que allí se encontraban. Hasta el punto de dar consejos sobre el terreno a Fadrique Enríquez, conocido como el Almirante de Castilla. Ya que conocía el terreno como la palma de su mano, al haber paseado casi a diario a los lomos de sus caballos para fortalecer su resistencia.

Al Almirante de Castilla, le gustaba mezclarse entre las gentes de las villas por donde pasaba, para conocer pensamientos y rumores de las gentes con las que se cruzaba, ya que como en el caso de Alejandro, hacía tiempo que conocía sus habilidades con el caballo y su conocimiento del terreno, cosas que ya tenía en mente aprovechar en el momento oportuno. Muchos campesinos de la villa de Peñaflor, habían seguido los pasos de Alejandro por los mismos motivos, otros por el contrario, querían aprovechar la oportunidad que les brindaba el conflicto, para poder alistarse en el ejército, y poder abandonar sus tierras a cambio de las promesas de fama y dinero. Ambicioso proyecto, que muy pocos, por no decir casi ninguno, llegaría a llevar a cabo, ya que las mejores páginas de la historia estaban reservadas para las familias más nobles.

Sin ser descendiente de un noble. Alejandro se hizo rápidamente popular entre las tropas. Siempre que había una expedición a comprobar el terreno, no dudaban en pedirle que les acompañase. Algo que él con gusto accedía, esas expediciones le proporcionaban un sueldo extra, que le venía muy bien para los suyos y así se ganaba la confianza del resto. Con el poco tiempo que llevaba dentro de las filas del ejército y gracias a su don gentes era capaz de conocer las desdichas e ilusiones de quien cabalgaba con él.

A pocos encontraba, que su alistamiento, fuera por amor a la patria. La mayoría, lo hacían porque se ganaba más que labrando el campo o cuidando el ganado, y eso les podía ayudar a conseguir una vida más sosegada. Nadie partía con el pensamiento de perder la vida en batalla, ganar o perder la lucha del momento. Ya que si no estuvieran allí, irían a las indias, donde los rumores de riquezas y oro cegaba a los soldados, hasta el punto de estar dispuestos a abandonarlo todo a cambio de montañas de oro, fama, leyendas y misterio, que surcaban el océano desde aquellas tierras lejanas, donde se decía que todo hombre era igual a su semejante.

El Almirante de Castilla, como en la mayoría de las expediciones, llamaba al momento a Alejandro, para conocer de primera mano si había habido algún movimiento de las tropas comuneras encerradas en Torrelobatón. Siempre lo esperaba con comida en la mesa y un buen vino, con el conocimiento que los hombres se sienten más a gusto, cuando una conversación está acompañada de una buena comida y regada de un buen vino. Cosas que por esas tierras eran abundantes.

A pesar de que no era la primera vez que Alejandro visitaba al Almirante de Castilla, seguía entrando con timidez acompañado de la guardia, y con las manos a la espalda. No era la primera vez que entraba en su tienda, sabía que aquel hombre, con un chasquido de sus dedos, le podría enviar a la horca sin que nadie preguntase que había hecho. Era uno de esos hombres, que tenían el privilegio desde el momento en que vino al mundo de decidir que se haría con la vida de los demás, excepto si, cuando la vida castigada, era la de un noble o alguien cercano en ese caso sí que se celebraba un juicio justo.

Fadrique Enríquez se quedaba unos segundos mirando, y con un gesto de su mano, mandó retirar a la guardia, y casi de inmediato, llamaba al servicio que acudía sin apenas haber dejado salir a la guardia. Ofreció a Alejandro que se sentase en la mesa, mientras le observaba sonriente. Sabía el temor que podía infligir un hombre de su estatus a casi cualquier persona, y aunque le gustaba ver cómo los hombres lo temían, no le gustaba comportarse como aquellos nobles que castigaban solo por diversión, pero tenía que demostrar fortaleza, o si no cualquiera le intentaría arrebatar sus títulos y con ellos sus tierras.

Alejandro se sentaba intentando hacer el menor ruido posible, quedando recto como un palo con las manos encima de la mesa. Miraba la comida por encima, para a ver si podía reconocer algún alimento de la mesa, ya que la mayoría eran tan caros que ni siquiera se vendían en los mercados de las villas de Castilla.

Le acercó uno de los platos.

- Come mi querido amigo. Seguro que tienes hambre después de la caminata de hoy.-

Alejandro con timidez, alargaba el brazo para coger un pedazo de carne. Fadrique siempre cogía las copas y las llenaba hasta la mitad, entregándole una a Alejandro, mientras él alzaba la otra con la mano derecha, esperando el choque con la copa que había cedido a Alejandro.

Después de chocar las copas, la vaciaba, y volvía a llenarla de nuevo justo hasta la mitad, sentándose enfrente de Alejandro y escrutando su rostro dijo.

- Bueno ¿qué tal se ha dado hoy el reconocimiento?-

Esta vez, en vez de responder lo mismo que otros días con la mirada al vacío o algún punto de la mesa, miró a Fadrique a los ojos.

- ¿Por qué no intentáis mandar un mensajero a la fortaleza de Torrelobatón y negociar un acuerdo? Sería mejor que intentar acabar con la revuelta por la fuerza.-

- Ya lo intenté en otras ocasiones, y pensé que a estas alturas ya hubiese terminado todo esto-. Cogió un trozo de carne y empezó a comer.

-¿Pues qué pasó?-. Preguntó extrañado, sin entender que el Almirante de Castilla no se diera cuenta de una negociación fallida en el momento.

-Los mandos comuneros me atendieron durante las negociaciones poniéndome una mano en el hombro, y con la otra apuñalando mis territorios.-

Dio un golpe en la mesa.- ¡Se piensan que pueden salir airosos de todo esto! ¡Pero lo acabarán pagando con sus vidas! Una pena-. Vació la copa de un trago y la volvió a llenar, sin dejar de pensar en lo que podía llegar a pasar si los dos ejércitos se enfrentasen.

Alejandro empezó a cortar un poco de carne que todavía no se había llevado nada la garganta.

- Si eso es verdad ¿Por qué te da pena?-

-Pude conocer bien a mis enemigos, e igual que un honor, será una pena no contar con Juan de Padilla, Juan Bravo, Pedro Maldonado y Francisco Maldonado entre otros. Su honor y disciplina es digna de elogiar, pero han elegido mal, después de negarse a las negociaciones, su destino está echado.-

Alejandro dio un trago de vino para pasar el cacho de carne que acababa de comer, se mantuvo pensante durante unos segundos, dudando si revelar al Almirante lo que había sucedido.

- Pues creo que esto puede llegar a su fin dentro de poco.-

El Almirante de Castilla mandó que los dejasen solos y puso toda su atención a las palabras de Alejandro.

- Nos hemos topado con unos viajeros, que casi a ciencia cierta, eran exploradores revisando el camino con dirección a Toro.-

-Cuéntame hasta el último detalle-. Se levantó, cogió las copas y esta vez, las llenó hasta el borde.- Si salen de la Fortaleza nuestra victoria será rápida, pudiendo decapitar a la cabeza de la revuelta de un solo golpe.-

Empezó su relato cuanto terminó de comer otro trozo de cordero asado.

-Todo ocurrió en una bodega en la villa de Vega de Valdetroco.-

"Después de cabalgar desde la madrugada a lomos de los corceles, las fuerzas de los jinetes y caballos empezaban a fallar. Con el sol en lo más alto del cielo y los estómagos secos y vacíos, lo mejor era reponer fuerzas y charlar con los vecinos de la villa, para obtener información de viajeros con prisas y pocas ganas de hablar.

Nos dirigimos a una bodega preparada para el tránsito de viajeros, donde se podía saciar el hambre. Un lugar donde ofrecen el descanso de personas y animales, sin tener que rendir cuentas a nadie del motivo de su viaje. Después de dejar sus caballos a buen recaudo, Alejandro y Andrés. Soldado que acompañaba a Alejandro.

-Entraron en el comedor de la bodega donde solo había otra pareja de viajeros, que comían con prisa sin apenas darse cuenta de nuestra presencia, al parecernos extraña esa rapidez al engullir sus alimentos, nos sentamos en la mesa contigua.

-Que aproveche-. Dijo Alejandro mientras se sentaba.

Uno de ellos se giró y respondió.

- De nada-. Levantó su cabeza del plato para observar a sus acompañantes.

- Es raro en estos tiempos de lucha y egoísmo encontrar a alguien con un poco de educación por estas tierras.-

Deseando desconectar, Alejandro agradeció hablar con alguien que no estuviera en la encrucijada montada por los nobles que luchaban por su poder.

- Los que vivimos de la tierra y el ganado siempre se nos ha educado con el respeto al prójimo, y se nos ha impuesto la reverencia a quien por decreto divino se piensan que son superiores a nosotros.-

Manuel se quedó mirando a aquellos hombres, y queriendo desconectar de tanto engaño y egoísmo, se levantó de su mesa.

-¿Os importaría que compartamos mesa con vosotros?-

Alejandro se levantó y apartó dos de las cuatro sillas que hasta ese momento rodeaba su mesa.

- Sería un placer compartir comida y andanzas de viaje con vosotros.-

Manuel se levantó de su mesa y la arrastró hasta unirla con la de aquellos viajeros. Antonio poco dado a compartir su vida con cualquier otro ser humano, le miró con desprecio y maldiciendo entre murmullos. Cogió su silla y la unió a la mesa en la que se encontraba su plato y continuó comiendo.

-A tu amigo parece que no le ha gustado comer con compañía-. Decía Alejandro mientras terminaba de colocar la mesa que les correspondía.

-No te preocupes-. Respondió Manuel.- No está acostumbrado a compartir mesa con otra gente. Es bastante tímido y se pone muy nervioso cuando está con desconocidos-. Se inclinó para hacer una reverencia.

- Perdón por no presentarnos. Yo soy Manuel de Linares y mi acompañante, Antonio Maldín.-

Alejandro con la misma actitud que su nuevo acompañante le devolvió el gesto.

- Nosotros somos Andrés de Lardín y Alejandro Martín. Venimos de Tordesillas de vender unos caballos de muy buena cuna.-

-Mal momento de recorrer estas tierras con caballos. Con lo cotizados que están.-

-Lo sé, por eso prefiero venderles antes que me les quiten por la causa.-

Hubo un incómodo silencio en lo que los cuatro ocupantes de la mesa aprovecharon para comer.

-¿Vosotros sois de aquí? O estáis de paso-. Preguntó Alejandro como si sacase el tema para romper del hielo.

-Somos de Toledo, y nos dirigimos a Burgos para ampliar la venta de un negocio de telas-. Respondió Manuel después de unos segundos para decir algo convincente, que no delatara sus verdaderas intenciones."

-Seguimos comiendo los cuatro, hablando sin contar nada de relevancia, ya que sabía que los viajeros con los que compartíamos comida nos estaban mintiendo, y que su verdadero viaje era otro. Apostaría casi seguro que eran exploradores revisando el terreno para un gran movimiento de tropas, y por lo que pudimos ver por las huellas de sus caballos el destino es Toro.-

Fabrique se quedó pensando un rato y después se levantó.- Te veo demasiado seguro de lo que dices.-

Respondió casi de inmediato, sin dudar en lo que había pasado, estaba seguro de lo que iba a pasar.- Estoy tan seguro que creo que saldrán esta noche.-

Fabrique se volvió a sentar, miró a Alejandro a los ojos.- ¡Sabes que nos jugamos mucho! Si preparamos las tropas para que estén despiertas toda la noche y no salen les estaremos brindando una ventaja importante.-

-Lo sé. Pero si salen tendremos una victoria segura.-

Fabrique se dirigió como alma que lleva el diablo hacia la puerta, y antes de abrirla se giró.- Si tienes razón te prometo una recompensa inigualable, pero como te equivoques serás castigado en consecuencia.-

Alejandro asintió con la cabeza, y siguió comiendo mientras Fabrique abandonaba la sala dando voces.

- ¡¡Llamad a los capitanes!!- Se escuchaba.- ¡¡¡Que se preparen las tropas!!! ¡¡Ensillad a los caballos!!-

Sabía que el 23 de abril iba a ser una fecha señalada para la posteridad, un gran día para unos, una pesadilla para otros, pero la verdad era que la mayoría de peones en esa batalla como era Manuel, o es él, solo encontrarían como recompensa la muerte. Sin que nadie les volviera a recordar en la historia.

Alejandro terminó de comer y se dirigió a dar una vuelta por el pueblo, para ver como todos los hombres se preparaban para la batalla. Los más veteranos apenas se inmutaban, para ellos no era más que otra batalla. Por el contrario los más noveles se sentían muy nerviosos, movían sus armas de un lado al otro como si ningún sitio fuera lo suficientemente cómodo para llevarla.

Alejandro se dirigía a su casa para pasar el mayor tiempo posible con su familia, ya que él saldría con la caballería y seria de los primeros hombres en llegar a la batalla. Su destreza con las armas seguía dejando mucho que desear, pero nada le importaba, ya que si los soldados saldrían esa noche, su familia no volvería a pasar penurias, eso era lo único que merecería la pena, por eso estaba dispuesto a entregar la vida.

HASTA EL ÚLTIMO PÁLPITO

Villalar

23-Abril-1521

El oscuro atardecer empieza a difuminar un día ya de por sí sombrío. La lluvia sigue cayendo sin cesar desde la madrugada de este maldito día. En el suelo encharcado de agua, el color marrón empieza a teñirse de rojo de la sangre comunera. No dejo de ver como caemos como moscas, y los estandartes carmesí son pisoteados por nuestros enemigos. Creo que Juan Padilla ha sido capturado, lo perdí de vista cuando fue derribado de su caballo, intenté llegar hasta su posición.

Mis compañeros gritan en el suelo malheridos, mientras los lanceros del bando realistas siguen pasando con sus caballos una y otra vez, derribándonos como si fuéramos bolos.

Los cañones de bronce, metidos en la villa, no han respondido al ataque, ya que su eco no ha retumbado en kilómetros a la redonda. Supongo que la pólvora esta mojada como el resto de las armas de fuego, intento mirar si hemos creado alguna línea de defensa, pero el agua que se escurre por mi casco, me impide ver más de un palmo de mi posición.

Noto como los caballos pasan una y otra vez. Lanzo estocadas con mi espada sin encontrarse con nada. De repente un hombre cae sobre mí, tirándome al suelo. Cuando intentó quitármelo de encima me doy cuenta de que es un compañero comunero muerto. Me reincorporo y siento un corte en la pierna a la altura del muslo por la parte trasera que me hace ponerme de rodillas. Suelto la espada a la vez que emito un fuerte alarido, me quito el casco y dando todo por perdido me relajo, con tranquilidad empiezo a contemplar la escena de la batalla que el casco y la adrenalina no me dejaba contemplar. Varios caballos pasan a mi lado sin percatarse de mi presencia. Están ocupados en seguir a la carrera a varios comuneros que huyen del campo de batalla en un último intento desesperado, pero no consiguen llegar muy lejos. A unos pocos metros son cazados y rematados en el suelo, mientras pedían ayuda.

Mirando en dirección a la villa, puedo contemplar al Conde de Haro. Aunque jamás le he conocido en persona, le puedo distinguir por la armadura, que solo puede permitirse un noble de alto rango portando el emblema de su casa. Pide a sus lanceros que sigan arremetiendo hasta que llegue el grueso de las tropas. Por la pinta de la batalla no van a tener nada más que hacer que celebrar la victoria, y rematar a los soldados en el suelo. Me empiezo a dar cuenta que en ese momento yo seré uno de esos soldados que serán rematados indefensos en el suelo. Sin poderme poner en pie, intento salir del campo de batalla acercándome a la orilla del río Hornija, donde espero pasar desapercibido hasta que pueda huir de allí. Cuando casi he conseguido mi objetivo, recibo un fuerte golpe en la espalda, que me corta la respiración y me tira boca abajo en el suelo encharcado de agua. Giro la cabeza intentando respirar, pero el impacto apenas me deja meter aire en los pulmones. Todo ha terminado para mí, la promesa que había dado estaba a punto de romperse. Ya jamás podría regresar con Aurora, mi destino estaba escrito y la parca venía a reclamar lo suyo.

Cuando mi cuerpo ya no respondía, y mis ojos empezaban a cerrarse, contemplé una figura que se acerca hacia mí.- Lo siento Aurora, hoy romperé la promesa que con tanto rigor he llevado tatuada en mi pecho.-

-No te preocupes amor mío, tú y yo siempre estaremos juntos-. La voz de Aurora en ese momento me ayuda aceptar mi destino con más tranquilidad, y poder esperar la muerte con una leve sonrisa en mis labios. Se acabó para mí la lucha, las batalla, la vida y el amor.

ALEJANDRO MARTÍN

Las campanas de la iglesia empiezan a replicar con fuerza en la madrugada del veintitrés de abril de mil quinientos veintiuno de nuestro señor, por las calles circula el agua como si de ríos se tratara. Las tropas realistas corren de un lado para otro en busca de corazas, armas y caballos.

Alejandro Martín abre las puertas de madera de su cuadra, y luego la puerta de forja que protegía a la primera. Los lanceros se colaban en busca de los caballos que Alejandro guardaba, y los que por suerte había podido vender a las tropas. La familia le contemplaban abrazados, mientras ensillaba a su caballo marrón con una franja blanca en la cabeza.

- No tenéis por qué tener miedo. Aquí estaréis a salvo, y yo regresaré pronto a vuestro lado.-

Carlos el hijo mayor de Alejandro se fue a coger una silla para montar su caballo. Su padre le había enseñado bien y sabía perfectamente cómo dirigir al animal, aunque fuera con aquel mal tiempo.

- Iré contigo, necesitarás ayuda.-

Alejandro se giró y cogió de los hombros a su hijo.

- Tú tienes que quedarte a cuidar de la casa, de tu madre y de tu hermano.-

Andrés de Lardín había terminado de preparar su caballo y se disponía a montarlo para salir de allí.

- Haz caso a tu padre. Hoy estás mejor aquí con los tuyos, lo que va a pasar ahí fuera es mejor que no lo veas hasta dentro de unos años. Es una experiencia que siempre te perseguirá durante la noche.-

Alejandro agradeció sus palabras mientras Andrés salió a galope de la cuadra. El muchacho continuaba en su empeño.- Ya estoy preparado.-

Alejandro le quitó la silla de las manos y la volvió a colocar en su sitio.- Lo siento, esta es mi última palabra.-

Cuando terminó de ensillar el caballo se acercó a su familia y se abrazó fuerte a ellos. El abrazo duro unos segundos, pero a Alejandro le parecía una eternidad. No sabía si volvería a verlos, pero tenía que irse le gustara o no. Se subió a lomos del caballo arreándole para que saliera a galope. Salió sin mirar atrás, quería dejar como último recuerdo el abrazo que se había dado unos minutos antes.

La lluvia tintineaba al chocar contra las armaduras de los soldados concentrados a las puertas de Peñaflor, escoltada por una gran muralla que protegía a la villa de posibles invasores. A la cabeza de la multitud, se encontraban montados en sus corceles Íñigo Fernández de Velasco (El Condestable de Castilla), Fabrique Enríquez de Cabrera (El Almirante de Castilla) y Pedro Fernández de Velasco (Conde de Haro, Hijo del Condestable de Castilla). Al que muchos pensaban que estaba hay por su cuna más que por sus logros, al ser muy joven y no tener apenas experiencia en el campo de Batalla.

Alejandro se sentía como un pollo sin cabeza rodeado de tanto soldado antes de una batalla. Le molestaba hasta el más mínimo detalle. El agua de la lluvia se le metía en los ojos, la silla de montura era ajustada una y otra vez sin encontrar la posición exacta, algo descabellado, ya que llevaba años con la misma montura. El chaleco de cuero que le había regalado el Almirante de Castilla por su labor, le picaba y molestaba por todo el cuerpo. La lanza no sabía si cogerla con el brazo izquierdo, y las riendas con el derecho o viceversa. Entre andar más pendiente en cosas insignificantes y la euforia de los soldados que eran alentados por el Contestable de Castilla, no se enteró de donde tenía que partir él en la columna de ataque.

Andrés de Lardín se acercó a Alejandro, y como si su hermano pequeño se tratara le colocó la mano en el hombro.

- No te preocupes, te he visto montar y lo harás como nadie. Si no te has enterado de nada es normal, las tres cuartas partes de los soldados que nos acompañan no saben qué hacer.-

Alejandro levantó la cabeza sin reconocer quien le estaba hablando, y se sorprendía a ver a Andrés, al no considerarlo alguien dispuesto a entablar conversación con nadie antes de una batalla, al no querer distracciones en un momento tan decisivo entre la vida y la muerte.

- Tú vas en la cabeza de la marcha con la caballería. Seremos los primeros en entrar en batalla, encabezados por el Conde de Haro, que hoy se tiene que labrar una reputación.-

Alejandro le miró de arriba abajo para saber detrás de quien ir cuando llegara el momento. No le había visto nunca con el traje de combate, que solo se ponía en momentos esenciales por el peso extra que limita sus movimientos, cansando antes al caballo, animal primordial para sobrevivir en caso de huida.

-Recuerda. Cuando arremetamos a los comuneros, en tu caso, no aproveches tu destreza para ir en la cabeza, deja que te pasen cuatro o cinco líneas y arremete cuando lo haga el Conde de Haro. Irá más protegido. Los novatos abrirán el paso a los veteranos, que arremeteremos, y las filas más protegidas con el Conde al frente, terminaran de abrir la brecha en las filas enemigas.-

Alejandro buscó al Conde de Haro, para saber en su momento donde se tenía que poner, para que no hubiera confusión y acabar en la punta de lanza del ataque.

-Después de la primera embestida, sal del campo de batalla, donde serás vulnerable, y cogiendo distancia para poder embestir, da una segunda arremetida o espera al grueso de las tropas, manteniéndote a una distancia de seguridad sin que tu actitud la puedan tachar alguien de traidor o desertor.-

Alejandro cerraba los ojos para intentar recrear el momento de la batalla que lo llevaba a un kilómetro de Villalar, dejando el río Hornija a su derecha, y un extenso campo de cultivo de cebada verde de menos de un palmo a su izquierda, un escenario embarrado donde el caballo se podía caer al pisar la tierra mojada.

-Recuerda que a tu espalda, nunca sabes quién puede venir en el campo de batalla, si te colocas al lado del Conde de Haro, las fuerzas que se concentrarán a su alrededor te facilitarán las cosas a la hora de defenderte. Aprovecha tu destreza a caballo y solo ataca cuando puedas embestir, te será todo más fácil para sobrevivir en tu primera y creo por tu mirada que última batalla-. Andrés se alejaba unos metros.- Tu mirada me revela que no estás preparado para lo que te espera en unas horas, y si sobrevives, recuerda cuando despiertes de las pesadillas a media noche, que no importaba la causa defendida. Era su vida o la tuya, y después contempla como duerme tu mujer e hijos, sin olvidar que esa era tu única causa para sobrevivir.-

El discurso terminó entre vítores de la tropa enardecida, que como en un paso doble, cada soldado sabía que paso tenía que dar, en una coreografía donde Alejandro se sentía como el desacompasado, solo buscaba a los jinetes entre las murallas de la villa, puesto que unos pocos no conocían la letra e intentaban pasar desapercibidos, sin encontrar el ritmo entre la multitud. Entre toda la algarabía en su confusión buscó la puerta que bajaba hasta el valle de los montes Torozos. Gracias a los consejos de Andrés que le comentó en privado donde iría dentro de la columna.

Se abrieron las puertas de la villa, y descendieron en primera línea a un ritmo suave los jinetes que encabezaban la columna, intentando que los caballos no resbalasen entre las piedras y el barro, que se ocultaba bajo de la intensa lluvia que mojaba las ropas de los jinetes.

Alejandro partía en cabeza a pocos metros del Conde de Haro, sin inquietar a la escolta fuertemente armada con corazas que fatigarían a sus caballos durante la travesía. Un escudero del Conde perdió su posición para acercarse donde se encontraba Alejandro.

- Tu puesto no está en cabeza de esta partida. Recupera tu sitio en la retaguardia, donde los tuyos podrán huir en el momento que la batalla se tuerza para esconderos en la cueva donde estáis acostumbrados a vivir.-

Alejandro lo miró con desprecio, y entre risas se pasó la lanza de un brazo a otro y la dejó descansar en el hueco que había preparado días antes para montar con más tranquilidad.

- Recuerda esta madrugada, que con quien hablas es un simple campesino, que volverá a su casa con su caballo demostrando que tiene más cabeza que un soldado que matará al suyo antes de llegar a Vega de Valdetronco.-

El soldado ofendido, y después de casi caer antes de descender de Peñaflor, empuñó su espada dispuesto a utilizarla, pero antes de poder desenvainar, un fuerte golpe de una espada tiró el casco del escudero, que estaba dispuesto a terminar con la vida de Alejandro.

- Para mí solo eres un estorbo de aquí a Vega de Valdetronco. Solo te voy a dar una oportunidad-. Andrés guardó la espada.- Tú y yo en esta distancia, o te mato o te disculpas delante de todos y donas tu caballo y armadura.-

El escudero lleno de ira, agarró su espada y cuando se disponía a desenvainarla, el Conde de Haro detuvo la marcha.- Recupera tu posición, y recuerda que te acabo de salvar la vida, y espero que en la batalla me demuestres que haya valido la pena.-

Alejandro respiró tranquilo y siguió la estela del Conde, pero esta vez más lejos, para no irritar a soldados dispuestos a morir por una tontería. Él solo estaba allí para alejar la batalla de la casa de su familia, no estaba dispuesto a morir por un orgullo irresponsable de un crío que no sabe ni lo que está haciendo.

La marcha era lenta para los caballos, pero acelerada para los soldados que iban a pie en aquel barrizal donde las suelas de sus botas resbalaban haciendo perder el equilibrio a más de uno. Alejandro sabedor de sus cartas, según avanzaba, se dejaba caer entre líneas para suavizar la fatiga del caballo.

Al paso de la villa de Torrelobatón, Alejandro pudo contemplar sin la molestia de un casco bajo la lluvia, los bombardeos del bando comunero, que después de destrozar el castillo prometió la muerte de los ciudadanos de la villa si no eran capaces de rendir la fortaleza. Causa que de primera mano el Almirante de Castilla le había contado. Conocedor de mentiras, para alguien que había crecido en la mentira, y vivía de conocer el engaño. Conocía a personas mentirosas y dolidas, que la única diferencia, era entre rencorosos o mentirosos, y Fabrique tenía ojos de lo primero. En ese momento solo importaba su vida y la victoria, dentro de sus males eran los impuestos, pero se había ganado la confianza de alguien importante dentro de su entorno, y eso le daría una vida tranquila para su estatus en aquel momento.

Alejandro levantó la cabeza y contempló la cara del escudero, que a pesar de su distancia respecto al Conde de Haro, había perdido su posición simplemente para buscar a Alejandro, que a pesar del casco que le cubría la cara, su rostro de odio por la simple discusión con un campesino era mínimo motivo para buscarle, sin dejar el pensamiento de una mosca molesta para alguien que se creía por derecho ser superior a él.

La mañana empezaba a levantar, continuaban las intensas lluvias que no habían arremetido. Los soldados empezaban a dudar que fueran capaces de alcanzar con ese clima a las tropas comuneras, que espoleadas por saberse acechadas en vez de enfrentarse, habían acelerado el paso. El clima era contrario para una persecución donde el ritmo tenía que ser mayor, y llegar fresco a una encerrona donde seguro se esconderían los hombres de Juan Padilla. Se escuchaban voces y movimientos de las tropas después de unas horas de marcha donde no había resultado. El Conde de Haro que recibía una y otra vez órdenes de su padre el Condestable de Castilla, las repartía con los más afines, que rápidamente se movían con rapidez repartiendo el mensaje entre las tropas.

-Es hora de que demuestres lo que sabes hacer con tu caballo. Pero no te emociones cuando lleguemos al enfrentamiento, recuerda mi culo y no te alejas de él, y te prometo que volverás a ver a tu familia.-

Alejandro con el subidón de adrenalina que le empezaba a correr por el cuerpo. Acercó su caballo junto al de Andrés.- Espero que lo tengas tan claro como lo dices.-

Andrés contemplaba como las tropas iban poniéndose en posición.- Hoy todo es tan claro como el cielo cubierto que nos acecha, pero yo he aprendido a sobrevivir en peores situaciones a esta. Si es verdad lo que he oído, vamos de avanzadilla para retrasar la marcha, con el único fin de dejar lo importante para el resto de la tropa. Nosotros solo seremos bajas necesarias.

- Andrés se apartó de Alejandro.- Recuerda. Cerca de mí, que estaré en la órbita del Conde de Haro-. Andrés se alejó dejándose caer hacia el grueso del pelotón.

Se escuchaba al jinete que volvía de avanzadilla.

- Están llegando a la villa de Vega de Valdetronco.-

El Conde de Haro azuzó a su caballo.

- ¡Vamos mis fieros guerreros ya son nuestros! ¡¡¡Sin piedad y compasión!!!

Si Juan Padilla y sus capitanes se ocultasen entre las callejuelas de la villa esperando a las hordas del ejército, sería un terreno favorable para repeler a las tropas carlistas. En ese caso la caballería que iba al frente, caería en un terreno que no favorecería a los jinetes, y serian rápidamente repelidos dejando muchas bajas.

Alejandro en ese escenario poco o nada tenía para sobrevivir, o arremetía y moría en el primer intento, o huía y sería un desertor donde su familia y él, serian ejecutados como perros a no tener ningún apellido notorio que les pudiera salvar. Sin apenas tiempo a seguir pensando cuál sería su decisión, la villa se acercaba sin rastro de las tropas comuneras. Un error que le daba una gran oportunidad de volver con los suyos. No entendía como habían desaprovechado esa oportunidad. La caballería les cogería antes de llegar a Villalar. La caballería a campo abierto en aquel día tan lluvioso, era sabido hasta por el campesino más pobre que era sentencia de muerte. La batalla estaba cerca, y la victoria era más que un sueño, donde Alejandro sabía que podía volver a casa a vivir más que sobrado con su familia.

Desde la punta de ataque se escuchó una frase repetida por varios caballeros.

- ¡¡¡¡Cargar!!!!-

El ritmo de los caballos aumentaba hasta llegar al galope. Los gritos de los hombres advirtiendo nuestra llegada eran cada vez más fuerte. Los alaridos de aliento de nuestros caballeros aumentaban en decibelios. El impacto entre tropas era inminente. El Conde de Haro empezó a retroceder su posición junto a todos sus escuderos, los soldados jóvenes aumentaba el ritmo para ponerse en cabeza para demostrar su valía, y los soldados viejos abrían su posición para caer sobre las tropas comuneras como si fueran una pinza. Pronto el sonido constante del agua sobre las armaduras se apagó, cambiando por el de los impactos de los caballos contra los hombres que esperaban con lanzas para detener la arremetida. Las espadas y lanzas chillaban al chocar entre sí o contra las armaduras de los soldados. Alejandro sin apenas darse cuenta se encontraba atravesando un campo húmedo repleto de hombres, que intentaban huir sin apenas poder ofrecer resistencia. Más que un ejército, parecían los grajeros de una villa, siendo masacrados por sus amos al no querer pagar los impuestos requeridos.

Por la cabeza de Alejandro ya no pasaba ningún pensamiento. Todos los movimientos que realizaba eran simple mecanismo de supervivencia que realizaba sin ser consciente. Arremetía con fuerza, cuando el galope se hacía más lento, salía del campo de batalla y volvía a coger impulso. En una de esas arremetidas callo de su caballo, y con rapidez soltó un alarido, levanto su espada buscando al hombre que le había tirado del caballo.

A pocos metros de él, al pie del río Hornija un hombre agonizaba en el suelo. Junto al escudero del Conde de Haro.- Mata a este perro asqueroso para demostrar que eres un hombre, y a lo mejor te perdono la vida, cucaracha.-

Alejandro se acercó al hombre que agonizaba.- Si eres un hombre de verdad empieza conmigo y si consigues abatirme acaba con su vida.-

El escudero bajó de su caballo y sabedor que andaban lejos de la batalla, se quitó el yelmo y sacó su espada.- Me alegro de que me digas eso. Ahora me ensañaré contigo, y mañana con tu mujer. ¡Desertor!-

Alejandro apretó fuerte los dientes y esperó la arremetida del escudero. Esperaba que la armadura y la fatiga del viaje, mermara sus fuerzas pudiendo tener una oportunidad. El escudero empezó a sacudir con violencia sobre Alejandro, que solo se defendía esperando su momento, pero eso no sucedía. Uno de esos impactos entre espadas lo tiró al suelo, quedando desarmado.

- Se acabó cucaracha.-

El escudero levantó su espada, y entre carcajadas, la blandió contra Alejandro, pero a pocos centímetros una segunda espada paró el impacto desarmando al escudero. Sin mediar palabra el hombre que había salvado la vida de Alejandro cortó la cabeza del escudero, que no le dio tiempo a poderse defender.

- Levanta del suelo y disfruta de la vida con los tuyos, y no recuerdes nunca lo que ha pasado hoy.-

Alejandro se levantó entre el barro y la lluvia, reconoció a Andrés, que de camino a su caballo guardó la espada, no sin antes limpiar la sangre con la que la había manchado ese día.

- Tú tienes una vida de paz, y a partir de hoy no pasarás penurias. El Almirante de Castilla te aprecia, y yo me encargaré que seas reconocido como uno de los que hicieron posible esta victoria, por saber identificar que hoy sería el día que los comuneros abandonarían Torrelobatón.-

Andrés montó en su caballo y se perdió entre la lluvia, en aquella llanura llena de cadáveres. Alejandro aturdido por el escudero, se acercó hacia el hombre por el que había elegido perder su vida, que aún yacía en el suelo con un pequeño hilo de respiración.

HERNÁN DE BUSTINZA

Las puertas del castillo de Torrelobatón se abrieron para dejar paso a las tropas comuneras. Hernán entre otros, marcharía cerrando la fila de la marcha hacia Toro, esperaba apostado al pie de la puerta. La noche y la intensa lluvia apenas le dejaba ver más allá de su nariz, pero su interés y ganas de entrar en batalla no le dejaban entender que huyeran.

Manuel de Linares que saldría en el grueso del batallón, se quedó mirando a Hernán, con el que durante unos días estuvo hablando de las ganas que tenía de partir a las indias a ver las casas con los techos de oro, donde muchos marcharon como despojos y volvieron siendo caballeros.

- No te alteres tan pronto, tu momento llegará antes de lo que esperas.-

Hernán guardó la espada que llevaba desde hace un rato en su mano.- Manuel ¿Cómo podemos huir cuando los tenemos tan cerca? Esta marcha tiene que ser hacia Peñaflor y no a Toro, ellos no se lo esperan, y con la lluvia sus caballos caerán pronto.-

Manuel miraba con ojos de hermano mayor a aquel muchacho, y comprendía sus ansias de reconocimientos.- Juan entiende que no es el momento y como tal lo tenemos que entender. Él nos trajo hasta aquí, solo él puede darnos la victoria-. Se giró deseando que sus palabras fueran tan ciertas como el agua que mojaba su cabello.

El agua seguía cayendo con gran intensidad. Hernán contaba los soldados que salían, esperando su turno para salir de aquellas paredes que le habían parecido una cárcel, donde sus ansias de gloria habían sido apresadas y ahora le obligaban a huir lejos de una batalla que estaba deseoso de vivir.

Por fin Francisco Maldonado salía del castillo. Él no dudó en ser unos de los primeros en pasar las puertas esperando encontrarse con algo de resistencia en la huida. La rapidez que le hizo salir del castillo pronto se tornó más lenta, perdiendo posiciones para ver desde la cola cualquier movimiento de las tropas carlistas. En sus venas corría sangre guerrera, y necesitaba saber lo que era una batalla para quemar la adrenalina acumulada durante días.

Antonio Maldín montado a caballo vio como un soldado dejaba la retaguardia quedándose retrasado. Pensando que era otro caso de huida de un soldado, se acercó hasta él sin que se diera cuenta y le dio un ligero toque en la cabeza con la hoja de su espada.

- ¿Tanto miedo tienes que ya abandonas a la compañía sin pensar en las consecuencias?-

Hernán que no esperaba el golpe, intentó sacar su espada cayéndosela al suelo embarrado.- No soy un desertor, busco desde una posición más ventajosa a las tropas carlistas.-

-Mientes. Solo un necio haría semejante estupidez. Hay jinetes guardándonos las espaldas por si alguien nos sigue.-

Hernán recogió su espada y la metió en su funda.- No soy un necio, y sigo sin entender por qué huimos cuando tendríamos que atacar.-

-Por tus pintas no conoces lo que te espera en la batalla, y si yo fuera tú, cuando los jinetes nos alcancen intentaría huir. Tú jamás tendrás la mínima oportunidad de sobrevivir.-

Hernán enfadado sacó de nuevo su espada.- ¡No tienes derecho a decirme eso y me siento ofendido! ¡Quiero que tu espada defienda tus palabras!-

Antonio Maldín dio un giro brusco con su caballo golpeando a Hernán tirándole contra el suelo.- Levanta y vuelve a tu posición, si no serás ejecutado como traidor.-

Hernán enfadado por las palabras de Antonio, se levantó del suelo y guardó su espada, sin pronunciar más palabras se acercó a la cola del pelotón, y sin perder de vista a Antonio, y se escondió dentro de la tropa sin importarle ya lo que podía pasar en retaguardia.

A la altura de Vega de Valdetronco, varios jinetes llegaron de retaguardia gritando.

- ¡Nos persiguen!-

La incertidumbre se apoderó de la tropa, mientras los comandantes gritaban.

- ¡Replegaros! ¡Formas filas!-

Otros por el contrario replicaban.

- ¡Seguir la marcha!-

Las tropas no sabían a quién hacer caso. Unos paraban, otros seguían. De la parte de Juan Padilla no se escuchaban órdenes. Hernán se paró a esperar la arremetida, hasta que Antonio Maldín entre otros, cruzó por delante de las tropas que esperaban el combate.

- ¿Qué hacéis? Nadie ha dicho que os detengáis.-

Todos reanudaron el paso sin entender lo que acababa de pasar, muchos empezaron a dudar del viaje, y entre la incertidumbre varios soldados se colaron en la villa sin que nadie se percatara de su traición. Hernán por el contrario que deseaba la lucha, se colocó al final del grupo esperando ver algo entre la lluvia. Sin ser un soldado con mucha experiencia, sabía que estaban perdiendo la ventaja que les daría la villa. Si era verdad que habían visto a las tropas carlistas, pronto su caballería caería contra ellos, sin poder hacer un frente común en campo abierto, y eso sería su fin. Quería la gloria a cualquier precio, pero una lucha desigual por gran guerrero que se creía que era, él no podría hacer nada por la derrota, y con ello la consecuencia de su captura. No quería perder a la primera de cambio su gran oportunidad. Él estaba elegido para hacer algo grande, pero su huida a las primeras de cambio no era el mejor ejemplo de un héroe.

Resignado continúo la marcha siendo el último hombre de la columna, esperando la llegada de la caballería enemiga. Las deserciones seguían produciéndose sin que ningún capitán se diera cuenta, más pendientes de las órdenes que no llegaban, que de lo que hacían sus hombres. Hernán cansado de ver a los desertores, empezó a increparlos, para frenar su huida, y poder hacer una defensa más numerosa en el momento de la batalla.

Sin mediar palabra un soldado descabalgó a su lado, y siguió la marcha remolcando a su caballo. A Hernán le ponía nervioso ese hombre que marchaba a su lado.

- ¿También quieres vivir en primera persona el atropello de la caballería carlista? O te da miedo huir y que todo el mundo sepa que eres un desertor.-

-Solo tenía ganas de conocer al soldado que da lecciones de comportamiento, sin haber entrado en batalla.-

Hernán agarró su espada sacándola cinco dedos de su empuñadura.- Señor, no seré un soldado experto en la batalla, pero tengo más valor que la mitad de los hombres que hoy nos acompañan en este barrizal.-

-La valentía solo se reconoce en el campo de batalla, y todos estos hombres llevan más batallas que tú años.- David se detuvo y obligó a detenerse a Hernán agarrándole del hombro.- Cada cual es dueño de su vida, y el que quiera irse, lo puede hacer sin pedir nada el día de mañana. Todos tenemos intereses en esta guerra, y muchos de los soldados que han decidido irse, ya no tienen el apoyo comunero, pero si nuestra bendición. Ellos nos han dado muchas victorias y si creen que tienen que partir, que lo hagan con todas las consecuencias.-

-Pero señor, si dejamos que los soldados huyan, no podremos defender la causa.-

-Si la causa es justa, nuestro señor nos ayudara a defenderla. Hay que tener fe-. David de Molina subió a su caballo, giró la cabeza y espoleó a su montura con fuerza para recuperar su posición en la cabeza de la marcha. Hernán se quedó atónito con la rapidez con la que le había abandonado, echó la vista a su espalda y vio como la caballería casi les había dado caza.

- ¡Nos atacan, ya están aquí!-. Gritaba mientras corría hacia sus compañeros de armas. Francisco y Pedro Maldonado empezaron a dar órdenes.

- ¡Rápido, posición de defensa, nos atacan, colocaros rápido!-

Hernán con rapidez se colocó esperando la embestida de los caballos, para por fin entrar en batalla. Sacó la espada entre empujones y gritos. Durante unos segundos cerró los ojos, para escuchar el galope de los caballos que en breve chocarían contra ellos. Sentía el agua como resbalaba por su pelo moreno. Abrió los ojos oscuros para contemplar desde primera línea la embestida.

La caballería carlista embistió con violencia la primera línea de defensa que apenas había podido colocarse. Los soldados eran atropellados por los caballos sin darles tiempo a defenderse. Hernán inmóvil en su posición, contemplaba como los caballos pasaban por su izquierda y derecha sin apenas rozarle. No quería tan pronto derribar a un caballo al galope, que solo le serviría para producirse unas heridas innecesarias. Esperaba que los caballos se detuvieran, haciendo vulnerables a sus jinetes.

Un caballo de los últimos jinetes, fue directo a por Hernán, que saltó a un lado, salvándose del atropello y perdiendo su espada. Rápidamente se levantó y empezó a gatear con las manos metidas en el barro, viéndose indefenso sin su arma. Cuando la encontró, al levantarse, se encontró con un caballero parado en su posición con la espada en alto. Cuando lo daba todo por perdido, sin poder haber hecho nada en la batalla, otro jinete lo atravesó con su espada.

- Muchacho, si quieres vivir, corre a la villa donde Juan Bravo se ha hecho fuerte con los suyos.-

-No puedo, debo mi juramento a Francisco Maldonado, y tengo que permanecer a su lado.-

Antonio levantó su espada y apuntó hacia los capitanes.- A Francisco y a Pedro ya les han hecho prisioneros, y a ti te matarán en el acto. Ayuda a quien lo necesita, y no a quien ya no tiene escapatoria.-

Hernán apretó los dientes y corrió por el campo de batalla, intentando llegar a Villalar, donde esperaba que los soldados tuvieran más fortuna que en aquel barrizal, que se estaba convirtiendo en un cementerio. Sin mirar atrás, corría por el barro ensangrentado, no sin lanzar su espada a diestro y siniestro, intentando ayudar a los soldados que se cruzaban en su marcha desesperada. Al llegar a la villa, la lucha tampoco parecía favorecer a sus compañeros. A pesar de las estrecheces de las calles, y las resbaladizas piedras del terreno, los caballos también hacían estragos a las tropas comuneras. Por las calles corrían soldados perseguidos por jinetes, que no dudaban en abatirlos en cuanto los tenían a tiro. En una calle pudo ver como Juan Bravo a caballo seguido por sus escuderos, corría y se paraban para hacerles frente. En ese momento, Hernán aprovechó a unirse a ellos para hacer frente a la caballería que les estaban arrasando.

Después de horas de combate, dónde las fuerzas empezaban a fallar. Juan Bravo fue apresado por numerosos soldados. Hernán quiso ayudarle, pero un caballo se cruzó en su camino, impidiéndole el paso.

- Si sabes montar coge ese caballo y sígueme.-

Hernán obedeció, y siguió a aquel soldado a galope fuera de la villa. Miraba a su espalda y contemplaba como varios jinetes, habían salido tras de ellos, teniendo un paso más rápido que el suyo.

David se giró y le dio un colgante a Hernán.- Recuerda. Soy David de Molina, y vivo en Segovia. Busca a mi mujer, y entrégala este colgante, no necesitará saber más.-

-Son cinco, te ayudaré y podrás entregárselo tú mismo-. Desenfundó y se dispuso a embestir.

David le cortó el paso.- Eres joven y tienes que vivir. Si de verdad eres como me dijiste entregaras el colgante a mi mujer.-

Hernán cogió el colgante y cabalgó en dirección a Toro lo más rápido que pudo, no sin dejar de mirar de reojo a aquel desconocido, que le había salvado la vida, y al que había hecho una promesa que pensaba cumplir por encima de cualquier cosa.

ANTONIO MALDÍN

Antes que la tropa estuviera lista para partir, Antonio salió del castillo a caballo para reconocer el terreno. Cabalgaría solo, protegido por la intensa lluvia, para no ser detectado por las tropas enemigas.

- No nos abandones.-

-¿Tan pronto? ¿Y perderme la batalla?-. Detuvo su caballo delante de la puerta de salida, que ya estaba abierta.

-Manuel de Linares. Si aprecias tu vida, cuando me veas huir, es que todo está perdido, y será mejor que huyas para salvar la vida.-

-Yo jamás huiría, lucharé hasta el último pálpito por la causa y por Juan Padilla.-

Antonio bajó de un salto de su caballo y se acercó a Manuel.- Las palabras se las lleva el viento, y muertes estúpidas veo cada día, no seas de los que mueran por una promesa estúpida, o por el honor de ser abatido sin razón.-

Manuel Sonrió y se alejó de él.- Si me tiene que llegar la muerte, la acogeré con honor.-

-Tendría un diario repleto de frases absurdas y promesas estúpidas de caballeros muertos si me hubiera molestado en aprender a escribir.- Antonio volvió a montar en su caballo y salió de la fortaleza al galope. Su intención era calcular la distancia que sacarían a las tropas carlistas cuando empezase su persecución. Esperaba que con la intensa lluvia su partida de la fortaleza pasaría desapercibida hasta varias horas después de su salida, esperando que los capitanes carlistas creyeran que nadie saldría con la intensa lluvia que caía, y sus intenciones no fueran descubiertas hasta las primeras luces del amanecer.

Desde un punto estratégico, la idea no parecía tan descabellada, ya que si eran descubiertos pronto no tendrían ninguna opción de defensa. Ningún estratega adivinaría que nadie estuviera dispuesto a correr tanto riesgo. Antonio que conocía bien aquellos lugares, no temía ser descubierto, gracias a su conocimiento del terreno donde se encontraba, y la templanza con la que era capaz de usar la espada sin dar oportunidad a sus enemigos.

Después de reconocer el terreno sin ver indicios de persecución desde la villa de Peñaflor, volvió al galope en busca de su ejército, que había partido hacia Toro, para formar filas con las tropas de Pedro Maldonado que cerraban la marcha. Antonio Maldín montado a caballo vio como un soldado dejaba la retaguardia retrasando su posición. Pensando que era otro caso de huida de un soldado, se acercó hasta él sin que se diera cuenta y le dio un ligero toque en la cabeza con la hoja de su espada.

- ¿Tanto miedo tienes que ya abandonas a la compañía sin miedo a las consecuencias? –

Hernán que no esperaba el golpe, intentó sacar su espada cayéndosela suelo embarrado.- No soy un desertor, busco desde una posición más ventajosa a las tropas carlistas-

-Mientes. Solo un necio haría semejante estupidez. Hay jinetes guardándonos las espaldas por si alguien nos sigue.-

Hernán recogió su espada y la metió en su funda.- No soy un necio, y sigo sin entender por qué huimos cuando tendríamos que atacar.-

-Por tus pintas no conoces lo que te espera en la batalla, y si yo fuera tú, cuando los jinetes nos alcance intentaría huir. Tú jamás tendrás ni la más mínima oportunidad de sobrevivir.-

Hernán enfadado sacó de nuevo su espada.- ¡No tienes derecho a decirme eso y me siento ofendido! ¡Quiero que tu espada defienda tus palabras!-

Antonio Maldín dio un giro brusco con su caballo golpeando a Hernán tirándole contra el suelo.- Levanta y vuelve a tu posición, si no serás ejecutado como traidor.-

Hernán enfadado por las palabras de Antonio, se levantó del suelo y guardó su espada, sin pronunciar más palabras se acercó a la cola del pelotón, y sin perder de vista a Antonio, se escondió dentro de la tropa sin importarle ya lo que podía pasar en retaguardia. Antonio sonreía recordando la cara de Hernán, que lo seguía mirando con ojos de odio. Le recordaba a él cuándo solo era un chaval, y los demás soldados lo intentaban humillar, pero Antonio en aquel entonces, tenía menos control que ahora, y si hubiera sido al revés, hubieran hablado las espadas.

Preocupado por lo que se les venía encima, más que por lo que sucedía a su alrededor. Antonio se acercó a la posición de Pedro Maldonado, para averiguar si tenían pensado hacerse fuertes en la villa de Vega de Valdetronco o continuar con la marcha.

Entre el griterío de los comandantes, unido al sonido de la intensa lluvia, apenas se enteraba de nada de lo que hablaban los capitanes, y menos de las pocas noticias que se conocían de vanguardia. En ese mismo momento Antonio entendió que esta marcha estaba yendo a un fracaso total, que solo podría salvarse tomando sus propias decisiones, sin esperar una defensa unida.

A la altura de Vega de Valdetronco, varios jinetes llegaron de retaguardia gritando.

– ¡Nos persiguen!-

La incertidumbre se apoderó de la tropa, unos comandantes gritaban.

- ¡Replegaros, formar filas!-

Otros por el contrario replicaban.

- ¡Seguir la marcha!-

Las tropas no sabían a quién hacer caso. Unos paraban, otros seguían. De la parte de Juan Padilla no se escuchaban órdenes. Hernán se paró a esperar la arremetida, hasta que Antonio Maldín entre otros, cruzó por delante de las tropas que esperaban el combate.- ¿Qué hacéis? Nadie ha dicho que os detengáis-.

Todo era un caos y nadie sabía lo que pasaba. Las tropas avanzaban con el grito.

-¡Continuad!-

Los capitanes avanzaban sin dar órdenes a sus soldados. Antonio en retaguardia alentaba a las tropas a continuar la marcha por el barrizal sin mirar atrás.

David que venía de posiciones de vanguardia, se acercó a Antonio, que no paraba de moverse en su caballo de un lado a otro de la columna.- ¿No sabéis dirigir por esta zona a los hombres, que me tienen que enviar para saber lo que pasa aquí?-

Antonio le miraba con resignación.- La caballería carlista está a nuestro acecho, y tendríamos que habernos detenido en Vega de Valdetronco a defendernos, pero habéis decidido seguir avanzando.-

No entendía el descontrol que estaban sufriendo.- A la cabeza del pelotón no han llegado noticias de lo que está pasando en retaguardia, y como tal continua la marcha.-

Antonio levantó su mano apuntando a hacia Torrelobatón.- Ya se puede ver y escuchar la caballería que nos cogerá antes de llegar a Villalar. Si la marcha no acelera, dentro de poco estaremos escupiendo sangre en este suelo embarrado.-

David de Molina cerro un poco los ojos, para intentar ver lo que Antonio le estaba contado, pero con poco éxito. La lluvia no le dejaba ver más que unos metros, y el sonido del agua en su armadura, le impedía escuchar el sonido de los cascos de los caballos enemigos.- Si tú lo dices lo creeré. Iré a vanguardia a avisar de la situación y aumentar la marcha.-

Antonio sabía que ya era tarde para conseguir una posición ventajosa para él, la batalla estaba perdida en el momento que el enemigo adivinó sus intenciones, que les dejaban al descubierto en una lucha donde la sangre comunera correría por doquier al lado del río Hornija. Él no estaba dispuesto a perder la vida por ninguna causa, por muy noble que fuera. Lucharía hasta que la resistencia de la tropa aguantase, y luego huiría para esconderse durante unos días, hasta que las aguas volvieran a su cauce, para después decidir su siguiente movimiento.

Antes de poder alcanzar la villa, Antonio ayudaba a los comandantes a dar órdenes a los soldados, que intentaban crear una línea de defensa en medio del campo, para aguantar la primera embestida. Nadie sabía lo que estaba pasando o donde colocarse. Varios soldados soltaron sus armas, y echaron a correr entre los cultivos sin mirar atrás. Todo era un caos, donde cada soldado se preocupaba más de su vida que de la del conjunto. Antonio se acercó a Pedro y Francisco Maldonado para ayudarles en la primera embestida.

Sin apenas tiempo a esperar el primer envite, los jinetes carlistas empezaron aparecer por doquier. Antonio empezó a blandir su espada a diestro y siniestro, dando muerte a los que se acercaban a su posición. Pronto se encontró rodeado, los jinetes cerraban la escapatoria de los capitanes, convirtiéndose en su principal objetivo. Antonio hizo frente hasta que Pedro Maldonado calló de su caballo quedando a merced de los enemigos. Era justo el momento que esperaba, entendiendo que su lucha había terminado, y era mejor abandonar que morir en el intento.

Un caballo de los últimos jinetes, fue directo a por Hernán, que saltó a un lado, salvándose del atropello y perdiendo su espada. Rápidamente se levantó y empezó a gatear con las manos metidas en el barro, viéndose indefenso sin su arma. Cuando la encontró al levantarse, se topó con un caballero parado en su posición con la espada en alto. Cuando lo daba todo por perdido, sin poder haber hecho nada en la batalla, otro jinete lo atravesó con su espada.

   - Muchacho, si quieres vivir, corre a la villa donde Juan Bravo se ha hecho fuerte con los suyos.-

   -No puedo, debo mi juramento a Francisco Maldonado, y debo permanecer a su lado.-

   Antonio levantó su espada y apunto hacia los capitanes.- A Francisco y a Pedro ya les han hecho prisioneros, y a ti te matarán en el acto. Ayuda a quien lo necesita, y no a quien ya no tiene escapatoria.-

   Hizo frente a la caballería hasta que pudo ver como Hernán se perdía en la villa.- Ese muchacho se merece una vida mejor que la de morir como un perro en este barro.-

   Cuando contempló en el horizonte al resto de las tropas carlistas, azuzó a su caballo huyendo hacia Valladolid, donde tenía una casita para poder esconderse y donde no le buscarían. Cuando se alejó del campo de batalla, contempló como tres jinetes lo seguían. Sabía que no podía dejar rastro, para no ser descubierto, y eso significaba que tendría que acabar o sobornar a sus perseguidores. Cuando estuvo lo suficiente lejos de las miradas de otros soldados, se detuvo, alzando sus manos con la espada cogida en una de ellas.

   - ¡Me rindo! Habéis ganado, y no pienso resistirme.-

   Soltó su espada y puso las manos en la espalda. Uno de los soldados del rey, se acercó a él con su arma empuñada.

   - ¡Calla perro! Tu fin está cerca, y vamos a degollarte.-

Antonio sonrió, y con rapidez lanzó un puñal al soldado, que sin tiempo a reaccionar, no pudo esquivarlo cayendo fulminado del caballo. Sin dar tiempo a defenderse al resto, saltó de su caballo y recogió la espada del suelo. La alzó en alto para intimidar al resto de la cuadrilla, que miraban atónitos lo que le había sucedido a su compañero.

- ¡Estoy dispuesto a negociar si estáis interesados!-. Su tono de voz hacía dudar a sus oponentes.

Los soldados se miraron, y antes de poder contestar, Antonio lanzó otro puñal, matando a un segundo soldado.- Creo que las negociaciones acaban de tener un giro inesperado. ¿Qué me ofreces por tu vida?-

El soldado se desarmó, para no confundir sus intenciones, y luego le tiró una bolsa de monedas.- Es todo lo que tengo-. Su voz temblaba al contemplar la muerte tan próxima. Antonio miró la bolsa y asintió con la cabeza. El soldado aliviado dio la vuelta en su caballo, y antes de poder comenzar la marcha, un tercer puñal se le clavó en la espalda, perdiendo el equilibrio y cayendo de la montura.

- Lo siento muchacho, pero si te dejo marchar, volverás con más hombres, y eso no me parecería justo.-

Con un golpe de su espada, acabó con el soldado, que yacía en el suelo implorando por su vida. Antonio sabía que lo que acababa de hacer no era algo por lo que estar orgulloso, pero prefería eso, que ser cazado como un perro a unos kilómetros por varios soldados, que se divertirían con él, jugando a la caza del traidor.

ANDRÉS DE LARDÍN

Mientras la mayoría de los soldados corrían de un lado al otro de la villa buscando sus enseres para la lucha. Andrés de Lardín paseaba comiendo una manzana, como si fuera otro día de abril bajo la lluvia incesante. Solo le faltaba coger su caballo, que lo guardaba como muchos otros en la cuadra de Alejandro Martín, a quien le pagó a conciencia para que el animal estuviera preparado para este día. Al pasar por la puerta, un soldado inexperto choco contra él, que no dudó en tirarle al suelo.

- No vuelvas a cruzarte en mi camino o te prometo que no llegaras al campo de batalla.-

El soldado se levantó y con rostro de miedo, se alejó lo más rápido de allí, sin perderle de vista, volviendo a tropezar con otro soldado. Andrés sonrió y siguió su camino acordándose del muchacho.

- Este no dura más que el primer asalto. Pobre crio.-

Andrés de Lardín había terminado de preparar su caballo y se disponía a montarlo para salir de allí.

- Haz caso a tu padre. Hoy estás mejor aquí con los tuyos. Lo que va a pasar ahí fuera es mejor que no lo veas hasta dentro de unos años. Es una experiencia que siempre te perseguirá durante la noche.-

Alejandro le asintió con la cabeza y Andrés salió a galope de la cuadra. Recordando cada gesto que Alejandro hacía de manera intuitiva para tranquilizar a los suyos. Algo que jamás había hecho cuando salía al campo de batalla. Su única mujer era la plata, y su único sentimiento era para el cacique que se la daría. No buscaba una vida mejor, esa era su vida, la que le proporcionaba ropa limpia y de los mejores platos calientes que se podría permitir. El riesgo era grande, pero no menos que el campesino que se deslomaba al sol sin nada que llevarse a la boca, y que lo matarían sin opción a defenderse.

Le gustaba alejarse de las multitudes antes de una batalla. No quería que un principiante le pudiera herir antes de empezar (por desgracia, sufrió una herida grave cuando era joven, por un jinete que no supo controlar a su caballo). Le gustaba observar a la multitud antes de la batalla, para saber de quién se podía fiar. Entre esa multitud enardecida, clavó sus ojos en un campesino que parecía que le estuviera dando un ataque de pánico. Andrés de Lardín se acercó, y como si su hermano pequeño se tratara le colocó la mano en el hombro.

- No te preocupes, te he visto montar y lo harás como nadie. Si no te has enterado de nada es normal, tres cuartas partes de los soldados que nos acompañan no saben qué hacer.-

Alejandro levantó la cabeza sin reconocer quien le estaba hablando, y se sorprendía a ver a Andrés, al no considerarlo alguien dispuesto de entablar conversación con nadie antes de una batalla, al no querer distracciones en un momento tan decisivo entre la vida y la muerte.

- Tú vas en la cabeza de la marcha con la caballería. Seremos los primeros en entrar en batalla, encabezados por el Conde de Haro, que hoy se tiene que labrar una reputación.-

Alejandro miró a Andrés de arriba abajo para saber detrás de quien ir cuando llegara el momento. No le había visto nunca con el traje de combate, que solo se ponía en momentos esenciales por el peso extra que limita sus movimientos, cansa antes al caballo, animal primordial para sobrevivir en caso de huida.

-Recuerda. Cuando arremetamos a los comuneros, en tu caso no aproveches tu destreza para ir en la cabeza, deja que te pasen cuatro o cinco líneas y arremete cuando lo haga el Conde de Haro. Irá más protegido. Los novatos abrirán el paso a los veteranos, que arremeteremos, y las filas más protegidas con el Conde al frente, terminarán de abrir la brecha en las filas enemigas.-

Alejandro buscó al Conde de Haro, para saber en su momento donde se tenía que poner, para que no hubiera confusión y acabar en la punta de lanza del ataque.

-Después de la primera embestida sal del campo de batalla, donde serás vulnerable, y cogiendo distancia para poder embestir, da una segunda arremetida o espera al grueso de las tropas, manteniéndote a una distancia de seguridad sin que tu actitud la puedan tachar alguien de traidor o desertor.-

Alejandro cerraba los ojos para intentar recrear el momento de la batalla que lo llevaba a un kilómetro de Villalar, dejando el río Hornija a su derecha, y extenso campo de cultivo de cebada verde de menos de un palmo a su izquierda, un escenario embarrado donde el caballo se podía caer al pisar la tierra mojada.

-Recuerda que a tu espalda, nunca sabes quién puede venir en el campo de batalla, si te colocas al lado del Conde de Haro, las fuerzas que se concentrarán a su alrededor te facilitaran las cosas a la hora de defenderte. Aprovecha tu destreza a caballo y solo ataca cuando puedas embestir, te será todo más fácil para sobrevivir en tu primera y creo por tu mirada que última batalla-. Andrés se alejaba unos metros.

- Tu mirada me revela que no estás preparado para lo que te espera en unas horas, y si sobrevives, recuerda cuando despiertes de las pesadillas a media noche, que no importaba la causa defendida. Era su vida o la tuya, y después contempla como duermen tus hijos y tu mujer. Sin olvidar que esa era tu única causa para sobrevivir.-

Poco le importaba el discurso, donde la lealtad a dios y al rey eran repetidas por miedo a la santa inquisición o a la traición al rey, donde muchos hombres buenos y fieles habían sido entregados y ajusticiados por el simple motivo de molestar, en un mundo, donde el rencor y la envidia prevalecía por encima de todo. Solo le importaba el salario, y no destacar por encima de otros, sobre que sin saber usar un arma, eran más mortíferos que la propia parca.

En su descenso, volvió a contemplar a Alejandro en una trifulca con uno de los escuderos del Conde de Haro, y sin dudar le propinó un fuerte golpe con la espada, tirando el casco del escudero que estaba dispuesto a terminar con la vida de Alejandro.

- Para mí solo eres un estorbo de aquí a Vega de Valdetronco. Solo te voy a dar una oportunidad.-

Andrés guardó la espada.- Tú y yo en esta distancia, o te mato o te disculpas delante de todos y donas tu caballo y armadura.-

El escudero lleno de ira, agarró su espada y cuando se disponía a desenvainarla el Conde de Haro detuvo la marcha.

-Recupera tu posición, y recuerda que te acabo de salvar la vida, y espero que en la batalla me demuestres que haya valido la pena.-

Después de tantos años al frente de guerras donde un soldado no importaba nada. Cuando tenía un estatus donde no le enviaban a misiones suicidas, donde solo eran elegidos los que sobraban, acababa de ganarse un enemigo poderoso por alguien que apenas conocía. Sabía que esa situación la tendría que corregir ese mismo día, y en el fragor de la batalla las bajas llamaban menos la atención. Él como soldado viejo, solo tenía que esperar el momento, y con un poco de suerte alguien haría su trabajo. Por si acaso tenía un cebo en Alejandro, donde podría aprovechar para rematar si quedasen cabos sueltos. No quería que el Conde de Haro se fijara en él como un posible enemigo.

El camino sería largo, y la lluvia complicaría la marcha. Andrés como hombre de confianza del Condestable de Castilla, podía moverse donde quisiera sin tener que dar explicaciones, siempre que informara de cualquier situación extraña en el camino. Con un ojo en el escudero del Conde y otro en Alejandro, solía acelerar el paso, para adelantarse a la formación con los exploradores, para reconocer el terreno. A la altura de Torrelobatón, no dudó en cruzar las puertas de la fortaleza que se encontraban abiertas, para contemplar que los soldados de Juan Padilla se habían llevado toda la artillería. Recorrió hasta el último rincón de la fortaleza, sin encontrar nada más que el despojo de las camas que habían abandonado. Al llegar a lo más alto de la torre del Homenaje, pudo contemplar en el horizonte las filas comuneras en dirección a Vega de Valdetronco.

-¡Avisad a Íñigo Fernández, que marchan con toda la artillería!- Gritó al patio interior, donde se encontraban varios exploradores, que rebuscaban entre los restos, y que apenas entendían las palabras de Andrés por el incesante sonido del agua.

Bajaba las escaleras con una leve sonrisa en la boca. La artillería que arrastraba el bando comunero por el barrizal, una carga que les cansaría y retrasaría tanto que serían presa fácil para un ejército profesional, que caería con todas sus fuerzas sobre ellos. Si la fortuna se volviese a alinear y no se atrincherasen en Vega de Valdetronco, serían una presa fácil, donde los cañones no servirían para detener a la caballería.

Al regresar de nuevo al patio interior de la fortaleza, se topó con un explorador que estaba esperándole, con lo que parecía un soldado comunero que había desertado, y volvía a la fortaleza para llevarse lo poco que hubieran dejado de comida y ropa las fuerzas comuneras. Andrés sacó su daga de la espalda y se acercó lentamente hacia él.

- No me matéis. Solo soy un campesino de Torrelobatón en busca de ropa y comida para mi familia-. Intentaba salvar la vida con una voz temblorosa.

-Tu armadura es de soldado, y pocos soldados pueden permitirse una coraza.- Le replicó Andrés dándole un fuerte golpe con la empuñadura en la coraza.

-La cogí de un soldado caído en el asedio a la fortaleza. Me uní a los comuneros cuando estuvieron aquí a cambio de plata y comida, pero después de un mes no me pagaron nada, y volví a mi casa con los míos.-

- Matémosle por traidor a la corona-. Recriminó el explorador alzando su espada al cielo para darle una estocada rápida.

Andrés se giró y agarró por el cuello al explorador lazándole al suelo.- Corre a dar las noticias de todo lo que has visto aquí al Condestable de Castilla, y deja la justicia para los hombres. Espero que seas igual de valiente cuando el enemigo también empuñe una espada.-

El explorador montó en el caballo y salió a galope de la fortaleza. Aunque joven e inexperto, sabía que no había que meterse con Andrés de Lardín, soldado de pocas palabras y suave con la espada. Alguien que no estaba dispuesto a ser rebatido por nadie sin que acabara en duelo, y Andrés les había ganado siempre, y solo se batía a muerte.

Se volvió a girar hacia el campesino y guardó su daga.- Quítate la coraza, enséñame tus manos y mírame a los ojos.-

El campesino se quitó con rapidez la armadura y la tiró al suelo. Enseñó las palmas de sus manos a Andrés, y tembloroso le miró fijamente. Andrés le agarró con fuerza las muñecas para contemplar que eran manos de campesino, lo miró a los ojos donde vio que no tenía la mirada de haber matado a nadie.

-Cómo te llamas-. Le susurró al oído mientras le apretaba con fuerza las muñecas.

-Felipe, señor, Felipe.-
-Y tu mujer.-

-Juana.-

-Corre de aquí y no vuelvas a jugar a los soldados. Escóndete en tu casa, abraza a tu mujer y vuelve hacer para lo que has nacido.-

Le soltó las manos y el campesino salió corriendo tropezando con todo lo que encontraba a su paso. Andrés recogió la armadura y salió al galope detrás del explorador. Al llegar a su altura antes de alcanzar a la formación le dio la armadura.- Te vendrá bien en la batalla.-

-Gracias por el obsequio ¿Lo has matado?-
-Eso no es asunto tuyo, y de nadie entendido.-
-Sí, sí, entendido señor.-
-Espero que la cuides como tu bien más preciado.-
-Señor, así lo haré.-

Andrés se alejó sabiendo que con el miedo que le tenía y el regalo que le había hecho, no comentaría a nadie el incidente vivido en la fortaleza.

Al recuperar su posición, pudo contemplar a Alejandro, más pendiente de no molestar a los soldados, que lo que pasaba en el frente. Se acercó sin intentar llamar su atención.

-Es hora de que demuestres lo que sabes hacer con tu caballo. Pero no te emociones cuando lleguemos al enfrentamiento, recuerda mi culo y no te alejes de él, y te prometo que volverás a ver a tu familia.-

Alejandro con el subidón de adrenalina que le empezaba a correr por el cuerpo, acercó su caballo junto al de Andrés.- Espero que lo tengas tan claro como lo dices.-

Andrés contemplaba como las tropas se iban poniendo en posición.- Hoy todo es tan claro como el cielo cubierto que nos acecha, pero yo he aprendido a sobrevivir en peores situaciones a estas.-

-Si es verdad lo que he oído vamos de avanzadilla para retrasar la marcha con el único fin de dejar lo importante para el resto de la tropa. Nosotros solo seremos bajas necesarias.-

Andrés se apartó de Alejandro.- Recuerda, cerca de mí, que estaré en la órbita del Conde de Haro.-

Andrés se alejó dejándose caer hacia el grueso del pelotón. Buscaba al Condestable de Castilla que marchaba fuertemente protegido por su guardia personal. En cuanto se acercó, la guardia le dejó pasar, para que pudiera cabalgar junto al Condestable. Pocos tenían ese privilegio y menos siendo un simple soldado, pero Andrés de Lardín le había salvado de muchas sin que nadie lo supiera, y esa lealtad no se encontraba fácilmente en aquellas tierras.

- Tu misión sobre todo es que mi hijo no sufra ningún daño. Protégelo hasta que lleguemos nosotros.-

-No os preocupéis por vuestro hijo. Yo me encargo de todo.-

-No podía esperar menos. Ya te pagaré cuando acabe todo esto, y te recompensaré a mayores por vuestro servicio.-

-Como siempre es un honor luchar a vuestro servicio. No os arrepentiréis.-

Andrés dio una reverencia al Condestable de Castilla y salió al galope en busca de los jinetes que llevaba delante. Su único objetivo era de niñera de un noble. Solo tendría que defenderse rodeado de los hombres mejor equipados de la caballería. Con la pólvora inservible por la lluvia, no tenía que ser una tarea difícil.

Por fin la persecución llegaba a su desenlace. Los soldados de Padilla no habían conseguido llegar a Villalar, dejando la batalla en una llanura donde la caballería tenía superioridad. Los soldados comuneros no habían sido capaces de formar una línea de defensa, que rápidamente fue embestida y traspasada por los jinetes del rey. El Conde de Haro con todos sus escuderos, arremetieron en una segunda oleada dejando a la línea defensiva destrozada por completo.

Aquella batalla había pasado a ser una carnicería. Los soldados del Conde de Haro corrían detrás de los comuneros, como si se tratara de un ataque a simples campesinos, que desarmados corrían por sus vidas. El Conde sabía que si aplastaba por completo a aquellas gentes, la revuelta llegaría a su fin ese mismo día.

-¡Acabar con todos esos traidores!-. Gritaba el Conde mientras sus soldados se ensañaban con los comuneros heridos en el barro. Poco trabajo le quedaba Andrés de niñera. Esa batalla estaba más que ganada. A lo lejos, cerca del río Hornija, pudo ver a Alejandro luchar contra un soldado del rey. Sabía quién era, y por fin tendría su oportunidad de cerrar cabos sueltos.

El escudero levantó su espada y entre carcajadas la blandió contra Alejandro, pero a pocos centímetros la espada de Andrés paró el impacto desarmando al escudero. Sin mediar palabra le cortó la cabeza, sin darle tiempo a poderse defender.

- Levanta del suelo y disfruta de la vida con los tuyos, y no recuerdes nunca lo que ha pasado hoy.-

Alejandro a levantarse entre el barro y la lluvia, reconoció a Andrés, que de camino a su caballo guardó la espada, no sin antes limpiar la sangre con la que la había manchado ese día.

- Tú tienes una vida de paz, y a partir de hoy no pasarás penurias. El Almirante de Castilla te aprecia, y yo me encargaré que seas reconocido como uno de los que hicieron posible esta victoria, por saber identificar que hoy sería el día que los comuneros abandonarían Torrelobatón.-

Andrés montó en su caballo y se perdió entre la lluvia, en aquella llanura llena de cadáveres, ya solo le quedaba esperar al grueso de las tropas para celebrar el triunfo.

Cuando llego el Condestable de Castilla, el Conde de Haro le entregó a los prisioneros; Juan Padilla, Juan Bravo, Pedro Maldonado y Francisco Maldonado. Los principales cabecillas de la revuelta capturados vivos y entregados como trofeos de guerra. Un gran día donde la lluvia fue la principal aliada en la victoria final.

Andrés de Lardín miró a los prisioneros con respeto, por haber ofrecido una resistencia con hombres inexpertos, que luchaban por un ideal y no solo por la plata. Se alejó de la multitud, que coreaban el nombre de Pedro Fernández de Velasco una y otra vez, mientras empujaban a los prisioneros. "Otra batalla que salgo con vida."

DAVID DE MOLINA

David, de madrugada, en lo más alto de la torre del Homenaje, miraba al horizonte con la esperanza de alcanzar Toro lo antes posible, sin tener que enfrentarse a las tropas del rey. A su espalda se encontraba Manuel de Linares, contemplando lo poco que dejaba ver la lluvia en la oscuridad de la noche.

- Mira por última vez el pasaje que nos rodea.-

Su sonrisa iba desapareciendo mientras deseaba que la noche pasase rápido.

- Espero no pasar a ser parte de él.-

-No seas agorero. Mira hacia Peñaflor, no se ven movimientos y no esperan que salgamos con este aguacero.-

David miraba hacia Peñaflor sin la convicción que tenía Manuel. El tiempo corría en su contra, y habían perdido mucho encerrado en esa fortaleza.

-Espero que no te equivoques, y tengamos un viaje tranquilo.-

-No te preocupes. Pronto estaremos en Toro-. Manuel le dio una palmada en la espalda, y descendió de la torre. Por el contrario, David permanecía clavado pensando en su mujer Inés y sus tres preciosos hijos. Él no estaba hecho para la batalla, y cundo llegase a Toro, le diría a Juan Bravo que quería volver a casa con los suyos.

Era la hora, empezó a descender de la torre del Homenaje. Las escaleras, en tramos rectos, apenas dejaban pasar a una persona. Su inclinación las hacía agotadoras cada vez que había que subir cargado por ellas. Sería la última vez en bajarlas, y quiso apreciar hasta el último escalón, rozando las paredes con las palmas de sus manos. Al llegar al patio, su caballo lo esperaba para salir en primera línea. Montó y sin mirar atrás, salió por la puerta de la fortaleza.

El camino estaba peor de lo que se veía desde la torre. El agua había encharcado el suelo tanto, que ya no absorbía, y el barro se pegaba en las patas de los caballos y las botas de los soltados, cargándoles con más peso, haciendo la marcha más agotadora. David miró al cielo, esperando encontrar un claro, que pudiera decirle que pronto dejaría de llover, pero por mucho que lo buscó no fue capaz de encontrar ninguno. El agua les acompañaría el resto del camino.

David se acercó a Juan Bravo, para confirmar la cara de enfado que parecía llevar desde que abandonaron Torrelobatón.- ¿No estás conforme con la decisión tomada?-

-¡Esto es una cobardía! ¡Deberíamos partir en dirección contraria, y humillar de nuevo al Condestable y a su tropa! Esto solo sirve para subir la moral del rey, y su cuadrilla de vendidos.-

David conocía a Juan Bravo desde pequeño y nunca huía de una pelea, por muy desfavorable que fuera.- Juan Padilla piensa en sus hombres y las posibilidades de victoria. No creo que lo haga sin haberlo meditado bastante.-

Su tono aumentaba.- ¡A él solo le interesa la audiencia con el rey! ¡Ni cuando hemos tenido las victorias aplastantes, se lo ha creído! ¡Nos hace huir, para dar tiempo a que regrese el rey, y tener su oportunidad!-

Juan Bravo miró a David, que asentía con la cabeza dándole la razón como los tontos.- Perdona mi enfado. Sé que lo hace de buena fe, pero le falta dar un pasito más para creerse lo que estamos haciendo. Cuando Pedro de Girón le arrebató el puesto, en vez de lucharlo huyó a Toledo. Si lo hubiera defendido entonces, las cosas en este mismo instante serian diferentes.-

David le quitó la palabra.- Nadie conoce el futuro hasta que lo puedes llamar pasado. Si la Santa Junta no hubiera dudado de su liderazgo, Tordesillas y Juana seguirían siendo nuestras. Él hizo lo que un caballero tenía que hacer para conseguir el bien común-.

Juan Bravo se dio cuenta de su hipocresía.- Si no fuera por ti, hubiera perdido la cabeza hace tiempo. Tú eres la voz de mi conciencia. Que haría si tú no estuvieras a mi lado.-

David giró la cabeza perdiendo su mirada en el horizonte. Como le iba a abandonar en esta situación tan delicada. Su familia le estaría esperando a su regreso, pero con su amigo tenía que permanecer hasta el último momento, no por obligación, sino más bien por la lealtad que siempre les había acompañado, y les había hecho ser tan amigos.

-Sé lo que piensas y no te preocupes, en Toro puedes marchar tranquilo.-

-No. Yo estaré a tu lado hasta que todo esto termine, y volvamos gloriosos a Segovia, donde nos recibirán como merecemos.-

-Tú has hecho más por mí que lo que yo jamás podría hacer por ti. Mereces volver con los tuyos lo antes posible.-

-Pero...-

-Pero nada, es una orden, y soldado estás obligado a cumplirla. Ahora cumple con tus obligaciones, sé mis ojos y mi voz en esta marcha.-

David salió de la formación, y con otros soldados avanzó a reconocer el terreno, sin olvidar las palabras de Juan. Él no era un soldado, y se debía al campo y su familia, pero por un amigo en apuros había que sacrificar muchas cosas, y si es un amigo como era Juan Bravo, no había que dudarlo ni un instante.

Rápido llegó a Vega de Valdetronco, donde sus calles permanecían vacías, y sus habitantes cerraban las ventanas al escuchar los cascos de los caballos chocando contra las pedregosas calles de la villa. No había indicios de exploradores que pudiera delatar su posición o poner en peligro la marcha comunera.

David esperó al grueso del ejército al otro lado, no sin que varios exploradores permanecieran por las calles por una posible emboscada. Bajó de su caballo, y tocó la tierra húmeda que tenía a sus pies. Si no cesaba de llover la carga de los cañones terminarían siendo un gran problema en la marcha, pero el cielo encapotado no tenía intención de dejar un resquicio por el momento.

Cuando la cabeza del ejército llegó a su altura, escucho gritos, obligándole a azuzar a su caballo para saber que estaba pasando. Se acercó a Antonio, que no paraba de moverse en su caballo de un lado a otro de la columna.

- ¿No sabéis dirigir por esta zona a los hombres, que me tienen que enviar para saber lo que pasa aquí?-

Antonio le miraba con resignación.- La caballería carlista está a nuestro acecho, y tendríamos que habernos detenido en Vega de Valdetronco a defendernos, pero habéis decidido seguir avanzando.-

No entendía el descontrol que estaban sufriendo.- En la cabeza del pelotón no han llegado noticias de lo que está pasando en retaguardia, y como tal continua la marcha.-

Antonio levantó su mano apuntando a hacia Torrelobatón.- Ya se puede ver y escuchar la caballería que nos cogerá antes de llegar a Villalar. Si la marcha no acelera, dentro de poco estaremos escupiendo sangre en este suelo embarrado.-

David de Molina cerró un poco los ojos, para intentar ver lo que Antonio le estaba contado, pero con poco éxito. La lluvia no le dejaba ver más que unos metros, y el sonido del agua en su armadura, le impedía escuchar el sonido de los cascos de los caballos enemigos.

- Si tú lo dices lo creeré. Iré a vanguardia a avisar de la situación y aumentar la marcha.-

Antes de emprender la marcha, pudo contemplar como un soldado quedaba descolgado del pelotón. Se acercó, y sin mediar palabra, se puso a su lado y siguió la marcha andando remolcando su caballo.

A Hernán le ponía nervioso ese hombre que marchaba a su lado.- ¿También quieres vivir en primera persona el atropello de la caballería carlista? O te da miedo huir y que todo el mundo sepa que eres un desertor.-

-Solo tenía ganas de conocer al soldado que da lecciones de comportamiento, sin haber entrado en batalla.-

Hernán agarró su espada sacándola cinco dedos de su empuñadura.- Señor, no seré un soldado experto en la batalla, pero tengo más valor que la mitad de los hombres que hoy nos acompañan en este barrizal.-

-La valentía solo se reconoce en el campo de batalla y todos estos hombres llevan más batallas que tú años muchacho.- David se detuvo y obligó a detenerse a Hernán agarrándole del hombro.- Cada cual es dueño de su vida, y el que quiera irse, lo puede hacer sin pedir nada el día de mañana. Todos tenemos intereses en esta guerra y muchos de los soldados que han decidido irse, ya no tienen el apoyo comunero, pero si nuestra bendición. Ellos nos han dado muchas victorias, y si creen que tienen que partir, que lo hagan con todas las consecuencias.-

-Pero señor, si dejamos que los soldados huyan, no podremos defender la causa.-

-Si la causa es justa, nuestro señor nos ayudara a defenderla. Hay que tener fe-. David de Molina subió a su caballo, giró la cabeza y espoleó a su caballo con fuerza para recuperar su posición en la cabeza de la marcha. Antes de llegar a su destino, se cruzó con Manuel, que intentaba ver lo que estaba pasando en retaguardia.

-¿Qué está pasando por ahí detrás?-

-Las tropas del rey nos persiguen, y no tardarán mucho en darnos caza. Hay que llegar a Villalar para poder hacerles frente.-

Los peores presagios se hacían realidad.- ¿Por qué no se nos ha avisado de dichos movimientos? Nos hubiéramos parado en Vega de Valdetronco.

-Empezaba a darse cuenta, que sus posibilidades dependían de llegar a Villalar.

- No hay coordinación alguna entre las tropas. Lo mejor es que aceleremos el paso, y podamos llegar lo antes posible a Villalar, y hacernos fuertes entre sus calles.-

-Avisaré de inmediato a Juan Padilla.-

David siguió su camino para informar de inmediato a Juan Bravo, y poder ir preparando la defensa dentro de la villa en lo que llegaba el grueso de las tropas. El peor escenario posible en el que se podía convertir la marcha, se estaba produciendo. La batalla se iba a convertir en un acto de supervivencia, donde lo mejor sería no perder muchos hombres y luchar otro día.

Rápidamente las tropas de Juan Bravo, se situaron entre las calles esperando a sus compañeros, pero pronto la caballería dio caza al grueso de las tropas comuneras, que empezaron hacerles frente a poca distancia de la villa. Los soldados de Juan Bravo, contemplado la masacre del campo de batalla, intentaron salir de la villa en la ayuda de sus amigos.

Juan Bravo cortó la salida de la villa.- ¡Que nadie pierda su posición! ¡Esperaremos a que vengan ellos a nosotros!-. Gritaba mientras levantaba su espada.- ¡Aquí nos haremos fuertes y, vengaremos a nuestros compañeros caídos!-

No tardaron en llegar a la villa los primeros jinetes del rey persiguiendo a soldados comuneros, que intentaba huir. La primera acometida fue atajada sin apenas sufrir bajas. Pero los numerosos gritos de los soldados en el campo de batalla, empezaron a pesar en la tropa de Juan, haciendo perder sus posiciones, rompiendo las filas y finalmente huyendo entre las calles.

-¡No huyáis! ¡Sed hombres de verdad, y enfrentaros a vuestro destino! ¡Hoy hay que luchar por Castilla y sus gentes, si no mañana irán a por nuestras familias y vecinos en venganza de un pueblo que les hizo frente, y que jamás querrán que vuelva a suceder! ¡Vosotros hoy tenéis la llave de la libertad para todo hombre libre de estas tierras! ¡Luchar con honor por ellos!-

Pocos hombres detuvieron su huida, pero los que quedaban estaban dispuestos a dar su vida por Juan Bravo y la lucha comunera. David se acercó a Juan y sacó su espada.- Hermano, yo estaré a tu lado hasta el último aliento.-

Juan Bravo le miró de arriba abajo.- Prométeme que en el momento que me veas caer o capturar, huirás de aquí junto a tu familia.-

-No puedo prometerte eso. Yo estaré a tu lado hasta la muerte si es necesario.-

-No. Tú no tienes que seguirme en ese viaje, y es una orden.-

David asintió sin estar conforme con las palabras de Juan.

Pronto los soldados del rey irrumpieron en las calles de Villalar, donde la huida de muchos soldados habían debilitado la defensa, que habían preparado en la villa. Viéndose superados, Juan optó por una lucha de guerrillas. Donde la huida de soldados se convertían en trampas para sus perseguidores.

David no se separaba de su capitán, luchando codo con codo ante la avalancha de soldados que se les echaba encima.

- David esto está perdido, huye y reúnete con tu familia.-

Juan espoleó a su caballo y se alejó de David, que vio como los soldados realistas le seguían con la intención de darlo caza. Él solo era un soldado, y en ese momento no tenía ninguna importancia para el enemigo. Ya se encargarían de él cuando fuera capturado Juan Bravo. Apenas se movió del sitio, contemplado como entre varios jinetes derribaban a Juan Bravo, que seguía defendiéndose desde el suelo. Su captura no sería sin llevarse a varios soldados por delante.

David vio como el soldado que había conocido en la retaguardia, intentaba llegar hasta su capitán. Aquel muchacho demostraba una valentía que pocos soldados habían demostrado esa tarde. Se cruzó en su camino impidiéndole el paso.

- Si sabes montar coge ese caballo y sígueme.-

Hernán obedeció y siguió a David a galope fuera de la villa. Miraba a su espalda y contemplaba como varios jinetes, habían salido tras de ellos, teniendo un paso más rápido que el suyo.

David se giró y le dio un colgante a Hernán.- Recuerda. Soy David de Molina, y vivo en Segovia. Busca a mi mujer, y entrégala este colgante, no necesitará saber más.-

-Son cinco, te ayudaré y podrás entregárselos tú mismo-. Desenfundó y se dispuso a embestir.

David le cortó el paso-. Eres joven y tienes que vivir. Si de verdad eres como me dijiste entregaras el colgante a mi mujer.-

Hernán cogió el colgante y cabalgó en dirección a Toro lo más rápido que podía. Mientras, David detuvo a su caballo, se giró, guardó su arma en la funda, levantó las manos hacia el cielo y se mantuvo durante unos instantes sintiendo como la lluvia mojaba su rostro.

- ¡Lo siento amor mío, por no poder reunirme con vosotros! ¡Espero que David, Juan y Ana lo entiendan! ¡Aunque no esté físicamente con ellos, jamás les perderé de vista desde el cielo!-

Gritaba al cielo mientras los cinco jinetes se acercaban al galope con sus armas en la mano.- ¡Aquí me tenéis!-

Los soldados carlistas lo rodearon para que no tuviera escapatoria.

- Un traidor dispuesto a morir sin defenderse. Nos vamos a divertir.-

Les sonrío, conocedor que serían sus últimos momentos de su vida.- Aquí los únicos traidores sois vosotros perros, deseando que vuestro amo os tire un hueso para despedazaros por él.-

Uno de los soldados ofendido, le golpeó con la empuñadura de su espada, tirándole de su caballo, mientras otro aprovechaba para azuzar al caballo que montaba David, para que saliera despavorido.

-Antes de morir nos encargaremos que jures lealtad al rey-. Desmontó de su caballo, y aprovechando que David seguía tumbado en el suelo, le quitó todas las armas que poseía. Le agarró del pelo y lo puso de pies. Sacó el puñal que guardaba en la espalda y se lo clavó en el brazo.

-Jura lealtad al rey, y acabaremos rápido.-

A pesar del intenso dolor, no les dejaría escuchar esas palabras.- ¡Jamás le juraré lealtad a ese extranjero!-

Todos los soldados desmontaron de sus caballos, y empezaron a golpearle sin ninguna contemplación. David se intentaba tirar al suelo y protegerse, pero lo levantaban agarrándole entre dos, mientras el resto seguían golpeándole.

-Parad-. Le agarró del pelo, y le levantó la cabeza mientras le seguían agarrando de los brazos.- Jura lealtad al rey, y terminaré con tu sufrimiento.-

-¡Viva el movimiento comunero!- Gritó escupiendo a la cara al soldado.

-Tú lo has querido. Una cuerda.-

Sacó el puñal de nuevo y se lo clavó en el estómago sin profundizar mucho. No quería matarlo, por lo menos tan pronto. Le ató una punta de la cuerda a los pies y la otra a la silla del caballo.- Te has ganado un último viaje. Espero que lo disfrutes tanto como lo voy a disfrutar yo.-

Montó en el caballo empezando a arrastrarle por el terreno embarrado, al principio con un ritmo lento que fue subiendo progresivamente. David que apenas aguantaba el dolor, empezó a desvanecerse. En su mente solo había espacio para las imágenes de su tierra, rodeado de su mujer y sus tres hijos, yendo al campo de cultivo a recoger el trigo. Una labor dura bajo el sol de Castilla, donde lo único que importaba, era pasar el tiempo rodeado de los que más quería, y ni siquiera la guerra había conseguido que olvidase aquellas imágenes, donde un trabajo duro se convertía en el bien más preciado para cualquier hombre.

MANUEL DE LINARES

Manuel subía por última vez, por aquellas estrechas escaleras, que le llevaban a lo más alto del castillo de Torrelobatón. En la torre le esperaba su amigo David de Molina, que permanecía inmóvil con la mirada perdida en el horizonte.

- Mira por última vez el pasaje que nos rodea.-

Su sonrisa iba desapareciendo, mientras deseaba que la noche pasase rápido.

- Espero no pasar a ser parte de él.-

-No seas agorero. Mira hacia Peñaflor, no se ven movimientos y no esperan que salgamos con este aguacero.-

David miraba hacia Peñaflor sin la convicción que tenía Manuel. El tiempo corría en su contra, y habían perdido mucho encerrado en esa fortaleza.

- Espero que no te equivoques y tengamos un viaje tranquilo.-

-No te preocupes. Pronto estaremos en Toro.-

Manuel le dio una palmada en la espalda, y se dispuso a descender de la torre contando cada escalón por última vez. No echaría de menos aquella fortaleza, pero en ella había hecho buenos amigos, y eso jamás lo olvidaría. Al llegar al patio interior, se encontró la puerta de acceso a la fortaleza abierta. Un jinete se disponía a cruzar por ella.

- No nos abandones.-

-¿Tan pronto? ¿Y perderme la batalla?- Antonio detuvo su caballo delante de la puerta de salida, que ya estaba abierta.

-Manuel de Linares. Si aprecias tu vida, cuando me veas huir, es que todo está perdido, y te aconsejo que me sigas los pasos.-

-Yo jamás huiría, lucharé hasta el último pálpito por la causa y por Juan Padilla.-

Antonio bajó de un salto de su caballo y se acercó a Manuel.- Las palabras se las lleva el viento, y muertes estúpidas veo cada día, no seas de los que mueran por una promesa estúpida, o por el honor de ser abatido sin razón.-

Manuel sonrió y se alejó de Antonio.- Si me tiene que llegar la muerte, la acogeré con honor.-

-Si supiera escribir, tendría un diario lleno con frases estúpidas de muertos.-

Sabía que a pesar de su forma de ser tan básica y llena de los simples reflejos de supervivencia, Antonio no era tan mala persona como se pensaban muchos. Él por el contrario, no podía pensar en el abandono de su capitán Juan Padilla. No podía volver a Toledo sabiendo que no ha sido capaz de ayudarle en el peor momento, y si eso no fuera bastante, haber huido sin mirar atrás. Su vida estaba ligada a la de Aurora, pero no a cualquier precio. Al girarse, contempló la figura de una preciosa mujer que se acercaba a él.

-No puede ser, otra vez no. Tú no eres real. Tú no puedes estar aquí.-

Su querida amada, se le volvía a aparecer en el peor momento.- Manuel, estoy aquí porque siempre estaré a tu lado por muy lejos que vayas. Tú y yo somos uno, y nuestras almas permanecerán siempre unidas.-

Al intentar abrazarla, Manuel calló de bruces al suelo. Había sido otra vez producto de su imaginación. El soldado que custodiaba la puerta, contempló la escena atónito mientras Manuel se levantaba del suelo.

-¿Se encuentra bien?-

-Sí, he tropezado con una piedra-. No podría explicar a nadie lo que había sucedido. No quería que le trataran como a un loco, que ha perdido la cabeza encerrado en la fortaleza. Eso no beneficiaria en nada a las tropas comuneras, que bastante dudas tenían ya como para que corriera la voz de que la locura se estaba apoderando de los soldados.

Manuel de Linares que saldría en el grueso del batallón, se quedó mirando a Hernán, con el que durante unos días pudo escuchar las ganas que tenía de partir a las indias para ver las casas con los techos de oro, donde muchos marcharon como despojos y volvieron siendo caballeros.

- No te alteres tan pronto, tu momento llegará antes de lo que esperas.-

Hernán guardó su espada que llevaba desde hace un rato en su mano.

- Manuel ¿Cómo podemos huir cuando los tenemos tan cerca? Esta marcha tiene que ser hacia Peñaflor y no a Toro, ellos no se lo esperan, y con la lluvia sus caballos caerán pronto. Manuel miraba con ojos de hermano mayor a aquel muchacho y comprendía sus ansias de reconocimientos.

- Juan entiende que no es el momento, y como tal lo tenemos que entender. Él nos trajo hasta aquí, y solo él puede darnos la victoria.-

Se giró deseando que sus palabras fueran tan ciertas como el agua que mojaba sus cabellos. El camino sería duro, y el agua minaría la moral de la tropa, que cada día entendía menos los motivos por los que siguen al frente de una lucha, donde los nobles ya habían empezado a cambiar de bando por el miedo a la sublevación del pueblo llano, que sintiéndose victorioso buscaría algo más, poniendo entredicho su existencia al frente de las ciudades.

Pronto empezó su salida en el grueso de la compañía con Juan Padilla al frente, rodeado de los fieles soldados que partieron con ellos de Toledo. Al rato de su marcha, un caballo con una dama sobre él se acercó a su posición.

- Cabalgaremos juntos, mi amor.-

Era Aurora vestida como un hombre cabalgando a la guerra, con su preciosa melena rubia suelta, que se ondeaba al trote del caballo.

-No otra vez no puede ser.-

-Manuel, cabalguemos juntos por estas tierras, sin pensar en nada más que en nosotros.-

Miró a un lado y al otro, y todos los soldados habían desaparecido. Solo estaban ellos dos cabalgando, contemplados únicamente por los montes Torozos.

-Aurora, no creo que pueda cumplir con la promesa que te hice. Tengo la sensación que hoy será mi último día, y esta será nuestra última conversación.-

-No abandones tan pronto una promesa. Nosotros estamos destinados a permanecer juntos en este mundo o en el otro. Yo siempre te esperaré, aunque me digan que has muerto, y traigan tus restos a mi lado. Nuestro amor no puede morir, y como tal debemos hacerle honor.-

La armonía de su compañía, le hacía el trayecto más apacible, olvidándose de lo que estaba en juego en esos momentos.- Al hablar contigo, pierdo el miedo que me perseguía desde que baje de la torre del Homenaje. Solo a tu lado, siento la paz que cualquier hombre desea tener en estos tiempos inciertos, gracias por haber compartido momentos inolvidables. Te quiero.-

Los gritos de los soldados volvieron a traer a Manuel a la realidad, que rápidamente intento ver lo que estaba pasando en retaguardia.

-¿Qué está pasando por ahí detrás?-

-Las tropas del rey nos persiguen, y no tardarán mucho en darnos caza. Hay que llegar a Villalar para poder hacerles frente.-

Los peores presagios se hacían realidad.- ¿Por qué no se nos ha avisado de dichos movimientos? Hubiéramos parado en Vega de Valdetronco.- Empezaba a darse cuenta, que sus posibilidades dependían de llegar a Villalar.

- No hay coordinación alguna entre las tropas. Lo mejor es que aceleremos el paso, y podamos llegar lo antes posible a Villalar, y hacernos fuertes entre sus calles.-

-Avisaré de inmediato a Juan Padilla.-

Rápidamente se acercó a Juan Padilla, que al conocer la noticia incremento la marcha, intentando alcanzar lo antes posible Villalar sin dejar ninguna de sus armas por el camino, pudiendo fortalecer a unas tropas que ya contaban con más hombres que ellos, y mejor preparados.

El enfrentamiento era irremediable. La caballería realista estaba a punto de darles caza, y el grueso de la compañía no había alcanzado la villa. Manuel con otros cuatro escuderos, se colocaron al lado de Juan Padilla, para asegurar su protección en este ataque donde a pesar de la situación, su capitán no debía ser derribado o capturado. Pronto los primeros jinetes cayeron sobre ellos como el agua torrencial que les llevaba acompañando todo el día. Las espadas se cruzaban sin llegar a saber si habían conseguido su objetivo. Las horas transcurrían sin tener un minuto de tregua entre ataque y ataque. Las fuerzas que llegaban justas al inicio de la batalla empezaban a flojear. Manuel al contemplar el campo de batalla, entendió que las tropas comuneras habían mermado mucho, y pronto estarían a merced del enemigo.

- Juan, huid vos ahora que os quedan fuerzas, nosotros entorpeceremos tu búsqueda.-

-No permita dios que las mujeres digan en Toledo que traje a sus hijos y esposos a la matanza, y yo me salvé huyendo.-

Entendió que lucharía hasta el final.- Yo permaneceré a tu lado, hermano.-

Juan se sentía orgulloso de él.- Santiago, Libertad.- Juan seguido por Manuel, arremeten contra las tropas realistas, que en un primer momento fueron sorprendidas, pero pronto se repusieron derribando a Juan Padilla y capturándolo. Manuel intentó llegar hasta su posición sacando las pocas fuerzas que le quedaban, sin conseguir avanzar ni un metro, los soldados realistas ya les sobrepasan en número, pero es algo a lo que no pensaba rendirse, no quería abandonar a la suerte a su capitán. Hasta que un golpe lo derribó del caballo, dejándole inconsciente durante unos minutos.

El oscuro atardecer empieza a difuminar un día ya de por sí sombrío. La lluvia sigue cayendo sin cesar desde la madrugada de ese maldito día. En el suelo encharcado de agua, el color marrón empieza a teñirse de rojo de la sangre comunera. No dejo de ver como caemos como moscas, y los estandartes carmesí son pisoteados por nuestros enemigos. Creo que Juan Padilla ha sido capturado, lo perdí de vista cuando fue derribado de su caballo, intenté llegar hasta su posición.

Mis compañeros gritan en el suelo malheridos, y los lanceros del bando realistas siguen pasando con sus caballos una y otra vez, derribándonos como si fuéramos bolos.

Los cañones de bronce, metidos en la villa, no han respondido al ataque, ya que su eco no ha retumbado en kilómetros a la redonda. Supongo que la pólvora esta mojada como el resto de las armas de fuego, intento mirar si hemos creado alguna línea de defensa, pero el agua que se escurre por mi casco, me impide ver más de un palmo de mi posición.

Noto como los caballos pasan una y otra vez, lanzo estocadas con mi espada sin encontrarse con nada. De repente un hombre cae sobre mí, tirándome al suelo. Cuando intentó quitármelo de encima me doy cuenta de que es un compañero comunero muerto. Me reincorporo, y siento un corte en la pierna a la altura del muslo por la parte trasera que me hace ponerme de rodillas. Suelto la espada a la vez que emito un fuerte alarido, me quito el casco y dando todo por perdido me relajo, con tranquilidad empiezo a contemplar la escena de la batalla que el casco y la adrenalina no me dejaba contemplar.

Varios caballos pasan a mi lado sin percatarse de mi presencia. Están ocupados en seguir a la carrera a varios comuneros que huyen del campo de batalla en un último intento desesperado, pero no consiguen llegar muy lejos. A unos pocos metros son cazados y rematados en el suelo, mientras pedían ayuda.

Mirando en dirección a la villa, puedo contemplar al Conde de Haro. Aunque jamás le he conocido en persona, le puedo distinguir por la armadura, que solo puede permitirse un noble de alto rango portando el emblema de su casa. Pide a sus lanceros que sigan arremetiendo hasta que llegue el grueso de las tropas. Por la pinta de la batalla no van a tener nada más que hacer que celebrar la victoria, y rematar a los soldados en el suelo. Me empiezo a dar cuenta que en ese momento yo seré uno de esos soldados que serán rematados indefensos en el suelo. Sin poderme poner en pie, intento salir del campo de batalla acercándome a la orilla del río Hornijas, donde espero pasar desapercibido hasta que pueda huir de allí. Cuando casi he conseguido mi objetivo, recibo un fuerte golpe en la espalda, que me corta la respiración y me tira boca abajo en el suelo encharcado de agua. Giro la cabeza intentando respirar, pero el impacto apenas me deja meter aire en los pulmones. Todo ha terminado para mí, la promesa que había dado estaba a punto de romperse. Ya jamás podría regresar con Aurora, mi destino estaba escrito y la parca venía a reclamar lo suyo.

Cuando mi cuerpo ya no respondía, y mis ojos empezaban a cerrarse, contemplé una figura que se acerca hacia mí.- Lo siento Aurora, hoy romperé la promesa que con tanto rigor he llevado tatuada en mi pecho.-

-No te preocupes amor mío, tú y yo siempre estaremos juntos.- La voz de Aurora en ese momento me ayuda aceptar mi destino con más tranquilidad, y poder esperar la muerte con una leve sonrisa en mis labios. Se acabó para mí la lucha, la batalla, la vida y el amor.

Un fuerte dolor le recorre todo el cuerpo obligándole a levantarse. Al mirar a su alrededor, ve que se encuentra en una cama, tumbado con una muchacha en la puerta.

- Aurora ¿eres tú?-

La muchacha se acercó hasta la cama, y le colocó un paño húmedo en la pierna herida.

- Llevas pronunciando ese nombre desde que llegaste aquí. Debe ser una mujer muy afortunada, al pensar solo en ella, después de todo lo que has tenido que vivir hoy.-

Se sentía desorientado sin entender nada de lo que estaba sucediendo.- ¿Qué ha pasado? ¿Cómo he llegado aquí? ¿Quién sois?-

A la joven le hicieron gracia tantas preguntas seguidas.- Mi nombre es Ana. Te ha traído un soldado del rey, y estas en Villalar, donde en estos momentos es mejor que descanses y no salgas a la calle. Si te ven, nos encerrarían a los dos, y nos condenarían a muerte por traidores.-

Había sobrevivido por un soldado del rey. Manuel no se dejaba de preguntar por qué lo había hecho, y que le había pasado a Juan. Se tumbó en la cama dolorido y exhausto por las heridas, con la incertidumbre, de no saber el motivo por el que le habían salvado la vida.

ULTIMA RESISTENCIA COMUNERA

Toledo

2-Febrero-1522

Las calles de Toledo se encontraban engalanadas por el día de la Candelaria, donde a pesar de las miradas de desprecio entre los bandos realista y comunero, en el habiente se respiraba tranquilidad, donde los hombres bebían y reían no sin pequeños encontronazos que se solucionaban sin llegar a las manos.

Por una callejuela en busca del mercado para llenar la despensa de la casa de María descendía Aurora, sola con una pequeña daga escondida debajo de la falda, que había aprendido a utilizar en los últimos años. Al estar tan ligada a María Pacheco, su vida corría peligro en cada paso que daba. Las ganas de muchos ciudadanos de hacer daño a María, la convertía en blanco fácil, al no llevar escolta como solía tener María en sus desplazamientos. Que cada día eran menores por su estado de salud, que fue decayendo desde el momento que recibió la noticia de la muerte de su marido Juan Padilla.

Ella por el contrario nada sabía de Manuel. No estaba inscrito entre los caídos en la batalla de Villalar, ni en ninguna otra contienda donde estuvieron los soldados de la ciudad de Toledo. Su corazón la decía que seguía vivo, pero su cabeza opinaba lo contrario. Solo estaba dispuesta a creer a su corazón, tan solo perdería la ilusión si lo llevaban a su presencia, y no pudiera sentir el latido de su corazón.

La gente que se cruzaba en su camino la reconocía por la lucha activa, que al lado de María Pacheco había hecho en la defensa de Toledo. Unos la ofrecían una reverencia, otros la soltaban un gruñido o el mote que la pusieron cuando salió de rodillas junto a María de la catedral, con la plata para pagar a los soldados que valientemente habían defendido la ciudad con sus vidas "La *bruja dorada*". En referencia a su gran melena rubia, que la llegaba por debajo de su cintura. Muchos estaban deseando prenderla para quemarla en la plaza como se merecían las brujas, que habían llevado la deshonra a Toledo. Por suerte la gran mayoría la veían como un ángel traído del mismo cielo, para proteger a María de las garras de un emperador dispuesto a destruir a las gentes de la ciudad.

Cuando se disponía a llegar al mercado, escuchó los gritos de un muchacho con evidentes signos de embriaguez.

-Viva Juan Padilla.-

Los soldados rápidamente se echaron encima de él, propinándole empujones que terminaron por tirarle al suelo, donde fue pateado por las botas de los soldados que no sentían ningún aprecio por los comuneros.

Otro joven que contemplaba la escena, desenfundó su espada apretando con fuerza los dientes. Una mano le agarró del hombro impidiendo que se acercara donde el muchacho apaleado.

-No seas estúpido tú también. Si corre la sangre muchos comuneros morirán sin miramientos.-

El muchacho se giró contemplando a una hermosa doncella.- No podemos permitir que se salgan con la suya esos cobardes.-

-Avisaré a María Pacheco de lo que ha pasado y todo se arreglara.-

El padre del muchacho corrió hacia los soldados echándose encima de él, para impedir que siguieran pateándole.- Solo es un crío que no sabe beber. Él no ha hecho daño a nadie.-

Los soldados se rieron agarrando al padre y empujándole calle abajo.- Otro que tienes ganas de llevarse una paliza. Ya pensaba que estos arrastrados comuneros se habían vuelto débiles y no podríamos divertirnos un rato.-

Cuando se disponía a patearle como a su hijo, Hernán guardó su espada y se colocó al lado del señor, al que le ayudó a levantarse del suelo.- Qué divertido es pegar a un hombre y su hijo cuando no saben defenderse-. La mirada de Hernán se clavaba en los soldados que seguían riéndose.

Uno de ellos le miró con desprecio, y desenfundó su espada.- A ver si tienes la espada tan larga como la lengua.-

El soldado arremetió contra Hernán, que con un pequeño movimiento, esquivó la espada desequilibrando al soldado, y le dio un pequeño empujón que terminó desarmándole y tirándole en medio de la calle. Sacó la espada y le colocó la punta en el cuello.

-¡¡¡No!!!!-. Corrió Aurora quitándole la espada del cuello al soldado.

-Guarda esa espada que aquí no pinta nada.-

Hernán obedeció a regañadientes las órdenes de Aurora, que ayudó a levantarse al soldado.

-Quita bruja del diablo. A mí no me hipnotizarás como al resto de los hombres.-El soldado rechazó la mano de Aurora levantándose por sí solo. Recogió la espada del suelo y volvió donde sus compañeros, que tenían agarrado al joven con varios cortes en el rostro, por las patadas de los soldados.

-Ándate con ojo. La próxima vez no tendrás tanta suerte.-

Se giró y se llevó arrestado al joven por alborotador y traición a la corona. Hernán miró con odio a los soldados, que aprovechaban su poder para reprimir a los pobres ciudadanos, que solo buscaban una vida tranquila junto a los suyos. Le recordó cuando de pequeño acompañado de su madre por las calles salmantinas, los soldados les escupían por pedir algo de comida, riéndose de sus ropajes mugrientos, tirándoles monedas y siendo empujados cuando intentaban cogerlas. Furioso echó de nuevo mano a su espada, que no pudo sacar, por la rápida actuación de Aurora, que le agarró de la mano antes de que pudiera llegar a su destino.

-No te repito más veces que dejes tu espada guardada, o tendré que pedir que te la quiten.-

-¿Cómo podré levantarme cada mañana, si veo la injusticia en las calles, y mi honor me pide mirar hacia otro lado, para no ofender a quien aprovecha la debilidad para lucrarse y reírse de quien no puede defenderse?-

-Esos soldados tendrán su merecido, pero no en este momento donde nuestra presencia molesta a la corona. María se encargará de todo sin derramar más sangre.-

Aurora no estaba dispuesta a dejar pasar lo que había pasado hace unos minutos, pero si dejaba que aquel muchacho impartiera justicia, las milicias del rey se echarían sobre ellos, y sobre todos los comuneros que seguían encarcelados en la ciudad. Tendrían que negociar, y si no era suficiente, entonces acudir a las armas. Pero siempre de una manera coordinada sin actuar por puro sentimiento.

Hernán más calmado levantó sus manos en son de paz.- Necesito ver a María Pacheco. Yo estuve en la batalla de Villalar donde fue apresado su marido.-

Se la iluminaron los ojos, al conocer a alguien que había estado en Villalar ese día tan fatídico para ella.- ¿No conocerías a Manuel de Linares?-

La miró de arriba abajo, pudiendo contemplar la hermosura que ni por asomo se pudo imaginar cuando se la había descrito Manuel.

- ¡Tú eres la famosa Aurora, por la que daría su vida si se lo pidieras!-

Por fin una pequeña luz de lo que le podía haber pasado a su amado.

- ¡Cuéntame que le pasó! ¡Si murió en la batalla o consiguió escapar como tú! ¡Necesito saber que ha pasado con su vida, o simplemente si se ha olvidado de mí!-

La agarró de las manos y se puso de rodillas.- Pude ver como capturaban a Juan Padilla, pero él ya no estaba a su lado. Siento no poder complacer sus dudas, pero si él sigue vivo buscara como llegar junto a usted. Aunque no es mucho, me ofrezco servirla como escolta en compensación de no haber sido digno protector de su marido ni de los comuneros.-

Aurora soltó unas lágrimas de dolor, al no ser capad de saber lo que realmente le pasó a Manuel.- Por lo menos dime, porque has estado escondido hasta ahora, antes de aceptar tu proposición.-

Se incorporó mirándola fijamente a esos grandes ojos azules, que destacaban en su tez blanca.

- Hoy estoy aquí gracias a un valeroso guerrero, que ofreció su vida para que yo pudiera salvarme. David de Molina era su nombre, y solo me pidió a cambio que llevara un colgante a su mujer y sus hijos. Él renunció a ellos por mí, y yo cumplí con su último deseo.- Le empezaron a caer lágrimas por las mejillas.

-Después de ocultarme en Toro unos días, salí a cumplir mi promesa. En Segovia encontré a su mujer, que se desplomó en mis brazos cuando recibió la noticia de la muerte de su marido. La entregué todo el dinero que poseía, y luego me fui ocultando en diferentes villas donde para ganarme la vida y pasar desapercibido realicé labores de labranza. Mi intención era venir lo antes posible, pero cualquier sospecha que tuviera alguien de poder ser comunero, era motivo para ser perseguido dándome muerte de inmediato sin necesidad de juicio. Para alguien sin dinero ni familia, era difícil pasar desapercibido. Más de una noche me tocó salir de las villas con un grupo de hombres en mi persecución.-

Aurora entendió todo lo que había vivido ese muchacho.- Acepto. Solo con la condición, que el único que puede ponerle fin seas tú.-

Hernán asintió con la cabeza mientras se dirigían al mercado para comprar antes de contar lo sucedido a María. EL joven muchacho quedó embelesado al contemplar la fortificación que se había construido para proteger a María y a los suyos. Aurora dejó la comida en la cocina y se dirigió a la habitación donde permanecía María desde la rendición de Toledo.

-Señora. Tengo malas noticias que contaros.-

-Tranquila Aurora, ya estoy enterada de la situación, y ya he movido ficha para que el muchacho no sufra ningún duro castigo.-

Hernán que siguió por toda la casa a Aurora, se quedó impresionado a ver a María con el atuendo de luto, que hacia resaltar la palidez de su rostro, que lo contemplaba con unas ojeras de muchas lunas.

-¿Quién este joven que os sigue como un perrito perdido?-

Hernán desenfundó su espada y se postró de rodillas delante de María, con la espada en alto ofreciéndosela.

- Mi nombre es Hernán de Bustinza. He luchado a las órdenes de su marido, y con soldados valientes como David de Molina al que le debo mi vida. Quiero serviros como guardián de Aurora, si vos lo veis conveniente.-

María con dificultad se levantó de la cama, y con fuerza agarró la espada que sujeta el muchacho.- Alzaros y recoger vuestra espada. Estamos orgullosos que un soldado como tú permanezca a nuestro lado. Tenéis mi bendición.-

El día parecía que transcurría sin incidencias, hasta que se escuchó un fuerte bullicio desde la calle.

- ¡Levantaros! ¡Levantaros, que hay traición!-

Se escuchaban gritos de la calle que subía al patio de la casa de María Pacheco. Aurora que se encontraba en la planta baja, salió para ver lo más cerca posible lo que estaba sucediendo. Entre la multitud distinguió a Antonio Moyano, que se escondió entre el bullicio al ver en el balcón a Gutiérrez López preguntar por él a la multitud. Aurora se acercó hasta él, mientras María Pacheco también se asomaba.

-¿Qué es lo que pasa, para que busquéis otra guerra civil donde acabamos los toledanos tan mal parados?-

Con la capa tapando el rostro Antonio le susurró al oído a Aurora que había llegado hasta él.- Detuvieron al hijo del lechero para castigarlo, pero su padre se echó encima de los soldados, y le han condenado a garrote por traición a la corona y a la iglesia.-

-Lo vi esta mañana cuando lo detuvieron, y María ya se encargó de que solo quedara en un susto, pero el soldado por odio a la humillación de un joven que conocí se quiere vengar con el lechero.-

Aurora se dirigió a la casa donde se cruzó con Hernán, que la vigilaba desde la puerta, deseoso de unirse a la multitud para enfrentarse a las tropas reales.

-Todo esto es culpa tuya, si no hubieras humillado al soldado esto no estaría pasando en estos momentos. Hay muchos deseosos de prender a María y quemar esta casa, y tú les acabas de dar un motivo.-

No se detuvo en ningún momento para llegar lo antes posible a la planta superior.

-Jamás podre quedarme quieto cundo veo una injusticia, y esta mañana vi muchas. Solo tu mano detuvo la sangre, y en estos momentos me arrepiento. Si lo hubiera matado ahora me buscarían a mí y no al pobre lechero, que no podía ni defenderse.-

Se escuchó un grito al fondo de la calle.

- Soldados.-

Aurora prosiguió su camino para estar junto a su señora, que por su salud la necesitaría a su lado. Cuando llegó la contó lo que estaba pasando y que Moyano se encontraba entre la multitud dolida por los continuos abusos hacia todos los comuneros, que se sentían culpables antes de salir a la calle cada mañana desde que se firmó la paz. María se agarró a la barandilla con la fuerza que la caracterizaba, y habló a la multitud lo más fuerte que pudo para que todos la pudieran escuchar.

- Antonio Moyano.-

Al escuchar su nombre salió del medio de la muchedumbre, poniéndose a la cabeza para que lo viera sobre todo Gutiérrez López, que aun siendo el hermano del mejor hombre que había conocido, lo consideraba un traidor, que engañaba a María para poder tener mayor poder a costa de la vida de los comuneros, con los que nunca había sentido simpatía.

-¿Qué gente es esta? ¿Andáis por echarme a perder? Ves los capítulos que están hechos, y hacéis ahora eso para dañarlos. Por amor a mí pido que os valláis, que no alborotéis la ciudad de esta manera. Estamos en lo que conviene a la ciudad, vosotros la echaréis a perder a ella y a todos nosotros. Por eso, por amor a Dios pido que os valláis, que cada uno se vaya por sí solo, que no valláis todos juntos-

Gutiérrez por orden de María fue a casa del Arzobispo de Bari, para que mediase en la sentencia del lechero, mientras por otro lado, envió a Aurora junto a Hernán a buscar a los alborotadores que seguían por las calles, mientras el resto de los comuneros quedaban en la casa por si las autoridades querrían aprovechar los incidentes para arrestar a María.

-Hernán, déjame hablar a mí. No quiero que tus ganas de lucha se conviertan en el grano de arena que necesitan para terminar en pelea.-

Por las calles de Toledo se volvían a escuchar ¡viva los comuneros, viva Juan Padilla! Los hombres corrían aprovechando la oscuridad de la noche, perseguidos por los soldados, escasos, que patrullaban las calles con miedo de encontrarse con la muchedumbre descontrolada. Los ciudadanos corrían hacia sus casas cerrando las puertas y contraventanas, para atrincherarse esperando que pasara la noche rápidamente.

Aurora contemplaba como Hernán se movía con rapidez de un lado al otro de la calle, deseoso de enfrentarse a una de las patrullas que recorrían las calles. Le parecía gracioso, y le recordaba a Manuel que en ciertos momentos de la oscuridad lo confundía con él. Más por el puro deseo de volver a verlo, que lo que podría sentir por Hernán, al que veía como a un hermano menor, que necesitaba la ayuda de su hermana. Al girar en una de las calles, se encontraron a varios comuneros con una culebrilla montada en un carro, que apenas la docena de hombres podían subirla por las cuestas empedradas de la ciudad, en dirección a la casa de María. Detuvo a Hernán antes que se entusiasmara, y fuera a ayudarles con la carga, que jamás podría terminar en la casa, donde la culparían de robar armas para poner en rebeldía la ciudad, y por fin romper el acuerdo firmado, y sentenciar a muerte a María.

-¿Dónde vais con esa culebrilla? Tenéis que devolverla ahora mismo, y dirigidos a la casa de Doña María, antes de que os vea alguien y os lleven a la horca.-

Los soldados que la conocían sobradamente, agacharon la cabeza y cumplieron las órdenes sin rechistar. Sus palabras tenían el mismo poder que si las hubiera dicho la propia María Pacheco, que la daba entera disponibilidad a dar órdenes como si fuera ella la que las estuviera dando, y nadie en esa ciudad se atrevía a contradecirla, ya que eran tan queridas como temidas por igual entre aliados y enemigos.

Agarró del brazo a Hernán, y siguieron su camino sin esperar a que los soldados se deshicieran de la culebrilla, sabiendo que jamás la desobedecían por mucha ganas de guerra que tuvieran los alborotadores. Las calles se fueron llenando de soldados realistas, que se cruzaban con ellos reconociendo a Aurora, a la que la daban una reverencia y seguían con su patrulla. Hernán agarraba cada vez con más fuerza la espada, que escondía debajo de su capa, deseoso que uno de esos soldados les dieran el alto para poder hacer uso de ella.

-Suelta la espada, o te entrego a la siguiente guardia que nos crucemos por el camino como ladrón.-

Soltó la espada y se apoyó en la fachada de una casa, cansado de huir de los soldados realistas.

- Estoy cansado de esconderme. Desde que te he conocido tengo que agachar la cabeza y mirar para otro lado, mientras ellos campan a nuestro lado. Esto Jamás lo permitió Juan Padilla, Juan Bravo, Francisco Maldonado o Pedro Maldonado, que les hubieran obligado a pedir perdón, y a arrodillarse ante nosotros.-

Aurora se acercó hasta su posición sacando la daga que ocultaba en la falda, colocándosela en el cuello.

- Todos los citados muertos. Como seguramente mi marido. Su soberbia les condujo a la derrota, y solo María ha sido capaz de defender esta ciudad, y mantener con vida a todos los que estamos a su lado.-

Le quitó la daga del cuello, guardándola de nuevo debajo de la falda. Continuó con su camino, secándose las lágrimas que la caían por las mejillas, al decir por primera vez desde abril del año pasado que su marido podía estar muerto.

- Si crees que tu honor es mayor al de los demás, piensa que tú estás aquí habiendo huido de la batalla, donde perdieron su vida tus capitanes y mi marido. Tú no estabas aquí cuando nos asediaron en el alcázar, donde nos tocó refugiarnos al rendirse el resto de ciudades sublevadas. Tú no estabas aquí cuando en la compañía de María, entré en la catedral para coger la plata, con la que pagamos a esos soldados de honor como tú dices, que estaban dispuestos a abandonar la lucha que con tanto deseo defendían. Yo he perdido más que nadie, y no he cobrado nada por mis servicios. Mi señora lo ha dado todo por esta causa, y no consiento que nadie venga a decir que somos unos vendidos. Esta ciudad es comunera, y la única que al día de hoy está dispuesta a defender una lucha que en este momento pende de un hilo.- Prosiguió su marcha sin mirar atrás.- Quedas libre de tu juramento. Eres libre de hacer lo que te plazca, pero fuera de los muros de esta ciudad.-

Hernán corrió hasta su lado cortándola el paso.- Tiene razón, soy un necio que no ha medido sus palabras, esto no me volverá a suceder. Lo siento.-

En plena discusión, de una calle colindante, apareció Gutiérrez López, que volvía de la casa del arzobispo. Reconoció a Aurora, y pensando que estaba siendo atacada, desenvainó la espada y se dirigió hacia ellos acompañado de su guardia personal.

-¿Os está molestando?-

Aurora que no se había percatado de la presencia de Gutiérrez, se volvió al reconocer su voz.- Tranquilo. Viene conmigo, esta para protegerme si la cosa se complica.-

Guardó su espada y ordenó a su escolta que guardasen las suyas.- Es mejor que volvamos con María, antes de que el resto de los hombres se cansen de esperar y se unan en las calles de Toledo.-

Aurora asintió con la cabeza y le siguió sin importarle lo que hiciera Hernán. En su cabeza seguía el pensamiento de la posibilidad de haber perdido a Manuel, era más que probable, y casi seguro que su hijo no conocería jamás a su padre. Ella tenía que luchar en esos momentos por la vida de otra persona, que por sí sola no podría salir adelante. No pensaba vestir de luto, excepto en el único caso que Manuel fuera entregado muerto ante ella, y enterrado como se merece. Su hijo se merecía una vida plena, donde sin un padre, pudiera acudir a una madre, donde el color de sus vestimentas solo valdría para dar pena al resto de mundo, convirtiéndola en una mujer desvalida. Ella era autosuficiente, y solo Manuel podría unirla a un hombre en una relación sincera, donde las mentiras estaban a la orden del día. Estaba dispuesta a luchar hasta el último de su aliento, con la única seguridad, que sería lo más adecuado para su hijo. Si ella faltara, sabía que María le cuidaría como suyo, dándole si fuera necesario uno o dos de sus apellidos.

En la entrada a la casa los hombres se agolpaban con la llegada también del capitán Figueroa, que traía a los rezagados hasta la casa. Gutiérrez subió a la habitación de María para dar el buen resultado de las negociaciones, que indicaban que habían llegado a buen puerto sin la necesidad de que corriera la sangre.

Aurora más relajada por las noticias, se metió en la habitación donde dormía su hijo, que llevaba varias horas sin comer y seguro que tendría hambre. Hernán entró detrás de ella cerrando la puerta y contempló al pequeño, que arrancó a llorar en cuanto le vio. Aurora que no se había percatado que le seguía, lo ignoró y amamantó a su hijo.

-Me he comportado como un necio. Usted me ha tratado como un hermano desde el primer día que llegue a Toledo y no he podido recompensárselo.-

Se sentó en una silla en la pared contraria a la que se encontraba Aurora con su hijo, y durante unos instantes intentó descifrar las continuas riñas que se escuchaban en el patio de la casa. Lo miró mostrando el enfado en sus ojos.

- Para ser soldado no necesitas pensar. Simplemente obedece y cumple las normas. Un capitán piensa que paso es mejor para sus soldados, aunque les lleve a la derrota de una batalla para ganar la guerra.-

Hernán intentó durante minutos entender lo que le quería decir mientras apagaba una vela, para que la luz no molestara al pequeño.- No sé qué quieres decirme.-

Aurora se levantó para dejar al niño en la cuna, que se había quedado dormido después de haber saciado su hambre.- Si no sabes dirigir, obedece por el bien de la tropa.-

Volvió a sentarse en su sitio.- No es fácil mandar a hombres a la muerte, pero si quieres esa responsabilidad aprende, si no serán tus hombres los que acaben con tu suerte.-

Hernán sabía que desde que llegó a Toledo no había sido la mejor ayuda, pero claro tenía que por ella estaría dispuesta a entregar la vida.- Sé lo que es crecer sin un padre, y si Manuel no regresa, querría tener ese honor.-

Aurora interpretó las palabras con una declaración de amor, a la que no estaba dispuesta a complacer. Se levantó de la silla y apuntó a la puerta.

- Nuestro compromiso termia aquí. Lo que sientes nunca será correspondido. Será mejor que si quieres servir a alguien que sea bajo las órdenes del capitán Figueroa. Con él estarás mejor.-

-No me malinterpretéis.- Se acercó a Aurora.- Solo como figura paterna hacia el pequeño, no como su esposo.- Se puso de rodillas ante ella.- Para usted seguiría siendo su guardia personal. No pretendo ser su esposo ni nada parecido. Aunque es muy bella, yo solo la veo como una hermana desde el primer momento, y no tengo otras intenciones que las de ser su sirviente.-

Aurora lo interrumpió al escuchar unos gritos en la calle con la nueva luz del alba.

-¡Se lo llevan a la horca!-

Se oía desde fuera de los muros de la casa donde habían pasado la noche la mayoría de los comuneros. María Pacheco se levantó de su cama y pidió a sus sirvientes que le ensillaran el caballo. Se asomó a la ventana al grito de traición, que puso en pie a todos los comuneros allí reunidos, deseosos de salir a las calles para impedir la ejecución. Gutiérrez López corrió hasta la habitación de María, asomándose al balcón.

-Basta ya de esta lucha inútil que solo ha servido para el sufrimiento de mi familia.-

Antonio Moyano cansado de esperar mientras las tropas realistas les daban caza por las calles de Toledo mientras ellos permanecían inmóviles en la casa. Se levantó de su sitio y se acercó lo máximo posible al balcón donde se encontraba Gutiérrez.

- Tú eres la deshonra de la familia Padilla. Mientras tu hermano lucho por nosotros, tú nos has llenado de mentiras mientras dejas que nos den caza.-

Gutiérrez bajo de la casa, y salió al patio en busca de Antonio que lo esperaba deseoso.

- ¡Este bellaco que quiere acabar de echar a perder la casa de mi padre!-

Antonio callaba mientras Gutiérrez se dirigía al resto de los comuneros que presenciaban la discusión.

- Por dios que estoy por ahorcar a este bellaco o enviarle a una fortaleza con unos hierros.-

La tensión entre los hombres allí reunidos había llegado al límite. Salieron de la casa en busca del lechero al grito de "Padilla, Padilla". Con las picas en las manos deseosos de cortar algunas cabezas y clavarlas en ellas. María al grito de "mi silla" quería acompañar aquellos hombres en el rescate, cansada de pasar los días encerrada en la casa esperando el indulto del rey.

Aurora subió a la habitación de María siguiendo los pasos de Gutiérrez, que cansado de intentar convencer a Antonio, optó por qué fuera su cuñada la que convenciera a los soldados.

-Para esta locura, que solo terminara con tu ejecución y la quema de esta casa.-

María se acercó hasta él, y le agarró de la solapa de la camisa.

- Tú me dijiste que no lo matarían. Si hubiera salido anoche, el lechero estaría esta mañana junto a su familia, y no frente al verdugo que le dará muerte.-

Aurora sabedora que María no cambiaría su decisión, se apresuró a prepararse para acompañar a su señora. Se encerró en la habitación con Hernán, que la ayudó a ponerse la coraza.

-Te ejecutarán por bruja al vestir como un hombre.-

Siguió calzándose Las botas y tapando su pelo bajo el casco.

- No les hace falta ningún motivo para quemarme en la hoguera o algo peor. Así por lo menos sé por qué lo hacen. Tengo el mismo derecho que mi marido a luchar por la causa, y no pienso quedarme quieta mientras vienen a por mí.-

Salió de la habitación en dirección a los caballos donde también se dirigía María. Los soldados apilados en el patio de la casa se pusieron en pie al contemplar a su señora montada en su corcel negro, para terminar con los perros que defendían al rey. Gutiérrez aprovechó el tiempo que María tardó en prepararse, para enviar mensajeros al arzobispo, para que pudiera reaccionar obligando a que la lucha no se alejara demasiado de las puertas de la casa donde se encontraban. Se subió de nuevo a la habitación para hablar con María de Mendoza, para que a la vuelta a su casa convenciera a María Pacheco para que abandonase la ciudad.

María sonrió a Aurora al verla vestida como una guerrera a su lado. Era una sonrisa que no había visto desde que murió su marido, y por ello ya había merecido la pena vestirse así.

La muchedumbre salió de la casa al grito de "María, María" alzando las picas donde pensaban clavar las cabezas de los malditos que les tenían presos o escondidos. Al frente María, con Aurora a su lado un poco perdida a la espera de los movimientos de su comandante. Los nervios de la batalla, aunque no era la primera, le seguían haciendo temblar las manos. Las estrechas calles les obligaban a viajar en fila, con los soldados pasando entre los caballos que se ponían nerviosos, teniéndoles que corregir su comportamiento una y otra vez.

Al llegar al calabozo, las fuerzas realistas les estaban esperando, cortándoles el avance mientras veían como sacaban al lechero en dirección a la plaza. María se bajó del caballo e intento llegar hasta el preso. Un soldado la agarró de la mano y la dio un pequeño empujón apartándola unos centímetros, y enseñándola la hoja de la espada. Aurora bajo del caballo y sacó la suya.

-No tienes el valor ni apellido para sacarla tu espalda-

María se giró y la obligó a guardar su arma.- La vida de ese hombre me pertenece, y como tal me lo tenéis que entregar.-

-Este hombre será castigado con la muerte por injurias al Emperador, que es al quien le pertenece su vida.- La contestó el Prior de San Juan, que encabezaba las tropas que mantenían el cerco que impedía a los comuneros acercarse al prisionero.

-Si no me lo entregáis de inmediato os lo arrebataremos por la fuerza.-

-¡Soldados, aguantar la posición y empezar a avanzar cuando os lo pida!- Grito el Prior al escuchar las amenazas de María, mientras desenfundaba su espada.

-¡Avanzad!-

Los soldados empezaron a avanzar con la intención de hacer retroceder a los comuneros por las estrechas calles. Aurora agarró a María quitándola del frente, donde se empezaron a colocar los soldados, entre ellos Hernán que no quería dejar escapar esta oportunidad. Cuando chocaron los hombres se detuvieron y empezaron los insultos, las amenazas y los empujones. Ninguno a pesar de las ganas que se tenían quería empezar la contienda sin una orden directa de sus capitanes, que intentaban ganar tiempo antes de empezar otra guerra entre los ciudadanos de Toledo.

Aurora retiró a María a posiciones más retrasadas para poder escaparse sin ser detectada con un puñado de soldados a la plaza, donde se esperaba la ejecución del lechero y poder rescatarlo. Aurora dirigía el grupo sin apenas encontrar resistencia. Los soldados con los que se topaban, estaban tan pendientes de la trifulca en los calabozos que apenas se percataban de ellos.

Al llegar a la plaza, encontraron a un enorme grupo de soldados presidido por el Arzobispo de Bari y la compañía de Gutiérrez López. María encolerizó mientras sacaba su espada.

- ¡Maldito! Nos has engañado mientras tú te colocabas como la mano derecha del Arzobispo. Yo misma te llevaré a las puertas del infierno.-

Aurora con la ayuda de varios soldados, apenas pudieron agarrar a María, que estaba dispuesta a dar muerte a su cuñado aunque eso fuera lo último que hiciera en este mundo.

-Tenemos que volver. Con la cantidad de soldados que hay en la ciudad, seremos una presa fácil si nos encierran en las calles.-

María desistió y decidió que Aurora tenía razón, y lo mejor sería volver a su casa, donde podrían hacer frente a las tropas del rey. Cuando subían por la calle, Aurora contemplo como Gutiérrez les apuntaba mientras sonreía con signos de victoria. Cuantas veces había parado la mano de Antonio, y era la primera vez que se arrepentía de no haberle dejado que le cortara la cabeza, y la mostraran al pueblo desde lo más alto de la casa de los Padilla insertada en una pica. Como alguien con la misma sangre, podía ser tan diferente a su hermano. Uno noble, valiente y bondadoso. El otro despreciable, cobarde y mentiroso. Era un hombre que solo le importa su rango social y el dinero, y por gente como él se estaba muriendo el movimiento comunero. Esa gente era la que lo estaba matando y no las picas o las espadas.

Una horda de soldados empezaron a infectar las calles. Aurora que corría cerrando el grupo, veía como por las calles colindantes aparecían soldados intentando taponar su paso. Tenían que avisar y retroceder hasta la casa, o terminaría la revuelta casi antes de empezar. María corrió a la casa a preparar la defensa. Aurora fue la única del grupo que se acercó a los comuneros que habían empezado la batalla en la prisión, donde los había dejado.

-¡Retroceder, es una trampa! ¡Gutiérrez nos ha vendido y nos estaban esperando!-

Los comuneros empezaron el retroceso con dificultad por la aparición de más soldados realistas, que les cortaban el paso. Aurora se acercó hasta Hernán, que cerraba el grupo lanzando estocadas al aire para alejar a los perseguidores.

-Hernán hay que volver, no puedes enfrentarte a todos.-

-No os preocupéis señora. Solo estoy ganando tiempo para que retrocedan el resto. Yo soy joven y rápido. Cuando hayan retrocedido lo suficiente correré junto a ellos. No pienso morir hoy.-

Los soldados del rey eran cada vez más numerosos, y los comuneros que eran interceptados, huían a las afueras de la ciudad donde apenas había hombres. El cerco cada vez era más pequeño, y les llevaba a la casa de María. Parecía que lo tenían planeado, para usar esa casa como una prisión momentánea donde tendría a los comuneros encerrados, a la espera de que hacer con ellos.

Cuando los comuneros se encontraban encerrados en la vivienda. El arzobispo con Gutiérrez y el Prior de San Juan, se acercaron a la puerta con un documento en la mano.-Aquí tengo los papeles de vuestra derrota. Dejar de crear incertidumbre y abrir la puerta.-

María que se encontraba en el balcón de su habitación entró en ira.-¡Esos no son los papeles que se firmaron en octubre del otro año! ¡Eso es una farsa que os habéis inventado, como otras muchas a las que obligan al pueblo a postrarse ante todo noble sin poder defender su vida o la de su familia!-

Gutiérrez dio un paso adelante, y pidió poder reunirse con María antes que las circunstancias pasasen a mayores. Ella aceptó para tenerlo cerca, para poder mirar a los ojos de un traidor.

-Dejarlo pasar, y quien lo toque se las verá conmigo. Entra pero solo tú. Nadie te hará nada, y yo si cumplo con mi palabra.-

Gutiérrez entro solo dejando sus armas en la puerta. Los comuneros lo contemplaban mostrándole picas y todo tipo de utensilios, con los que les gustaría utilizar si María les daba el beneplácito de ser sus ejecutores.

Cerraron las puertas y ventanas de la habitación quedando dentro María, Gutiérrez, Aurora, María Mendoza y Hernán. Lo que había pasado ese día se había convertido en una herida que jamás podría cicatrizar. María de Mendoza se puso al lado de Gutiérrez en el instante que se cerraron las puertas de la habitación.

-Hermana. Gutiérrez tiene razón, abandona esta ciudad y huye a Portugal, donde te cuidaran hasta que nuestra familia convenza al rey, y puedas regresar a Granada donde te esperaremos para vivir una vida mejor. Piensa en tu hijo.-
María Pacheco que se sentó en la cama con falta de fuerzas, negaba una y otra vez con la cabeza.

-Como miraré a mi hijo a la cara si cuando más me necesitaba le abandoné, capitulando el sueño por el que mi marido perdió la vida.-

Las palabras se entrecruzaban entre insultos y reproches, mientras la oscuridad se apoderaba de una ciudad repleta de soldados, que mataban el tiempo a la espera de órdenes. Los soldados comuneros perdían la fe según avanzaba la noche. María cada vez octava más por la opción de huir y liberar a la ciudad del caos, que gobernaba desde hace años.

-Está bien, huiré de aquí esta misma noche, con la condición que los comuneros que quieran se vengan conmigo, y el que quede no tendrá represalias por lo sucedido esta noche.-

-Huir por el pasadizo que da a la iglesia de Santo Domingo el Antiguo. Yo en persona me encargaré que esa zona esté desprotegida para que huyáis con los hombres que quieras. Cuantos más mejor para la ciudad.-

Gutiérrez salió contento de la habitación, seguido muy de cerca de Aurora, deteniéndolo en la planta de abajo fuera del alcance de los oídos de María o su hermana. Hernán pendiente de lo que hacía Aurora, la siguió sin que ella se diera cuenta de su presencia. Quería saber lo que pasaba sin interferir en la conversación.

-¿Cómo perdiendo a dos hermanos en batalla abandonas a sus viudas al destierro? Se te tenía que caer la cara de vergüenza. Mentir de esa manera para quedar bien frente a los simpatizantes del rey.-

Gutiérrez la miró y se rio a carcajada limpia.- Manuel no era mi hermano, y tú no eres más que una sirvienta que jamás pondrá a su hijo mi apellido. Tu marido era como un perro, que mi padre se encontró en la calle y le alimento para que cuidara la casa, y mi verdadero hermano se pensó que podría ser más de lo que antes ningún Padilla había conseguido. Con la espada solo se consigue la muerte. El poder está en la palabra, y ser capaz de vender a cualquiera. Ese camino te llevará al éxito y a una vida larga.-

-¿Pero qué vida? Mejor una vida corta y sincera, que una llena de falsos amigos. Donde la mentira un día te salva y al otro de cabeza al calabozo. Si tu hermano hubiese empezado a utilizar la espada con la gente como tú, las comunidades hubieran triunfado.-

Gutiérrez ofendido por las palabras de una criada, la dio un guantazo que la tiró al suelo.-Recuerda cuál es tu sitio en esta vida.-

Hernán salió de su escondite con una daga dispuesto a utilizarla, pero Aurora lo detuvo antes de llegar a su objetivo. Se levantó y se volvió a acercar a Gutiérrez, y sin que pudiera reaccionar, sacó la daga y le dio un corte poco profundo en la mejilla derecha.

-Recuerda tú que si te ensarto en este mismo momento nadie recordará tu nombre. Serás como un fantasma que pasó sin más gloria que la de ser el hermano de quien intento defender al pueblo. Tu cabeza pasaría a adornar una pica que levantaría María sin ningún arrepentimiento.-

Gutiérrez salió de la casa con la mano tapando la herida, deseando que desaparecieran de su vida para siempre. Aurora limpió su daga y la volvió a guardar en su sitio. Hernán volvió a comprobar que Aurora no necesitaba a nadie que la protegiera, que ella sola se valía para defenderse en cualquier situación, sin miedo a lo que pudieran pensar de ella.

Subió de nuevo a la habitación donde por primera vez en mucho tiempo María abandonaba su vestimenta de luto, para ponerse las ropas de una campesina y poder salir de la ciudad sin llamar la atención.

-Rápido, Aurora, cámbiate tú también de ropa que vendrás conmigo. Hernán, ya he dado órdenes para que los soldados que quieran empiecen a escabullirse por las calles, y que preparen caballos y comida a las afueras, para emprender el viaje.-

Hernán la contestó con una reverencia, y aunque por segunda vez en su corta vida de militar no estaba de acuerdo con la huida, aceptó sin rechistar abandonando la habitación de inmediato. Aurora al terminar de cambiarse, cogió a su hijo entre los brazos y lo envolvió bajo una tela, para protegerlo de la fresca noche Toledana.

-¿Nos podemos fiar del mentiroso de Gutiérrez?-

María de Mendoza dio un fuerte abrazo a Aurora.- No os preocupéis de él. Si no cumple con su palabra sabe de buena mano que yo me encargaré en el mismo momento que vosotras seáis apresadas. Le interesa tanto como a vosotras que no os suceda nada esta noche.-

Antonio Moyano se encargaría de llamar la atención lo suficiente para que ellas pasaran desapercibidas esa noche. Él no estaba dispuesto a entregar la ciudad sin un último recuerdo de lo que podía haber sido. María y Aurora no marcharon si despedirse antes de aquellos soldados valientes que habían luchado sin miedo por una causa justa. A pesar de la derrota inminente, hasta el último de ellos estaban orgullosos de haber tenido a María Pacheco como comandante de la resistencia comunera.

Se metieron por un estrecho pasadizo que les dirigía hasta la iglesia acompañadas solamente con sus hijos. La humedad de la madrugada del mes de febrero se metía en los huesos. El pasadizo lo recorrieron en el más minucioso silencio, convirtiéndose en una marcha eterna hasta encontrar la puerta de la iglesia. Una vez dentro las dos mujeres se acercaron al tablado de la iglesia para dar una última oración en nombre de sus maridos, en su ciudad natal donde intuían que jamás volverían a pisar con vida. El tiempo durante la oración no importaba, bastante habían perdido y no estaban dispuestas a dejar pasar la ocasión para rezar por los suyos.

Cuando terminaron Aurora se asomó primero con su hijo entre los brazos. El sol estaba empezando a salir por el horizonte y tenían que aprovechar la oscuridad que iba desaparición, para conseguir salir sin ser vistas. Los campesinos empezaban a inundar las calles para comenzar un nuevo día en el mercado, o para salir de la fortificación a labrar las tierras. También se cruzaron con un montón de mercaderes que aprovechan para emprender su ruta. Entre un grupo de mercaderes con varios carros y burros para transportar la mercancía, se mezclaron para pasar inadvertidas. Por las estrechas calles había muchos soldados, que solo paraban y miraban a los hombres. Pronto llegaron a la puerta de la muralla custodiada por lanceros, que dejaban pasar a la gente preocupándoles más por los que entraban que de los que salían.

Una vez fuera de la ciudad se dirigieron donde les esperaban los comuneros para abandonar la localidad lo más rápido posible. Dos caballos las esperaban, montando Aurora un caballo marrón que iba volviéndose blanco en la parte trasera. María Pacheco ordenó la marcha sin mirar hacia atrás, ya estaba cansada de esa ciudad por la que dio todo y no recibió más que sufrimiento y dolor. Nada dejaba allí más que recuerdos y lágrimas.

Por el contrario Aurora se detuvo a contemplar por una última vez a la ciudad que la enseñó a amar y donde nació su hijo. Llego como extranjera, pero rápidamente se convirtió en una Toledana más, que fuera de sus murallas empezaba a añorar.

-Tenemos que partir antes que se den cuenta de nuestra huida y salgan en nuestra persecución-. La apremiaba Hernán, que desde que regreso al grupo, no se había apartado de ella, y en la distancia la contemplaba para no influir en ese momento tan personal para ella.

-En esa ciudad tengo que esperar a Manuel ¿y si vuelve y no me encuentra? ¿Debería quedarme y esperarle?-

-A pesar de las palabras de Gutiérrez, tu nombre es casi tan temible como el de María Pacheco sin tener un apellido noble. En la ciudad todos te conocen, y sin su protección cualquier noche entrarían en tu casa para darte muerte y acabar de paso con la vida de tu hijo.-

La costaba dar esas palabras que pondrían a su caballo lejos de su ciudad, donde juro esperar a Manuel. Algo tan sencillo resultaba casi imposible en aquel mismo instante. En cuanto partiera tendría que asumir la muerte de Manuel de Linares, que tan pronto se lo habían arrebatado, y todos los indicios decían que murió ese fatídico 23 abril. En un barrizal junto la Villa de Villalar, y como a muchos otros enterrados en fosas donde jamás se les podría ir a llorar.

Giró su caballo y empezó el trote acompañada de su hijo y de Hernán retrasados del resto del grupo. Cada paso del caballo era un golpe a la realidad, que hasta ese mismo instante no había querido enfrentar. Hernán la intentaba animar en un paso tan difícil para ella.

- Manuel sigue con vida y volverá a Toledo, donde le dirán dónde puede encontrarte. Estoy seguro de que volverá a tu lado para conocer a su hijo.-

Le sonrió levemente derramando una lágrima por la mejilla. A pesar de las palabras no tenía esperanza de ello, pero tenía que ser fuerte por su hijo y por María, a la que su salud se había deteriorado desde la muerte de Juan Padilla, y después de tener que ir al exilio empeoraría. Tenía que ser fuerte por las dos. Ellas seguían vivas a pesar de los esfuerzos del rey, habían sido el peor azote a la corona en el movimiento comunero. Mientras vivieran, la revolución tendría un soplo de vida, al que se tendría que acostumbrar el Emperador.

LA MANO DEL ENEMIGO

VILLALAR

24 - Abril - 1521

Manuel cansado de permanecer tumbado en la cama, se levantó con la ayuda de una muleta que le había dejado la campesina al pie de la cama. El dolor le recorría todo el cuerpo al levantarse, y la pierna herida apenas la podía apoyar en el suelo. Contempló detenidamente la habitación, que no tenía más que ocho metros cuadrados donde la cama ocupaba el centro del cuarto. El suelo y las paredes permanecían húmedas de las lluvias del día anterior. Al lado de la cama tenía un cuenco donde poder hacer sus necesidades sin tener que salir, se acercó a la ventana que permanecía tapada por unas cortinas que bloqueaban la entrada de luz. Al sacar la cabeza por la ventana contempló la plaza donde estaban montando un cadalso. Rápidamente metió en la habitación la cabeza, al escuchar el ruido de la puerta que le separaba del resto de la casa.

-Mete la cabeza si la quieres seguir conservando.-

Sonó una voz poderosa que inquietó a Manuel. Al girarse vio a dos soldados que se encontraban a un palmo de él, al intentar alejarse de ellos perdió el equilibrio cayendo al suelo. Ana entró también en la habitación al oír la caída, y corrió a levantarlo al ver como la herida de la pierna volvía a sangrar.

-Si quieres que no se infecte la herida será mejor que andes con cuidado. No pienso andar detrás de ti cada vez que te muevas.-

Al intentar levantarlo no fue capaz de mover a Manuel, que andaba más pendiente de los soldados que de la herida de su pierna.- Vosotros ¿me ayudáis? O pensáis quedaros hay todo el día-.

Andrés de Lardín sonrió y con su poderoso brazo lo agarró del pecho y lo lanzo a la cama. Manuel empezó a reconocer a aquellos hombres que habían irrumpido en la habitación. Eran los viajeros que volvían de Tordesillas de vender caballos. Ellos son los que ese día descubrieron nuestros planes de huida, y seguro que me han traído para ajusticiarme en el cadalso que acababa de ver en la plaza.

-Os conozco. Estuvimos comiendo en la misma bodega hace dos días.-

Alejandro Martín se sentó a los pies de la cama.- Sí, te reconocí en el campo de batalla, y sentí la necesidad de salvarte la vida.-

Manuel gruñía cada vez que Ana le limpiaba la herida que seguía sangrando.- Es más divertido ver cómo me ejecutan con público que en el campo de batalla.-

Andrés se rio.- Si fuera por mí ya estarías muerto. Tu presencia solo nos puede llevar a prisión. Nadie sabe quién eres. No se molestan los nobles en preparar un espectáculo para un soldado. El cadalso es para tus capitanes que serán ejecutados hoy.-

Abrió la puerta y salió de la habitación.- Los soldados como nosotros somos rematados en el campo de batalla, como ha pasado con tus compañeros de armas, y abandonados para el disfrute de los carroñeros, que reclaman su porción de carne podrida.-

Manuel volvió a intentar ponerse de pie, pero fue frenado por Alejandro y Ana de inmediato.

- Deja que te curen la herida, y después de cambiarte de ropa te llevaré al campo de batalla si así lo deseas. Pero no podrás más que observar sin poder recoger o ayudar a los que allí yacen-.

Manuel derramando lágrimas por sus mejillas asintió con la cabeza. Vería como muy buena gente había perdido la vida. Después de tantas batallas contemplaría las consecuencias de una derrota, que seguramente había terminado con la lucha comunera.- ¿Los capitanes han sido capturados?-

- Sí. Todos vuestros capitanes de la batalla de ayer han sido capturados vivos, y Juan Padilla y Juan Bravo serán ajusticiados en el cadalso que has podido ver por la ventana. Pedro Maldonado puede que se salve. El Duque de Benavente está negociando para que lo hagan preso, y no sea ajusticiado con los demás. Es lo que tiene ser de buena familia.-

En su rendición personal donde las heridas internas sangraban más que las de cualquier arma empuñada por el enemigo que le habían producido el día anterior, sentía una tregua donde la mano que forzó su derrota y desdicha le habían salvado la vida, en una guerra donde el único perdedor era el soldado que mal pagado y engañado por el noble, había perecido en el campo de batalla. Solo en ese mismo instante había entendido que todo hombre muerto bajo su espada no era más que un peón como él. Dirigido por la codicia y la mentira, donde eran obligados a ir a la guerra a cambio de falsas mentiras, que solo servían para llevar al pueblo llano a una muerte donde los únicos vencedores eran los que jamás derramaban una gota de sangre por los suyos.

Buenos hombres habían muerto en aquel campo embarrado, donde él había salvado la vida gracias al enemigo, que dos días antes les descubrió dando el fin a una idea que aunque la hubieran conseguido, se hubieran aprovechado los nobles para poner de rodillas al pueblo, Juan Padilla les dirigía a un sueño que la Santa Junta hubiera aprovechado para repartirse los territorios sin importar la opinión del pueblo.

-No puedo descansar sin contemplar las consecuencias de nuestra lucha. Si algo en tu interior decidió salvarme la vida, entenderá lo que necesito para ver las consecuencias de mis actos.-

Alejandro cogió ropajes de un soldado del rey que había en la casa y lo puso al pie de la cama.- Yo te ayudaré en todo lo que esté en mi mano. Con la única condición que si alguien de esta villa te pregunta, eres un soldado del rey que lucho por él y por dios-.

Manuel se sentó en el borde de la cama con gesto de dolor, dispuesto a llegar al campo de batalla por mucho que le doliera las heridas.- Si alguien me pregunta les diré que luché por ti, por el reino de castilla y por dios.-

Alejandro asintió con la cabeza y le ayudo a vestirse. Sabía que al hombre que tenía delante, sin conocerle era un hombre de palabra, y no le podría en peligro, en un momento, donde cualquier rumor lo conduciría a una muerte segura.

Las calles estaban llenas de soldados custodiando a los nobles, que despúes de tantas humillaciones sufridas por los comuneros, estaban deseosos de venganza por la pérdida de tantos territorios, y para demostrar al nuevo rey que ellos a pesar de lo especulado habían permanecido a su lado. Era el momento de demostrar la lealtad a cambio de la muerte de las cabezas de turco, que pagarían las consecuencias. Manuel con ayuda de las muletas cruzó al lado del cadalso donde el verdugo afilaba el hacha, como preparativo de la fiesta donde comenzarían con la ejecución de los líderes derrotados. Con la cabeza gacha cruzó la plaza esperando encontrarse con el horror de las almas de sus compañeros, que seguirían cruzando el campo de batalla buscado sus cuerpos, para intentar darles el último suspiro de vida, que les devolviera de nuevo a anclarles en este mundo de dolor y sufrimiento.

Antes de poner el pie en el campo de cadáveres desparramados en la ribera del río Hornija, una mujer vestida de luto se plantó delante de él, con los ojos empapados en lágrimas, que lo miraba sin parpadear. Manuel reconoció esos ojos azules que lo perseguían en todos sus sueños.

-Tu promesa ha impedido que uno de esos cuerpos que son devorados por los cuervos sea el tuyo. Tu alma me pertenece, y hasta que no cumplas tu promesa, jamás podrás abandonar esta tierra.-

Manuel intentó abrazar a la dama que lo contemplaba, para no dejarla escapar de nuevo de sus brazos, tropezando con uno de los cuerpos que yacían a sus pies, perdiendo el equilibrio. Al volverse a poner de pie con la ayuda de Alejandro que permanecía a su lado, la figura de la dama de oscuro había desaparecido. Se arrodilló echándose las manos a la cara estallando a llorar al lado de un rostro que rápidamente reconoció.

David de Molina era uno de los cadáveres que medio enterrado por el barro yacía a sus pies. El cuerpo estaba desmembrado, había sido torturado hasta el último de su aliento. Con signos de tortura, tenía pinta de haber sido capturado con vida, y sus captores con el fervor de la batalla, aprovecharon para recrearse con alguien que solo sería recordado por su familia, al no recibir noticias de él. Manuel lo abrazo con fuerza para que a pesar de su horrible muerte, sintiera el latido de un corazón amigo.

Andrés se acercó hasta Manuel, que a pesar de no estar en ningún momento a su lado desde que salió de la casa, no le había perdido ni un momento de vista. Le recordaba a él cuando era joven, lleno de ideales y convicciones que el tiempo se las fueron arrancando convirtiéndole en un arma de guerra, que solo miraba por sus propios beneficios. Acompañado por Alejandro agarró el cuerpo de David de Molina y lo puso al lomo de su caballo.

-No temas por su alma. Yo me encargaré de que su cuerpo descanse como un soldado se merece, recibiendo sepulcro por su familia en tierra sagrada, donde se le pueda rendir pleitesía por todo aquel que lo hubiera conocido.-

Varios soldados realistas que custodiaban el campo de batalla corrieron hasta su posición, con las espadas en la mano dispuestas a usarlas. Uno de ellos, orgullosos de lo que había sucedido el día anterior sin soltar la empuñadura de su espada, chocó contra Andrés al que le sacaba una cabeza de altura.

-Todo hombre que se atreva a retirar cualquier cadáver de aquí será considerado traidor a la corona, y será castigado con la más dura de sus consecuencias. Ese hombre es un traidor, y yo mismo me encargué de terminar con su vida, sin que antes sufriera las consecuencias que tiene enfrentarse a mí.-

Andrés le dio un empujón con sus fuertes brazos tirándolo al suelo, perdiendo el arma por el impacto sufrido. El resto de los soldados no dudaron en levantar sus armas para usarlas, con el temor de lo que sabían que podía hacer ese hombre con su fuerza.

-Esperad un segundo.-

Saco de un bolsillo del interior del chaleco que vestía, un papel con el sello del Condestable de Castilla, donde cualquier acusación hacia ese hombre tendría que ser revisada por él, y juzgar los actos por los que se le procesaba. Al contemplar la carta los soldados guardaron sus espadas y desaparecieron de su entorno. Ningún soldado se atrevería a molestar al Condestable por algo que podía terminar convirtiéndose en su contra.

Andrés se dirigió al soldado que había tirado al suelo, que intentaba escabullirse como el resto de los soldados. Le agarró del pecho y lo puso en pie clavándole la mirada.

-Mira bien esta cara que será lo último que vuelvas a ver en tu mugrienta vida. Cuando ya no me supliques que acabe con tu miserable vida, te sacaré el corazón del pecho para que puedas contemplar cómo termina de dar su último pálpito, y recuerda que yo siempre cumplo mis promesas.-

Lo lanzó al suelo y montó en su caballo.- Pasa por Segovia, donde te esperaré para que veas que siempre cumplo mis palabras, y puedas despedirte de tu amigo si realmente te importaba.-

Salió al galope con el cuerpo de David para que tuviera un entierro digno. Manuel no apartó la vista hasta que les perdió en el horizonte prometiendo que pasaría por Segovia para honrar a su amigo, a pesar de los retrasos que le supondría la vuelta junto su amada, pero no podía volver sin ofrecer sus condolencias a la familia de la gente que había caído luchando a su lado. A pesar de apenas poder caminar con una herida en la pierna que se abría a cada paso manchando la venda que la cubría de sangre, quiso recorrer el campo de batalla para contemplar la desdicha de un día fatídico, donde por pequeñas coincidencias de la vida, él no era uno de esos cadáveres que adornaban la tierra teñida de rojo. Los nobles que llenaban la villa, se acercaban para poder regocijarse de lo sucedido, escuchando comentarios como. "Y para la guinda del pastel adornaremos Villalar con las cabezas de sus líderes".

El revuelo por las calles de Villalar empezaba a aumentar, con la noticia de que Juan Padilla y Juan Bravo se estaban acercando montados en sendas mulas, para pasar por las manos del verdugo, que esperaba en el cadalso afilando el hacha, y preparando las cestas donde recoger las cabezas.

-Será mejor que volvamos a descansar. No es aconsejable que presencies la barbarie que se está preparando-.

Manuel apretaba los dientes para intentar no derramar una lágrima.

- Juré estar a su lado hasta el último momento, y es lo que haré. Aunque no pueda evitar el desenlace, tengo que estar.-

Apresurando el paso llegaron a la plaza donde esperaba casi todo el pueblo y la nobleza castellana, que se había acercado para ser testigos presenciales de las consecuencias que tenía enfrentarse al rey. Los sentimientos de la multitud allí agregada eran muy dispar. Unos deseosos de ver como por fin se terminaba con la vida de los cabecillas que les había llevado a una guerra civil, otros tristes por ver como en ese mismo instante se terminaba una lucha que prohibiría al pueblo de voz y voto en los asuntos del reino, que pasarían de nuevo a ser competencia del rey y los secuaces que permanecían en su órbita, y los terceros que solo se acercaban por el espectáculo que les ofrecían con la decapitación de unos nobles, que si fuera por ellos podían aprovechar el momento, y tanto noble junto, para hacerlos pasar por el cadalso.

Entre la multitud, una mano de un soldado detuvo la marcha de Alejandro, que intentaba llevar lo más cerca del cadalso a Manuel.

-El Almirante de Castilla reclama tu presencia.-

Alejandro asintió con la cabeza y acompaño al soldado hasta el Almirante. Manuel que en un principio intento escabullirse entre la gente, otro soldado le cortó el paso, obligándole a seguir los pasos de su compañero. Las dudas de ser reconocido le hacían subir las pulsaciones, que aumentaban a cada paso que le acercaba a la zona donde se congregaban los nobles allí presentes.

Al llegar hasta ellos, el Almirante les dirigió a una casita donde había montado un pequeño campamento, y les condujo a la planta superior, donde había un balcón que les proporcionaba una posición privilegiada del cadalso.

-Por favor sentaos. Eres el principal impulsor de esta victoria. Gracias a ti supimos que saldrían, y pudimos terminar con esto sin apenas sufrir bajas.-

Alejandro ayudó a sentarse a Manuel, y luego se sentó él sin apartar ni un momento la vista de su acompañante. Manuel a pesar de la ira que sentía hacia el Almirante, no intentaría nada que pudiera poner en peligro la vida de su salvador en el día anterior. Él solo cumplía órdenes, y si fueron descubiertas sus intenciones, era por culpa suya y de nadie más, al no saber ocultar sus intenciones en la taberna hace unos días. Tenía una promesa, y era tontería romperla a cambio de nada.

El Almirante se sentó y miró fijamente a Manuel.

- ¿Quién eres tú? No te recuerdo en todo este tiempo-.

Antes de poder contestar, Alejandro le cortó, poniéndole la mano en la pierna.

- Es un vecino de Peñaflor, que se alistó antes de salir en persecución de los comuneros y fue herido en la batalla-.

Aquel muchacho le sonaba de algo, y no podía dejar de mirarlo.

- Gracias por tú servicios, y no te preocupes por las heridas. Serás recompensado por tu valentía, y si cuando te recuperes quieres seguir como soldado, no dudes en contactar conmigo, que en buen agrado te acogeré bajo mi mando.-

Hizo un gesto con la mano, obligando a acercarse a uno de sus sirvientes hasta ellos, portando un pergamino con el sello del Almirante.

-Toma, aquí tienes lo prometido. Tierras, dinero y un salvoconducto que quien tenga intención de hacerte algo a ti o a tu familia responderá ante mí.- Recogió el salvoconducto con recelo por su compañía.

- No es necesario todo esto. Yo solo quiero una vida tranquila-.

-Y es lo que te estoy ofreciendo, una vida sin ningún tipo de problemas.-

Antes de poder agradecer la generosidad del Almirante, el bullicio de la plaza aumentó, cuando por una calle aparecían Juan Padilla y Juan Bravo montados en sendas mulas en dirección al cadalso. Manuel se levantó como un resorte al contemplar a su hermano en aquella situación tan grotesca. El Almirante que desde el principio le sonaba familiar el invitado en su palco, se dio cuenta de que aquel muchacho conocía de muy buena mano a los que acababan de entrar en la plaza.

-Pareces tener mucho respeto por los causantes de tus heridas.-

Manuel se dio cuenta de que algo sospechaba, y volvió a sentarse en la silla.- He escuchado mucho de esos hombres, y si la mitad de las cosas que dicen de ellos son ciertas, no se merecen el apaleamiento a los que les estáis sometiendo ¿a usted le gustaría que si hubiera sido derrotado se lo tratara como a ellos?-

El Almirante sonrió.- Esos dos hombres que han sido culpables de traición, tienen más honor que muchos de los nobles de mejor cuna que hoy nos agradan con su compañía. Si te sirve de consuelo, ni el Condestable ni yo queríamos que fueran ejecutados hasta que volviera el rey, pero la mayoría de esos nobles están deseosos de ver sus cabezas en las picas. Ellos sabían de muy buena mano lo que les pasaría si eran derrotados, aceptando su destino con orgullo. Pero por su desgracia, su fin no fue en el campo de batalla, donde deseaban yacer junto a sus soldados.-

Manuel contemplaba como Juan Padilla iba con la cabeza alta encima de la mula al encuentro del cadalso. Una mano cálida se posaba en su hombro, y al girarse vio a Aurora con el atuendo de luto con el que vestía hace un rato en el campo de batalla.

-Recuerda este momento durante toda tu vida. Ellos jamás morirán por completo si siguen en nuestro recuerdo. Este mundo solo es una puerta de espera hacia el cielo, donde nos observaran y se sentirán orgullosos de nosotros.-

La agarró la mano con fuerza, para liberar junto a ella su dolor.- Si te tuviera en estos momentos a mi lado jamás volvería a apartarme de ti. Ya queda menos para unirnos y no separarnos jamás.-

Levantó la cabeza y la miró fijamente a los ojos, hasta que su figura se desvanecía al escuchar las palabras que iban pregonando por delante de la marcha de las mulas que transportaban a Juan Padilla y a Juan Bravo.

-¡Esta es la justicia que manda hacer S.M. y su Condestable y los gobernadores en su nombre a estos caballeros, mandándoles degollar por traidores, alborotadores de pueblos y usurpadores de la corona real!-

El carácter luchador de Juan Bravo no tardó en salir al escuchar las palabras de traidor por el verdugo, que le dolían más que la propia decapitación que lo esperaba.

-Mientes tú, y aun el que te lo mande decir; traidores no, más celosos del bien público si, y defensores de la libertad del reino.-

El licenciado Cornejo que le había acompañado en todo momento junto al alcalde Zarate, no le gustaron las palabras de Juan Bravo al que con voz firme le mandó callar. Juan Bravo que no estaba dispuesto a dejar de luchar ni con sus manos atadas, siguió recriminado la sentencia que para él eran los únicos nobles de aquella plaza que no habían traicionado al reino, y por ello se les condenaba. El licenciado Cornejo cansado de las continuas interrupciones, le propinó un golpe en el pecho dejándole durante unos minutos sin respiración.

-Mira bien donde te han llevado los pasos.-

Juan Bravo dispuesto a seguir con la pelea, intentó dar réplica que fue cortada de raíz por Juan Padilla.

-Señor Juan Bravo, ayer era día de pelear como caballero y hoy de morir como cristiano.-

Juan Bravo miró a su capitán con orgullo y se dirigió hacia el licenciado Cornejo con un tono más moderado del que llevaba utilizando hasta el momento.

-Quiero ser degollado primero, pues no quiero ver morir al hombre más valiente y más bueno de Toledo.-

Se adelantó y se colocó delante del verdugo.- Tomadme por la fuerza y hacedlo, puesto que yo no debo tomar la muerte por mi voluntad.-

El alcalde Cornejo cansado de las interrupciones de Bravo le inclinó.- Cortarle la cabeza por completo, que a los traidores que así se debía de hacer-. Y el verdugo sin esperar un momento se la seccionó cayendo al cesto que habían preparado. Junto a Juan Padilla se encontraba Enrique de Sandoval y Rojas, al que le entregó las reliquias que colgaban en su cuello, para que se las entregara a su esposa cuando terminara la guerra. Manuel se revolvía en su asiento al no poder estar a su lado en los últimos momentos de su vida, para poder recoger él mismo sus reliquias.

Juan Padilla se colocó y observó con pena a su compañero de armas.- Ahí estáis vos, buen caballero.- y le cortaron la cabeza.

Antes de llevar las cabezas a las picas, apareció Francisco Maldonado en otra mula, para recibir el mismo castigo que sus compañeros.

El Almirante sonrió al ver llegar al Maldonado que no esperaba.

- Al final los contactos de Pedro Maldonado le han salvado hoy la vida.-

Manuel solo podía dirigir toda su atención hacia la pica donde habían clavado la cabeza de Juan Padilla, que no podía más que recordar todos los momentos que habían pasado hasta ese día. No se merecía morir tan lejos de su casa.

Apenas se dio cuenta de la ejecución de Francisco, al que colocaron su cabeza junto a las otras dos. El Almirante una vez terminado el espectáculo, se levantó de su sitio dándole la mano a Alejandro y acercando la boca al oído de Manuel.

-Sé quién eres.-

Manuel se giró y le miró a los ojos pensando que para él también sería su último día en este mundo.

-No te preocupes, bastante muerte ha habido aquí, y es el momento de olvidar y perdonar, por nosotros y por el reino.-

Manuel asintió con la cabeza, mientras el Almirante abandonaba el balcón con premura. Mientras una dama de oscuro cruzaba en dirección contraria colocándose al lado de Manuel.

-Esa es la segunda oportunidad que te da el destino para que vuelvas a mi lado. Espero que no la desaproveches.-

Manuel se levantó agarrándola de la mano.- Tengo unos compromisos a los que no puedo aludir. Espérame en Toledo, que pronto nos volveremos a reunir y nadie nos podrá separar.-

Sentencia

" EN VILLALAR A VEINTICUATRO DÍAS DEL MES DE ABRIL DE MIL QUINIENTOS VETIUN, EL SEÑOR ALCALDE CORNEJO POR ANTE MI LUIS MADERA, ESCRIBANO, RECIBIÓ JURAMENTO EN FORMA DEBIDA DE DERECHO DE JUAN PADILLA, EL CUAL FUE PREGUNTADO SI HA SIDO CAPITÁN DE LAS COMUNIDADES, Y SI HA ESTADO EN TORRE DE LOBATON PELEANDO CON LOS GOBERNADORES DE ESTE REINO DE SS.MM:: DIJO QUE HA SIDO CAPITÁN DE LA GENTE DE TOLEDO Y QUE HA ESTADO EN LA TORRE DE LOBATON CON LAS GENTES DE LAS COMUNIDADES, Y QUE HA PELEADO CONTRA EL CONDESTABLE Y ALMIRANTE DE CASTILLA, GOBERNADORES DE ESTOS REINOS Y QUE FUE A PRENDER A LOS DEL CONSEJO Y ALCALDES DE SU MAJESTADES.

LO MISMO CONFESARON JUAN BRAVO Y FRANCISCO MALDONADO HABER SIDO CAPITANES DE LA GENTE DE SEGOVIA Y SALAMANCA.

ESTE DICHO DÍA LOS SEÑORES ALCALDES CORNEJO, SALMERÓN Y ALCALÁ DIJERON QUE DECLARABAN Y DECLARARON A JUAN DE PADILLA, JUAN

BRAVO Y FRANCISCO MALDONADO POR CULPABLES EN HABER SIDO
TRAIDORES A LA CORONA REAL DE ESTOS REINOS, Y EN PENA DE SU
MALEFICIO DIJERON QUE LOS CONDENABAN Y LOS CONDENARON A PENA DE
MUERTE NATURAL Y A CONFISCACIÓN DE SUS BIENES Y OFICIOS PARA LA
CÁMARA DE SUS MAJESTADES COMO TRAIDORES, Y FIRMARONLO. DOCTOR
CORNEJO. EL LICENCIADO GARCI HERNÁNDEZ. EL LICENCIADO SALMERÓN.

Y LUEGO INCONTINENTE SE EJECUTA LA DICHA SENTENCIA Y FUERON
DEGOLLADOS LOS SUSODICHOS. Y YO EL DICHO LUIS MADERA, ESCRIBANO DE
SUS MAJESTADES EN SU CORTE Y EN TODOS SUS REINOS Y SEÑORÍAS, QUE FUI
PRESENTE EN LO QUE ES DICHO Y DE PEDIMENTO DEL FISCAL DE SUS
MAJESTADES, LO SUSODICHO HICE ESCRIBIR E HICE AQUÍ ESTE MI SIGNO TAL
(FIRMO). EN TESTIMONIO DE VERDAD. LUIS MADERA.

SEGOVIA

02-Junio-1521

Los restos del Juan Bravo llegaban a la barriada de la ciudad de Segovia,
escoltado por los comuneros afines al caballero, que seguían dolidos por la
pérdida de su capitán de tan malas formas. Manuel acompañaba al grupo
montado a caballo con secuelas evidentes de su herida en la pierna, que no le
habían impedido acompañar a unos de sus capitanes a un entierro cristiano
como dios manda. En la ciudad les esperaban las dos familias con las que había
compartido su vida, al frente del tumulto estaba su mujer María Coronel,
acompañada de sus dos hijos de corta edad Andrea y Juan, y a su lado los hijos
con su antigua mujer, María Gonzalo y Luis que se encontraban desolados por
la muerte de su padre.

Todos los hombres que llevaban los restos hasta la ciudad, pasaron uno por
uno por delante de su viuda y de sus hijos para darles el pésame. Manuel no
dudó en bajar de su caballo, para dar su respeto a la viuda a pesar de su
dificultad al andar; apenas podía gesticular una palabra por el enorme llanto
que tenía. Pronto llegaron a los oídos de los ciudadanos de Segovia, que los

restos de su capitán habían llegado a la ciudad, y todos corrieron a darle el respeto que ese hombre se merecía. Era la primera vez que un caballero, había perdido la vida por defender los intereses del pueblo y no los suyos propios.

En la cabeza de la marcha fúnebre, iban hombres vestidos de luto con crucifijos, marcando el paso en dirección a la iglesia de la Santa Cruz, donde se esperaba que descansaran los restos. Detrás de ellos marchaba el ataúd con los restos del susodicho, e inmediatamente después su mujer con todos los familiares y vecinos transportando antorchas, que le acompañaban en ese domingo tan triste. Su alrededor se llenaba de curiosos, que cantaban y bailaban honrando la epopeya del difunto. – Doleos de vos, pobrecitos, que este murió por la comunidad.-

Entre los espectadores se encontraba Gonzalo de Herrera, que contemplaba junto a unos soldados a su cargo, el espectáculo montado a un traidor, que no había llevado más que la desdicha a la ciudad y sus gentes, y no se merecía descansar en suelo santo.

Manuel entre la multitud encontró un rostro conocido al que le debía su vida.

- Gracias por lo que hiciste por David de Molina.-

Andrés sonrió y siguió caminando detrás de la marcha fúnebre.

- Realmente lo hice por mí. Es la manera que tengo de intentar mantener la cordura y no acabar siendo un simple animal con sed de sangre.-

Manuel continúo el paso a su lado.- De todas formas te lo agradezco igualmente, y estoy en deuda contigo.-

Se paró unos segundos y contempló sus ojos.

-Todavía no has cumplido tu promesa. Su esposa te espera para que visites su tumba.-

No apartó la mirada de quien le regaló una segunda oportunidad.

- En cuanto termine el entierro me pasaré por su casa sin falta, antes de partir hacia Toledo.-

Prosiguieron la marcha en silencio por respeto al difunto, hasta que se escucharon unas palabras de un caballero que observaba el espectáculo con repudio.

-Mirad cuál traen este traidor.-

Varios hombres saltaron sobre él, dándole muerte sin pensar en las consecuencias que traería sus actos por muy ofendidos que se sintieran. Manuel que intentó detener la masacre fue empujado y tirado al suelo, donde varios hombres que pensaban que estaba en contra del funeral intentaron darle muerte como al otro espectador, pero Andrés detuvo el ataque tirando varios hombres al suelo.

-Atreveros con alguien que no está herido.-

Cuando se disponían a atacar. Gonzalo de Herrera que permanecía deseoso de cualquier incidente para poner fin a la multitud que se había congregado en el funeral, dio la orden de dispersar y detener a los responsables de la muerte de aquel hombre. Los comuneros congregados allí al verse desbordados y sin suficientes armas para defenderse, empezaron a huir entre las callejuelas de la barriada y los muros de la ciudad.

Andrés le ayudó a levantarse, para que no fuera pisoteado por la multitud, que huía despavorida de los soldados que acompañaban a Gonzalo.

Cargó a Manuel en sus hombros para huir de la trifulca que se había montado.

-Como sigas metiéndote en problemas, tendrás que buscarte una guardia personal para que te proteja, que yo ya he cumplido mi cupo de buenas acciones.-

Manuel dolorido y con la herida de la pierna empezando a sangrar de nuevo sonrió.

- Parece que mi vida está destinada a terminar, pero tú te encargas de que eso no ocurra. Parece que quieres verme sufrir.-

No entendía por qué lo ayudaba, y empezaba a cansarse de su compañía, que solo le terminaría trayendo problemas.

- Tienes que visitar a alguien antes de abandonar este mundo, y no pienso dejar que te pase nada hasta entonces. Luego puedes perder la vida como te plazca.-

Con la ayuda de Andrés volvió a subir a su caballo donde pudo contemplar como la multitud se había dispersado y solo quedaban los familiares directos. Gonzalo se acercó a María Coronel, que lloraba desconsolada al no poder dar a su marido el funeral que se merecía.

-Esto pasa por ir paseando a un traidor por la ciudad.-

María detuvo el paso con sus ojos llenos de ira y miró fijamente a Gonzalo.

-Volveros a esconder como ratas en el Alcázar, como hicisteis cuando el pueblo se defendía de las brutales humillaciones sufridas por vuestro querido rey. Salís ahora como gallitos cuando el pueblo está de luto por el verdadero regidor de la ciudad, y no por unos gallinas que a la primera de cambio se esconden o queman las casas de los granjeros.-

Gonzalo furioso desenfundó el estilete que llevaba en la cintura y se lo colocó en la garganta a la viuda, que sin temor a las consecuencias se acercó hasta chocar contra él.

-Demuestra que eres un hombre y hazlo.-

Guardó el arma sabiendo que si la utilizaba le darían muerte antes de que pudiera recibir ayuda de sus hombres, al sentir como un estilete empuñado por María se había clavado en su estómago.

-Esto no termina aquí. Enterrar al traidor donde queráis, pero ya me encargaré de que sus restos y los de todos vosotros salgan lo antes posible de esta ciudad. Los responsables de la muerte de este hombre serán ejecutados. Ya me encargaré que el corregidor se entere de todo lo que ha pasado aquí y que fue mala idea dejaros celebrar este funeral.-

Se retiró en busca de los culpables de la revuelta allí formada, que estaban alborotando al pueblo para que volvieran a salir de sus casas a luchar contra los opresores, que solo les interesaba recaudar para ganarse el favor del rey. La marcha fúnebre se aceleró para poder dar entierro a Juan Bravo, y volver a las casas antes que les acusaran de la revuelta y traición a la corona, y les quitaran lo poco que les quedaba, o incluso la vida de los que allí se encontraban para dar ejemplo a los demás ciudadanos.

Manuel al final de la ceremonia se dirigió a la viuda y a los hijos de Juan para darles su pesar. Le esperaba otro compromiso que en esos momentos le dolía más que las propias heridas. Sin olvidar que estaba llamando la atención demasiado, y en cualquier momento podía ser reconocido y enviado a prisión.

La granja donde vivía la viuda de David, no estaba situada muy lejos de la iglesia de la Vera Cruz a las afueras del muro, que protegía la ciudad en la otra orilla del río Eresma. La casa contaba con un pequeño patio interior, que le proporcionaban una intimidad, que les hacía sentirse libres de la codicia de la ciudad, y de sus malos olores, con la desventaja que eran vulnerables de cualquier ataque de algún indeseado, que simplemente se sentía a gusto dañando a los demás.

Manuel acompañado de Andrés que no le había perdido de vista desde que llegó a Segovia, dio un par de golpes a la puerta de madera desgastada por la carcoma que la había debilitado. Inés abrió la puerta sin mucho interés de quien se encontraba al otro lado, dándose la vuelta sin apenas saludar. Al pasar Manuel contempló una casa llena de humedades por no haberse calentado durante el invierno, con los techos llenos de goteras. Solo uno de los hijos de David permanecía en la casa. Era la hija menor Ana, que se encargaba de las labores de la casa y de preparar la comida para su madre y sus dos hermanos mayores, que se encontraban en el campo recogiendo el trigo, que era su sustento para poder comer. Ana que vestía con una saya usada más veces de las necesarias, le miró de arriba abajo y siguió con sus tareas.

-Si vienes a darnos el pésame puedes hacerlo y dejarnos en paz, bastante tenemos como para mantener a alguien más en esta casa.-

-Vengo a daros mi ayuda, y a rendir reverencia a un buen amigo.-

Ana que actuaba como muchas mujeres en esos tiempos donde a tan corta edad conocía la vida más cruda, donde una mujer tenía que ser útil para que pudiera seguir con vida, convirtiéndose en moneda de cambio, bien por boda, o si no de sirvienta para las clases pudientes. Por el contrario los hombres eran más útiles para la labranza, de herreros o simplemente ser obligados a luchar en la guerra de turno, donde el noble prometía buenos sueldos que muchas veces no eran pagados por fallecimiento o falta de fondos.

-¿Tu madre no te ayuda en la casa?-

-Desde que vino aquel hombre con los objetos de mi padre, cayó en una depresión, que la hace llorar todo el día en la mecedora del porche de la casa agarrada a sus pertenencias, deseando la vuelta de su marido.-

Manuel se sorprendió al conocer que otro hombre aparte de ellos había pasado por su casa con objetos de David de Molina.- ¿Cómo era ese hombre?-

-Tenía unos diecisiete años aproximadamente. Ojos oscuros con tez morena, cara delgada y complexión descarnada. Creo que me dijo que se llamaba Hernán y que mi padre dio su vida para salvar la suya. Nos proporcionó todo lo que poseía y marcho para no ponernos en peligro.-

Manuel se acordaba de ese muchacho apostado en la puerta de la fortaleza de Torrelobatón, con deseos de enfrentarse a las tropas realistas, que no entendía el motivo por que se huía cuando tenían que haber atacado. No esperaba que fuera unos de los supervivientes, teniendo en cuenta su poca experiencia y las ganas de luchar. Según la posición en primera línea, sus opciones de sobrevivir eran muy escasas, pero era una grata sorpresa saber que David pasó sus últimos momentos con el apoyo de un compañero, al que poder dar sus últimas palabras para que se las pudiera entregar a su familia.

-¿Sabes si permanece en la ciudad o si dijo dónde iba?-

Ana seguía con las labores de la casa.- Solo nos dijo que no quería que fuéramos encerradas por su presencia, que se escondería durante un tiempo sin concretar más. Durmió aquí una noche, nos dio algo de dinero y se marchó.-

Sin molestar ni entorpecer más a la niña en sus labores, salió al patio para visitar la tumba de David con la esperanza de encontrarse con su amigo cruelmente abatido. Al llegar a la tumba puesta lo más alejado de la casa, con gestos de dolor se puso de rodillas, cerró los ojos y empezó a murmurar una plegaria. Las lágrimas empezaron a recorrer su rostro y la voz se rompía según avanzaba en su rezo. Al abrir los ojos volvió a contemplar a Aurora de luto, sentada a su lado con un llanto desgarrador contemplando la tumba. El entorno que le rodeaba desapareció, y en la inscripción en la madera tallada donde estaba el nombre de su amigo apareció el suyo. Alrededor de Aurora aparecía gente sin rostro llorando y maldiciendo el día que dejaron salir a sus hombres de Toledo. En el suelo empezaron a aparecer tumbas que acompañaban a la suya con los nombres de los caídos en Villalar, encabezada por la de su hermano Juan Padilla. Cerró los ojos y al volver abrirlos todo había desaparecido. Todo menos una figura que se acercaba a él con un paso tranquilo. Manuel se levantó y reconoció la cara de esa figura que no era otra que la de Juan Padilla.-

-No te preocupes por nosotros. Donde estamos ya nadie puede hacernos daño.-

Se levantó y se acercó hasta él.- No nos merecimos lo que ha pasado en Villalar. Juan le puso la mano en el hombro.

- Eso ya no importa. El pasado no se puede cambiar, pero si recordar porque se luchó y a los que perecieron allí por ello. Esa es tu misión, recordar a las gentes de Castilla, que valerosos hombres, de diferentes clases sociales, murieron por defender los derechos del pueblo.-

Manuel al terminar de escuchar estas palabras empezó a marearse y a nublársele la vista, perdiendo el conocimiento con el último recuerdo de los pasos de Juan que se alejaba de él. Al despertar se encontraba en una cama con Inés sentada a su lado y Andrés roncado en una silla a los pies de la cama.

- ¿Qué ha pasado?-

Inés que lo había cuidado desde que perdió el conocimiento se levantó y dio un golpe a Andrés que seguía roncado.

-Al rato de salir al patio perdiste el conocimiento por culpa de la herida que te había provocado fiebre, y tu amigo aquí presente te metió en la cama hace ya dos días.-

Se levantó de la cama asustado por el tiempo que había perdido.

- Me tengo que mover. No tengo tiempo que perder en estos momentos.-

Inés le impidió que se levantara.

- Tú no vas a ninguna parte hasta que esa herida se cure. Además es mejor que por ahora no salgas de esta casa. Los altercados del entierro están generando disturbios por toda la ciudad, donde el corregidor Juan de Voz Mediano busca una cabeza de turco que pague el pato, y han recibido la ayuda del Conde de Chinchón para terminar lo antes posible con la revuelta.-

Se volvió a tumbar en la cama y cerró los ojos.

- Tengo un talego lleno de monedas en la cintura del pantalón. Cógelo y utilízalo para comprar lo que te haga falta. No quiero ser una carga, y he venido a ayudaros, y cuando me recupere iré con los chicos a las tareas del campo.-

Dejó llevarse por Morfeo y volvió a quedarse dormido mientras Andrés e Inés abandonaban la habitación para dejarle descansar, no antes sin cogerle el talego de monedas para enviar a la niña al mercado, para que comprara comida para sus invitados, aunque Andrés solía escaparse de la casa sin avisar, y nunca decía dónde iba o cuando volvería. Después de unas semanas, Manuel ya podía valerse por sí mismo y ayudar a David y a Juan en el campo a la recogida del trigo. Aprovechaba los largos días al sol para contarles las batallas vividas al lado de su padre, que escuchaban encantados, y les llenaba de orgullo que su padre luchara al lado de gente tan poderosa, y fuera tratado como igual.

Cuando Inés les llamó para la comida, al entrar en el comedor se toparon con Andrés, que hacía días que no pisaba por la casa. Su rostro mostraba preocupación, y la rapidez con la que se terminaba la copa de vino tenía que ser algo muy serio. Sacó la bolsa de monedas y pidió a Ana que fuera a por más vino.

-Manuel tienes que quedarte en esta casa.-

Manuel agarró una copa, llenó la copa de Andrés hasta arriba, y después de sentarse en la mesa llenó la suya, y sin soltar la jarra se bebió el vino de la copa de un trago y la volvió a llenar.

-¿Qué es lo que está pasando?-

-El corregidor Juan de Voz Mediano, alentado por su yerno Gonzalo de Herrera, quieren expulsar de la ciudad a la mujer de Juan Bravo y a toda su familia, y planean profanar su tumba donde piensan que un traidor no puede descansar en suelo santo.-

Manuel volvió a llenar las copas y retiró el plato de comida que le habían puesto.

- ¿Sabes algo de María Coronel?-

-Pasa la mayor parte del día en la iglesia de la Santa Cruz llorando a su esposo. Solo es sacada de allí para que descanse. Cuando sus familiares creen que está durmiendo se escapa por las calles del Barrio Judío y vuelve a la iglesia.-

Se terminó la copa de vino y sin mediar palabra montó en su caballo, y salió de la casa en dirección a la ciudad, sin miedo a que fuera reconocido en busca de la viuda.

Al entrar en la iglesia, vio a un hombre con el rostro tapado, medio escondido en el arco de la puerta del interior de la iglesia. Sus ojos verdes le parecían conocidos, pero la atención la puso en la daga que había empuñado al verle entrar por la puerta. Le miró de arriba abajo, guardó la daga, y se descubrió la cabeza dejando a la vista su melena rojiza para que Manuel le pudiera reconocer. Se acercó a su lado y le susurró al oído-.

- A estas alturas pensaba que estarías muerto o muy lejos de Castilla.-

Le miró, alegrándose de que al final cumpliera sus indicaciones y sobreviviera.

- Me escondí durante un tiempo, y sabiendo que en Salamanca sería rápidamente reconocido y apresado al tener tantos enemigos deseosos de mi pescuezo, decidí bajar al sur. Aquí conseguí ganarme la vida como guardia personal de la señora María Coronel, y teniendo en cuenta las circunstancias no hay mal que por bien no venga ¿y tú? Pensaba que ya no serias más que huesos limpiados por los carroñeros.-

Reposó la pierna malherida en uno de los bancos de la iglesia.

- La suerte impidió que terminara en tal desdicha, y El funeral de Juan Bravo, y la tumba de David de Molina me han traído hasta esta ciudad.-

Varios hombres con armas entraron en la iglesia que no pasaron desapercibidos para Antonio Maldín, que volvió a taparse el rostro y agarrar la empuñadura de su espada. Manuel abandonó la compañía de Antonio y con disimulo se sentó en un banco a pocos metros de María, sin perderles de vistas reconociendo a Gonzalo de Herrera, que sin percatarse de su presencia, se dirigió bien escoltado hacia María, dejando a sus hombres a una distancia, se inclinó frente a la capilla y se sentó a su lado.

-Sois la deshonra de esta ciudad, y no descansaré hasta que todos los tuyos terminéis fuera de la ciudad o en sus calabozos, y tu marido saldrá esta misma noche como muy tarde de suelo santo para que sea tratado como se merece; alimento para los carroñeros, tirado en medio del campo, donde tendría que haber terminado.-

María Coronel durante unos minutos siguió con su rezo, y después de santiguarse, con las lágrimas recorriéndola su rostro por debajo del velo de luto; saco una daga que escondía debajo de su asiento, y se la colocó en la garganta con tanta fuerza que le hizo un pequeño corte manchándola de sangre.

-Si tantas ganas tienes de terminar con mi vida; hazlo en estos momentos sin pronunciar palabra, ya me lo habéis quitado todo. Vosotros que os escondíais como ratas cundo hablaban las espadas, ahora que no se os pone resistencia, salís como gallos para pisar los huesos de quienes murieron como señores.-

Los hombres que escoltaban al señor Gonzalo sacaron sus armas, y se intentaron abalanzar sobre María, siendo interceptados por Manuel, que se puso en medio impidiendo que pudieran acercarse más. Antonio que había pasado desapercibido, cerró las puertas del templo y propino varios golpes dejando inconscientes a cuatro de la media docena que escoltaban a Gonzalo, que no entendían lo que estaba pasando. Sin mediar palabra, Manuel tumbo a los dos hombres que quedaban en pie y volvió a sentarse. María guardó la daga y volvió con sus rezos, no sin antes entregarle un mensaje al yerno del regidor.

-Huye como estás acostumbrado a hacer, y recuerda que el pueblo armado es más poderoso que cualquier rata con títulos.-

Gonzalo salió de la iglesia sin comprobar el estado de sus hombres, la humillación sufrida no estaba dispuesto a olvidarla, y no descansaría hasta devolverla lo antes posible. María Coronel sabía que pronto tendría noticias de él.

Terminando con sus rezos, se levantó y se dirigió hacia Manuel, que volvió a sentarse.

- Gracias por vuestra ayuda, pero esto solo te va a servir para crearte enemigos.-

Manuel se levantó mostrándola su dolencia por la falta de su marido.

- Venía a deciros que el regidor os quiere fuera de la ciudad, pero eso creo que ya lo sabéis, y que los restos de Juan no están seguros en estos muros.-

María Coronel sabía que Juan siempre quiso descansar en el pueblo de Catalina del Rio, y es lo que pensaba hacer cuando pasara un poco todo esto, pero está claro que cuanto antes se haga mejor para todos.

- Será lo mejor para todos. Aunque eso signifique no poderlo volver a visitar ni en el lecho que lo guarda hasta la eternidad. Es algo que tendré que sufrir en silencio si de ese modo puede descansar en paz.-

Manuel se levantó, deseoso de cabalgar por última vez con uno de sus capitanes.

- Cuente conmigo para lo que haga falta, estoy a su entera disposición.-

-Ya he visto que conoces a Antonio, queda con él para esta media noche, y con la ayuda de varios hombres llevaros a mi marido a la iglesia de San Félix en Muñoveros, donde ya tienen preparada una tumba para él.-

Pasada la media noche Manuel salió de la casa sin hacer ruido para no despertar a Inés ni a sus hijos, que a pesar de conocer lo que iba a pasar esa noche, no les quería molestar. Al llegar a los caballos se encontró con David y Antonio, que estaban preparados para salir con él. Les miró y se acercó al muchacho.- Tú tienes que quedarte en la casa. Esto es muy peligroso y tu familia te necesita.-

Antonio se acercó poniendo la mano en el hombro del muchacho.

- Es hora que aprenda a defenderse, y que conozca la realidad de la vida para que pueda defender a los suyos. Yo me encargo de su protección.-

Manuel aceptó por no discutir con Antonio, que era terco como una mula.

- No quiero que hagas ninguna tontería, y mantente al margen de cualquier conflicto que podamos tener.-

Salieron los tres jinetes al galope hacia la iglesia, donde estarían terminando de exhumar el cuerpo de Juan Bravo. La noche traía una lluvia suave, que le hacía recordar a Manuel la fatídica noche que salieron de Torrelobatón, esperando que esa noche no se convirtiera tan trágica como la de la última vez.

Al llegar a la iglesia varios familiares de Juan habían preparado el cuerpo para su transporte. Su mujer se despidió de él por última vez, sabiendo que donde lo llevaban no podría ir a visitarle, para que nadie supiera donde realmente descansaba su marido. Con el aviso de unos centinelas que cubrían la puerta de la ciudad salieron de la iglesia al galope, para intentar recorrer la distancia lo más rápido posible sin levantar sospechas. La retaguardia de la marcha fúnebre la cubría Manuel acompañado de David, Antonio y Andrés. Que sonreía al sentir la ligera lluvia que caía sobre sus cabezas.

-La última vez que salisteis con lluvia no os salieron muy bien las cosas.- Antonio sacó una daga y apuntó con ella hacia Andrés.

- Tuvisteis suerte aquel día. Pero si estás deseoso de comprobar si hoy correrás la misma suerte que entonces, saca tu arma y lo comprobamos.-

Sin dudar sacó la espada y cuando se ponía a atacar, Manuel se puso en medio.

- Dejad vuestro orgullo para otra noche. Me da igual que os matéis entre vosotros, pero en estos momentos tenemos que mantenernos unidos hasta que acabe la noche. Mañana será otro día y por mí os podéis morir los dos.-

Los dos guardaron sus espadas y prosiguieron los pasos de Manuel sin perderse de vista el uno al otro. David no entendía lo que acababa de pasar, y sin querer preguntar decidió acercarse a Manuel, que era el que parecía más cuerdo de los tres.

La noche avanzaba, y el destino estaba cerca, cuando Andrés se percató de que les seguían una comitiva de diez hombres desde hace ya unos kilómetros, y tenían pinta de haber salido de Segovia. Manuel mandó a David a buscar ayuda en el grupo que llevaban delante para igualar las fuerzas, mientras ellos detenían su marcha y cubrían su cabeza para no ser reconocidos. Para poder actuar por sorpresa cambiaron su rumbo, y fueron hacia ellos con un trote tranquilo para intentar pasar como viajeros. Cuando se cruzaron con ellos les dieron el alto. Manuel reconoció a varios de ellos, que eran los mismos que estuvieron con Gonzalo de Herrera en la iglesia.

-Descubriros las caras y decirnos quienes sois y a donde vais, si no queréis que terminen vuestras vidas en este mismo momento.-

Con la cercanía de los soldados, los tres jinetes sacaron sus espadas hundiéndolas en el pecho de los soldados que tenían más cerca, y salieron al galope en diferentes direcciones para dividir al grupo. En su persecución salieron dos soldados por cada uno, y tres detrás de Manuel.

Andrés esperó a separarse lo suficiente y detuvo la marcha para enfrentarse a ellos. Sacó la otra espada y sonrió al cielo.

- Sentir esta lluvia sobre vuestras cabezas, que pronto limpiara vuestros cuerpos de sangre.-

Embistió con el caballo a uno de los soldados, golpeándole con el codo y tirándole de su montura. Sin dar tiempo a reaccionar, al otro jinete le lanzó una de las espadas que le impactó con el filo en el rostro. Se desmontó del caballo encarando al soldado que había derribado.- ¡Levanta y lucha!-

El soldado asustado por la merma que habían sufrido y la terrible fuerza de Andrés, soltó sus armas e intentó huir corriendo sin pensar en lo que les había pasado a sus compañeros. Andrés sabiendo que no podía dejarle con vida montó en su caballo, y al llegar a su altura te propinó una estocada que acabó con la vida de aquel pobre infeliz.-

Al regresar a la posición original se topó con Antonio que también había terminado con sus perseguidores. Solo faltaba Manuel, al que le escuchaban a lo lejos luchar con los hombres del regidor de Segovia. Cuando se acercaron hasta su posición se encontraron a David con su espada clavada en la espalda de un soldado, y a Manuel de rodillas en el suelo desarmado y con poco más de algún arañazo por la contienda. Se levantó, recogió sus armas y se dirigió hacia David, que después de terminar con la vida del soldado soltó la espada. Quedó paralizado al sentir el crujido de la piel cuando fue atravesada por su arma.

-Gracias, pero tus órdenes eran pedir ayuda y mantenerte en lugar seguro. No tenías que estar aquí.-

Andrés arrancó la espada del cuerpo inerte, y se la devolvió al muchacho que todavía temblaba.

- Deja al muchacho tranquilo, que se ha ganado nuestro respeto y el honor de su padre.-

Manuel montó en su caballo y reanudó la marcha.

- Tú tendrías que estar cuidándolo en vez de estar perdiendo el tiempo.-

Antonio que contemplaba la escena guardó sus espadas y empezó la marcha.

- Aquí el único que parece que necesita ayuda eres tú, y si quieres te dejamos al chaval como tu escolta personal. Parece que tiene talento.-

David se sonrojaba por los halagos de los hombres con los que compartía camino montó en su caballo y durante unos segundos contempló la figura que yacía inmóvil por su espada. Era la primera vez que mataba a un hombre, y sabía que ese rostro lo acompañaría durante el resto de su vida. Al llegar a la iglesia de San Félix desmontaron de sus caballos y se acercaron a la puerta de la bendita construcción, donde el cura les impidió el paso.

-Por órdenes de María Coronel solo yo sabré donde descansan los restos de Juan Bravo, para evitar posibles profanaciones de sus restos. Para todos aquellos que quieran rendir pleitesía al tan noble caballero, le dejamos esta losa a las puertas de la iglesia, que solo los verdaderos amigos y comuneros sabrán que sus restos descansan en una población donde realmente pudo disfrutar de la libertad, que esperemos que consiga su alma.-

Al dar unos pasos hacia atrás y contemplar la losa del suelo, pudieron leer una inscripción bañada por la suave lluvia que caía esa noche.

"C.J.V. ESTÁ AQUÍ"

TOLEDO

08 - Febrero - 1523

Por fin de vuelta a casa. En el horizonte podía contemplar las murallas de Toledo donde esperaba encontrarse con Aurora. Era conocedor de los altercados sucedidos en la ciudad después del descalabro en Villalar, pero todo eso era pasado y ya nadie podría volver a separarlos. Su corazón se iba alterando a cada paso que lo acercaba a la ciudad donde nació y se casó con la mujer más preciosa del reino, la espera valdría la pena, si al final volvían a entrelazarse sus cuerpos, en un ritual donde sus almas unidas al nacer, volverían a encontrarse para no volver a separarse jamás.

Al cruzar los muros se encontró con una ciudad fría, con graves destrozos en sus viviendas por las continuas contiendas, la poca gente que circulaba por las estrechas calles llevaban caras serias y la mirada baja, se cruzaban con Manuel sin apenas prestarle atención. Tenía la sensación de haber entrado en otra ciudad diferente a la que él recordaba, el paso del tiempo había hecho estragos en una ciudad que a pesar de las desdichas, aguantó sublevada más que cualquier otra, creando tales odios entre los vecinos que nadie se fiaba de nadie por miedo a las represalias.

Manuel no pudo viajar a Toledo hasta que el rey dio el perdón general a todos los comuneros, exceptuando a doscientas noventa y tres personas, en la que no estaba Aurora ni él, pero si María Pacheco, de la que conocía que había huido a Portugal. Suponía que su perdón y el de Aurora eran simplemente por no pertenecer a una casa noble, ni se molestaban en incluirles en una lista donde todos eran nobles o de casas influyentes.

Seguía su marcha en busca de la casa de Juan Padilla, donde si no la encontraba esperaba que le dijeran si marchó con María o si por lo contrario se había ido a otra ciudad para empezar una nueva vida, donde esperaba que no fuera reconocida por servir a María Pacheco. Al llegar a la casa se encontró con un solar adornado con una columna de mármol en el medio que portaba una placa. Miró a su alrededor buscando una explicación de lo sucedido en aquel lugar. Se postró de rodillas en medio del solar y cerró los ojos para retroceder al pasado, y recordar todos los grandes momentos que había pasado en aquel mismo lugar donde jamás podría volver a disfrutarlos. Por su espalda se acercó un hombre que reconoció a Manuel.

-Esto es lo único que hemos conseguido por una lucha que solo ha traído la deshonra a la familia.-

Manuel se levantó, y por primera vez desde que llegó a la ciudad pudo contemplar una cara conocida, al que podía preguntar dónde se encontraba su mujer.- ¿Qué ha pasado aquí?-

Contempló a Manuel cómo si de un fantasma se tratara.

- El doctor Zumel en represalia por las continuas alteraciones del orden público por parte de María, no dudó en derruir la casa de mi familia en cuanto se hicieron con el control de la ciudad.-

-Y Aurora ¿sabes que ha sido de ella? ¿Se fue con María a Portugal?-
Gutiérrez López le puso la mano en el hombro y le miró directamente a los ojos.

- Fue apresada en una de las revueltas, y lo último que supe de ella es que fue torturada por su cercanía a María hasta su muerte.-

El rostro de Manuel se desencajó al no entender por qué el señor no le había dejado morir si a su vuelta la persona más importante de su vida ya no estaba, y la única manera de reunirse con ella era hallando la muerte sin ser provocada por el suicidio, donde sería condenado al infierno y no podría reunirse con ella.

-¿Sabes dónde descansa sus restos?-

Preguntaba desconsolado para que por lo menos pudiera saber dónde ir a llorar su perdida.

-Nadie sabe donde descansan sus restos. He intentado averiguarlo, pero no me quieren decir nada, y dejé de insistir para que no me tratasen de traidor-. Montó en su caballo y miró a Manuel por última vez.- El apellido Padilla se ha vuelto una vergüenza para el reino, y su pronunciamiento es digno de traición. Esto es el legado que nos ha dejado mi hermano. Intente recuperar la casa de mi padre, pero ya ves lo que han hecho con ella, ahora tengo que mendigar escondiendo mi apellido para poder vivir, y no pasa el día en el que se me tache de traidor y se me quiera juzgar por ello. Abandona estas tierras y empieza una vida fuera de estos muros, si alguien te reconoce acabaras en los calabozos donde han terminado muchos comuneros arrancados de sus casas en plena noche.-

Sin dar tiempo a réplicas por parte de Manuel marchó esperando no volver a verlo jamás. Él, Aurora, María y Juan habían destrozado su vida y se merecían la muerte o el destierro, para que sintieran en sus carnes las humillaciones que sufría el cada día. Mientras él viviera, se iba a encargar de que no llegara ninguna noticia a Portugal de que Manuel seguía con vida. El encuentro que había tenido con él, no se lo contaría a nadie para que todos los que le conocían siguieran pensando que murió en Villalar, de donde no tendría que haber salido con vida.

Manuel abandonó la villa con la losa que suponía que por demorar tanto su vuelta junto a la mujer más bella que jamás había conocido, no le brindaría una nueva mirada, que la que le pudiera proporcionar su subconsciente, como la llevaba recordando hasta el momento, donde su verdadero rostro y sentimientos no podría ser más que un amargo recuerdo. Se sentía como si le hubieran arrancado el corazón del pecho y tirado como un excremento en el suelo de la entrada de la ciudad, siendo pisoteado sin motivo.

Su pena lo llevó a recorrer el territorio sin destino, esperando que en la próxima parada los ojos azules de su mujer le iluminaran su oscura vida. El alcohol se convertía en su fiel compañero, que le liberaba su mente de tan trágica desdicha. La lucha por el pueblo se había convertido en un infierno, donde su alma errante sin sentido en busca de una taberna, donde acabar con las voces que golpeaban como un martillo, dispuesto a romper el portón más grande y profundo que cualquier villa añoraría poseer. Arrancado de sus manos el amor de su vida por pertenecer a una lucha que por traición, egoísmo o simple apatía, le despojo de su bien más preciado. Como encontrar un motivo para dar la siguiente bocanada de aire, sin que el simple oxígeno duela más que una lanza clavada en el costado, sin encontrar el corazón en su intento de terminar con la vida. Que importaba quien era o porque luchaba, si todos los que se mantuvieron a su lado habían perecido o encarcelado para pudrirse en mazmorras sin que nadie reclamara su cuerpo.

LA COMUNERA

OPORTO

Marzo-1531

Aurora se despertó del sillón de madera vieja colocado a la derecha de la cama donde descansaba su señora. Después de varios días sin moverse, pudo observar cómo se levantaba y caminaba con dificultad hacia la ventana del cuarto. Llevaba varios días con dolores fuertes en un costado, que apenas la dejaban ni comer, debilitándola más si cabía. Su estado desde la muerte de Juan Padilla fue deteriorándose con el tiempo y agravándose con la muerte de su hijo, pero jamás la había obligado a quedarse acostada tanto tiempo, por lo que Aurora pasaba las veinticuatro horas del día sin separarse de su lado.

-Es mejor que no te levantes.-

Abrió las contraventanas de madera para contemplar cómo se asomaba el sol por detrás de las montañas, que con el paso de los minutos las iba dejando, para dar vida a un nuevo día.

-Necesito ver salir el sol por última vez. Sabes bien que para mí está todo escrito en esta vida, convirtiéndose hoy en mi último capítulo, lejos de mi marido y la tierra que me vio nacer.-

Contempló el horizonte durante unos minutos, e invitó a Aurora a que disfrutara junto a ella de ese último amanecer. Aurora preocupada se puso a su lado junto a la ventana. Se agarró a ella, empezándole a brotar lágrimas de los ojos.

María no quería acompañar las lágrimas de su amiga, por lo menos de momento. Quería disfrutar un poco más de la vida.

- No llores por una enferma que solo te ha dado trabajo y disgustos en tu corta vida. Por fin eres libre de poder elegir tu camino. Vuelve a Castilla si quieres, mi hermana te acogerá en su casa.-

Aurora giró su mirada para cambiar de paisaje, y contemplar el inmenso mar que le ofrecía la maravillosa localización de la habitación.

-Sin ti mi vida será como un barco que zarpó de puerto hace años, y no es capaz de volver a tierra.-

Después de salir de Toledo donde dio a Manuel de Linares por muerto al no recibir ninguna carta de él, solo la quedaba María, quien con su fuerza y coraje la había mantenido con la mente despejada de todo sufrimiento. Pero esa energía positiva de una mujer que lo había perdido todo, era suficiente para elevar hasta al peor de los moribundos sentenciado a muerte por robar un pedazo de pan para dar de comer a su familia. Tenía que ser fuerte y demostrar a la señora que la dio total libertad, y la trató como a una igual, para poder devolverla un poco de su energía en su último día.

María después de sentir la brisa del mar golpear su rostro por última vez, se dirigió de nuevo a la cama donde se volvió a echar, sacando un papel que guardaba cerca de su corazón, para entregárselo a Aurora.

-¿Qué tal llevas las clases de escritura y lectura?-

Se sentó a su lado en la cama, acostándose sobre el cabecero de forja para coger el papel que sostenía, y poder sentir el calor de la mejor amiga que jamás había podido desear.

- Todos los días escribo una hora por lo menos, como me dijiste.-

María reposó su cuerpo sobre su amiga y cerró los ojos, para escuchar con atención la carta de Juan Padilla, que con tanto cariño guardaba cerca de su corazón.

- Necesito escuchar en tu voz las últimas palabras que me concedió mi marido antes de morir, para que fueran grabadas en la eternidad, sin importar donde estuviera para que siempre las pudiera escuchar.- Aurora desdoblo el papel con el más sumo de los cuidados, y después de limpiarse las lágrimas que inundaban sus ojos, empezó.

- Señora-. El llanto le cortaba las palabras, teniendo que detenerse durante unos segundos para poder coger aire, para poner toda el alma en dar a su querida María unas palabras que podían acercar a Juan Padilla junto a su amada, en este día tan trágico.

-Señora-. Empezó de nuevo.- Si vuestra pena no me lastima más que mi muerte, yo me tuviera enteramente por bien aventurado. Que siendo a todos tan cierto, señalado bien hace Dios al que la da tal, aunque sea de mucha plañida y del recibida en algún servicio. Quisiera tener más espacio del que tengo para escribiros algunas cosas para vuestro consuelo: ni a mí me lo dan, ni yo quería más dilación en recibir la corona que espero.-

Suspiró he intentó mantenerse afanosa, mientras contemplaba como la mujer más fuerte que había conocido poco a poco se derrumbaba con cada palabra que salía de sus labios. Se llenó de fuerzas para no arrancar a llorar y prosiguió con el texto.

-Vos, señora, como cuerda llora vuestra desdicha y no mi muerte, que siendo ella tan justa, de nadie debe ser llorada. Mi ánimo, pues ya otra cosa no tengo, dejo en vuestras manos. Vos, señora, lo haced con ella como con la cosa que más os quiso. A Pero López, mi señor, no escribo, porque no oso, aunque fui su hijo en osar poder la vida no fui su heredero en la aventura. No quiero más dilatar, por no dar pena al verdugo que me espera, y por no dar sospecha que por alargar la vida alargo la carta. Mi criado Sossa como testigo de vista, e de lo secreto de mi voluntad, os dirá lo que aquí falta; y así quedo dejando esta pena, esperando el cuchillo de vuestro dolor y de mi descanso.-

Durante unos minutos las dos mujeres permanecieron echadas dando paso al tiempo, esperando que fuera suficiente para apaciguar el dolor que en esos momentos sentían. Conocedora de su escaso tiempo María se repuso; tenía órdenes que dar, dejando el dolor espiritual para otro momento.

-Llama a Diego Figueroa y a Diego Sigeo, que tengo que pedirles unos preparativos, y cuando ellos abandonen la habitación me gustaría pasar un rato más contigo.-

Aurora la entregó la carta, y con un gesto con la cabeza accedió a la petición de María. Le hubiera gustado contestarla, pero el dolor que padecía no la dejaba pronunciar ninguna palabra.

Cuando los dos criados entraron en la habitación cerrando la puerta a su paso, Aurora se abalanzó sobre Hernán, que la contemplaba angustiado por el gesto con el que salía del cuarto. Por muy mal que se encontrara, siempre salía con una sonrisa que la duraba varios días, pero hoy eso era muy diferente. El llanto tan desesperado no presagiaba nada bueno. Cerró los ojos y la abrazo con fuerza, esperando ser suficiente sustento para tanto desconsuelo. Cuando las lágrimas dejaron de brotar de sus ojos, más por deshidratación, que por superación de la pena, alzó la cabeza y miró al joven.

-María se muere.-

La volvió a abrazar con fuerza y reposó su cabeza sobre la de Aurora.

- Tenemos que ser fuertes y mantenernos serenos hasta sus últimos momentos, dándola toda nuestra alegría para que parta tranquila.-

Aurora se secó las lágrimas con la manga del vestido de luto que lucía, se bajó a la planta inferior para abrazar a su hijo, y a pesar de todas las desdichas vividas, contemplar el rostro por el que tenía que seguir siendo fuerte. Hernán que jamás la había perdido de vista desde la salida de Toledo, se acercó a ella.

-Yo seguiré a vuestro lado, sin importarme las decisiones que elijas o cuál será nuestro destino.-

Al conocerle, pensó en otro arrogante desdichado, dispuesto a luchar con todo hombre que se atreviera a llevarle la contraria, sin pensar en las consecuencias de sus actos, pero pronto conoció a esa otra persona, que sin esperar nada a cambio, se desvivía por ella, y sobre todo por su hijo, al que lo trataba como si fuera suyo.

Volvió a subir a la planta superior donde colocó una silla al pie de la puerta, y se recostó, para recordar todos los momentos inolvidables junto a María a lo largo de su vida, haciendo un alto en sus recuerdos, cuando salieron de Toledo. Con una basquiña de estameña, enfornada en martas, con su cuerpo y mangas estrechas, y encima una saya, y sayuela de buriel y apretada una toalla de lino y un sombrero viejo en la cabeza, y el calzado al tenor, me cogió de la mano y a recostándose, salimos de la iglesia. Empezamos a recorrer las calles hasta llegar a la puerta del Cambron, que estaba custodiada por guardias. Yo me detuve con el miedo de que fuéramos descubiertos, pero ella tiró de mí, cruzando por medio de los guardias. Uno de ellos clavó su mirada en el rostro consumido y blanquecino de María, sin pronunciar palabra se giró, y dándola una reverencia discreta se acercó a los demás guardias y los entretuvo, mientras nosotras cruzábamos las puertas. María me susurró al oído.

- En esta ciudad todavía quedan hombres de bien-. Y con un suspiro de nostalgia, continuó el paso, sin devolver una última mirada a la ciudad, que de muy buena mano sabía que jamás la dejarían volver, y como intuyó, en este día fatídico nos encontramos, contando los minutos para su desgracia.

La puerta se abrió, saliendo con premura de la habitación Diego de Figueroa y Juan de Sosa, seguido con un ritmo más tranquilo Diego Sigeo, que con la pluma y papel en sus manos, marchaba con las anotaciones que les había procurado María. Aurora se levantó de la silla, y con miedo a encontrar el cuerpo sin vida de su señora, asomó la cabeza, pudiendo contemplar que se encontraba recostada del lado dolorido y con los ojos abiertos, cruzó el umbral de la puerta cerrándola a su paso por petición de María.

Se sentó en la cama, para que María, pudiera acomodar su cuerpo en sus piernas, queriendo sentir en esos momentos el calor de un ser querido.

-Aurora, tú eres la única que puede cumplir mi último deseo, sin que pueda ser frustrado en el intento.-

Aurora la acariciaba su melena, para proporcionar la paz al intenso dolor que la infligía el costado.

- Pídeme lo que quieras, que por mi hijo te prometo que lo cumpliré sin reservas.-

Cerró los ojos para que la muerte se hiciera con su alma de forma pacífica.

- Lleva mis restos, cuando sean consumidos, junto a los de Juan en donde se hallen, para que nuestras almas se junten en el descanso eterno-. Con estas palabras, su pulso, se paró, dando su último aliento, con la esperanza de descansar donde hacía tiempo deseaba.

Aurora consciente que la vida de su señora había llegado a su fin, se mantuvo inmóvil, arrancado a llorar de manera desconsolada, sabiendo que jamás volvería a tener a su mejor amiga a su lado. Se aferró a ese último momento, donde sus cuerpos permanecían juntos como en muchas noches, donde María padeciendo dolores, dormía recostada junto a ella, y Aurora la contemplaba toda la noche, viéndola despertar por la mañana, que era lo que estaba esperando en vano en ese mismo momento. Sabedora que era consciente que nada ya podía hacer por su vida, pensaba cumplir su último deseo, aunque perdiera la vida en el intento. Lo único que no podrían arrebatarla era el tiempo vivido juntas, y contaría las hazañas a todos los que encontrara a su paso de la mujer más fuerte y valerosa que jamás había tenido el reino de Castilla, que hasta el mismísimo emperador le tenía tanto miedo, que ni muerta la quería en sus tierras, por si su alma iniciara un nuevo levantamiento del pueblo al que solo las mentiras y el miedo pudieron apaciguar.

Hernán que a pesar de ser soldado de batalla donde la muerte la había vivido de cerca, no fue capaz de apaciguar las lágrimas que corrían por su cara, al escuchar el llanto desconsolado de Aurora, al estar situado al otro lado de la pared para dar la intimidad. Esperó hasta que se deshizo de su propio dolor hacia quién se convirtió en una madre para él, para intentar consolar a Aurora, a la que abrazó con fuerza el tiempo que fuera necesario, sin demostrar signos de flaqueza para intentar sostener el dolor que padecían.

- Por fin descansará en paz.-

Aurora siguió asumida en su llanto.

- No, todavía su alma no descansa, y en mí esta que pueda conseguir lo que la arrebataron en vida. Necesito que hagas algo por mí.-

Estaría dispuesto a entregar la vida por ella si se lo pidiera.

- Pídeme lo que quieras.-

Alzo la cabeza con los ojos inundados en lágrimas y lo miró fijamente.

- Tienes que volver a Villalar para averiguar donde reposa el cuerpo de Juan Padilla, para llevar los restos de María a su lado.-

Las lágrimas volvieron a brotar de los ojos de Hernán, al contemplar los ojos azules de Aurora consumidos por el dolor.

- Cuando termine el funeral de la señora, partiré, para complacer tu petición y poder ayudar a trasladar su cuerpo.-

Aurora se soltó de sus brazos, colocándose de rodillas al pie de la cama, para rezar plegarias a su señora, mientras Hernán abandonaba la habitación para dar la mala noticia.

"SI PREGUNTAS MI NOMBRE, FUE MARÍA;

SI MI TIERRA, GRANADA; MI APELLIDO

DE PACHECO Y MENDOZA, CONOCIDO

EL UNO Y OTRO MÁS QUE EL CLARO DÍA;

SI MI VIDA, SEGUIR A MI MARIDO;

MI MUERTE, EN LA OPINIÓN QUE EL SOSTENÍA.

ESPAÑA TE DIRÁ MI CALIDAD,

QUE NUNCA NIEGA ESPAÑA LA VERDAD.

La noche inundaba las calles de Oporto a poco de la nochebuena en el mil quinientos treinta y seis de nuestro señor. Aurora esperaba la llegada de Hernán, contemplando la tumba de María, que se había destapado para recoger sus restos, para poderlos llevar al Monasterio de la Mejorada en la villa de Olmedo, donde Carlos I había llevado el cadáver de su marido, para evitar peregrinaciones a su tumba. Se arrodilló para contemplar los restos del vestido de luto, que la había acompañado desde la muerte de Juan Padilla.

Hernán se acercó sin apenas hacer ruido para avisar a Aurora de su llegada, para apremiar la exhumación del cuerpo sin llamar la atención de más que los que ya estaban implicados. Todo sucedió con rapidez. Colocaron de nuevo la losa encima del sepulcro vacío, donde se podía leer la inscripción:

MARÍA, DE ALTOS REYES DERIVADA,

DE SU ESPOSO PADILLA VENGADORA,

HONOR DEL SEXO, YACE AQUÍ ENTERRADA.

MURIENDO EN PROSCRIPCIÓN SE VIO PRIVADA

DE IR, CUAL QUISO, A LA TUMBA DE SU ESPOSO;

PERO SOUSA Y FICORHOO SUS CRIADOS

LE PROCURARON SEPULCRO REPOSO.

LUEGO QUE EL CUERPO CONSUMIDO FUERE,

BAJO UNA LOSA DEBEN VERSE UNIDOS

LOS RESTOS DE CONSORTE TAN QUERIDOS.

-Por fin tus deseos serán cumplidos-. Suspiró Aurora al recordar a su vieja amiga. Cargaron las mulas y como si fueran una marcha de mercaderes, salieron de la ciudad que les había brindado refugio durante tantos años, pero ahora tenían que volver a su tierra para cerrar antiguas heridas y dar por finalizados antiguos juramentos. Manuel hijo de Aurora, cabalgaba al principio del grupo, acompañado de Hernán que durante todos estos años le enseñó a montar y a defenderse con la espada. La tierra donde iban le generaba confusión, a escuchar hablar de ella con gran dolor y pesar, y otras veces con melancolía, dejándole en una duda que pronto descubriría.

-Por fin conocerás la tumba de tu tío.-

A Manuel siempre le habían hablado de Juan Padilla como hermano de su padre, a pesar de no tener lazos de sangre. Desde pequeño siempre le contaron que los mejores parientes, eran los que permanecían a tu lado y no los te había dado el señor.

-¿Y la de mi padre, también la podre visitar?-

Hernán le palmeo en el hombro.

- Tu padre no pudo recibir santo sepulcro, al no saber que pasó con su cuerpo.-

Aurora le hablaba mucho de quien era su padre y lo importante que fue en la lucha comunera. A pesar de su luto, jamás hablo de él como si hubiese fallecido, con la esperanza de que aún siguiera con vida. Durante días viajaron en busca de Olmedo, hasta que el camino les llevó a la fatídica Villa, donde los sueños comuneros fueron pisoteados y enterrados en el barro provocado por la intensa lluvia. La noche empezaba a caer, y a pesar de los intentos de Aurora de seguir la marcha hasta Tordesillas, Hernán la convenció para descansar en una posada a las afueras, para refugiarse de las intensas heladas que solían acompañar a las noches en el mes de diciembre por esas tierras.

La mañana siguiente Hernán se levantó con el canto del gallo, para refrescar su memoria de lo que un día vivió en aquella villa. Al cruzar la puerta que le llevaba a la calle, se topó con la niebla típica de la parte vieja de castilla, donde los caminos se confundían si no habías conocido antes el terreno. En la cuadra aguardaban Aurora y Manuel, que sufriendo tanta desdicha por lo sucedido en aquel lugar necesitaban conocerlo por primera vez. Aurora se montó en su caballo y mantuvo la mirada firme en Hernán.

-Tú nos has traído hasta esta villa sin necesidad-. Hernán bajó su mirada.- Pero ahora lo entiendo y te doy las gracias.-

Salieron con paso ligero, esperando que la intensa niebla desapareciera en algún momento, para poder encontrar la villa que solo estaba a medio kilómetro de la posada. Sus ropas se mojaban, transformándose en hielo por el frío, dejando sin palabras al joven Manuel, que jamás había contemplado tal fenómeno de la naturaleza. Al llegar a la plaza, los tres jinetes descabalgaron donde fueron ajusticiados los capitanes comuneros. Hernán recordaba cuando perseguido por numerosos soldados del rey, después de haber tomado preso a Juan Bravo, montó a caballo siguiendo la estela de David de Molina, intentando salvar la vida bajo el aguacero que caía sobre sus cabezas.

Aurora se colocó de rodillas, y cerrando los ojos en dirección a la iglesia, empezó a recrear el cadalso montado justo donde se había colocado, contemplando como Juan Padilla y Juan Bravo subían escuchando las palabras de traidores que tanto dolía en sus almas. Se levantó y se acercó a Hernán.

-Llévame donde capturaron a Padilla. Necesito saber en dónde murió Manuel.-

El hijo de Aurora se quedó petrificado al escuchar por primera vez de boca de su madre que su padre había muerto, aquel sitio la había enseñado la realidad que durante tantos años no había querido ver, y Villalar se lo había mostrado.

Al llegar a la explanada donde el magnífico ejército popular perdió su fe y a sus líderes. El sol alumbraba, dejando la niebla sin opción de tapar el lugar donde la fe del pueblo se perdió, para que nuestro señor lo pudiera contemplar. Recordando que con un poco de su ayuda, aquel lugar maldito para el campesino, seria tierra santa de una vida donde todos los hombres podían llegar a ser un poco más iguales. Aurora buscó la orilla del río Hornija, mientras Hernán se llevó a Manuel para enseñarle donde se situó en la embestida de la caballería realista. Pudiendo dejar a Aurora sola en aquel lugar tan significativo para ella. Cerca del río donde por muchos años que habían pasado, sentía a Manuel a su lado, encontrando un sitio donde parecía sentir su alma, miró el río y sentándose lanzó una piedra.

-En esta tierra maldita para mí. Tú desapareciste de la historia sin importarle a nadie más. Tú fuiste un número más, donde nadie se preocupó en enviar al menos una carta, unas palabras o un simple yo lo vi morir. Como me gustaría poder utilizar el tiempo para mi voluntad y poder retroceder hasta un día antes, para escondida bajo una túnica pudiera convencerte de que abandonaras la causa, hulleras como muchos otros, a pesar de un destierro o simplemente pasando desapercibido por no tener nobleza, podríamos hoy reposar junto en este río y poder contemplar a tu hijo corretear, pensado en ser un comunero que por defender la causa luchara contra numerosos jinetes, derribando hasta al propio rey si se le pusiera delante-. Las lágrimas empezaron a recorrer sus mejillas, esperando que el desahogo del lugar la liberaría de un dolor que ningún médico podía sanar.- Sé que solo son conjeturas. Que jamás por mucho oro, tu amado mío, hubieras abandonado a Juan y si lo hubieras hecho, no serías el hombre del que me enamoré. Necesitaría volver atrás, aunque solo fuera unos segundos en este mismo sitio, para poder descansar mi cabeza en tu pecho y poder sentir el latido como en la noche de nuestro casamiento, donde la pasé despierta, escuchando el tic-tac de tu corazón sin importar lo que pasaría el día siguiente.-

En la otra punta de donde un día fue un campo de batalla, donde pocos recuerdan o prefieren no recordar, se encontraba Hernán colocándose en el mismo lugar donde fue embestido por el ejército real, a pesar de las pocas posibilidades de no ser herido, contempló a sus compañeros caer por la fuerza de los caballos. Él se mantuvo, a pesar de la escasa visibilidad del agua, derribó a varios soldados; la ventaja de haber vivido la batalla y haber sobrevivido, era poder adornarla, recreando escenas que no pasaron.

-Mira Manuel. En este mismo lugar, el veintitrés de abril de mil quinientos veintiuno, estuve junto a tu padre, en primera línea para detener la embestida de la caballería-. Quería que aquel muchacho que no pudo conocer a su padre se sintiera orgulloso.- Los nobles llenos de ira por perder sus privilegios, encabezaban la marcha de soldados engañados, para someter al pueblo bajo su látigo, pudiendo dar cuenta en todas las villas, que jamás serian iguales a ellos.-

El heredero de Manuel de Linares, se imaginaba las escenas que le iba narrando Hernán como si fuera su padre, en aquel campo de batalla.

-Después de horas luchando bajo el agua y atacándonos los jinetes por todos los flancos. Tu padre al lado de su hermano Juan Padilla, arremetieron con todas sus fuerzas, haciendo dudar a los nobles, que hasta ese momento se sentían victoriosos. Al no poder seguirles por ir a pie, los perdí de vista y nunca más los he vuelto a ver.-

Mirando la explanada que tenían a sus pies, se agachó cogiendo un poco de tierra helada por el frío, esperando sentir el calor de su padre.

– ¿Tú como escapaste de tal desastre?- Hernán agacho la cabeza y con mirada melancólica respondió con pena.

- Como sobrevivieron los cobardes, huyendo cuando todo estaba perdido y gracias a la bondad de un hombre que entregó su vida solo para que me salvara.-

-¿Y recuerdas donde murió ese hombre?- Hernán montó en su caballo e incitó a Manuel a que lo siguiera. Se apartaron del campo volviendo a envolverse en la niebla, sin apenas ver donde iban, se detuvo en seco.- Este es el punto donde el Señor David de Molina me otorgó más tiempo en estas tierras-. Manuel se acercó a su lado y con un susurro le animó.- Gracias a ese buen hombre, yo tengo a alguien que sin ser mi padre, me apoyó y me educa como si lo fuera. Gracias.-

Esas palabras, justo en el punto donde se encontraban, le demostraron que aquel segoviano de impresionante valor dio la vida por el bien de aquel muchacho, donde su familia fue condenada en Villalar. Cuando volvieron a la explanada, Aurora seguía sentada junto al río, aprovechando el calor que la proporcionaba el sol, que les seguía permitiendo contemplar el lugar donde con deseos esperaba encontrar a Manuel vagando por aquellas tierras, buscando un recuentro, que hasta ese día permanecía intacto.

-Aurora. Tenemos que irnos, o por lo menos volver a la posada-. Sin moverse del sitio contestó.

- Id vosotros, que yo necesito un poco más de tiempo-. Los dos hombres montaron y marcharon a la posada, a la espera de la vuelta de Aurora. Sabedora que jamás volvería a pisar esa villa más por dolor que por sus paisajes y gentes, quiso permanecer en aquel lugar como un acto fúnebre, pudiéndose despedir del único hombre que amaba y amaría durante toda su vida, hasta que el señor la reclamara, pudiendo volver a los brazos de Manuel, con el que por una guerra apenas pudo convivir a su lado, y juntos contemplar como su hijo se había convertido en un hombre de provecho, al poder convivir con una gran señora aprendiendo lectura y escritura en varios idiomas, entre ellos el latín al que era muy hábil en pronunciación y escritura.

Tenía muchas preguntas que lanzaba al aire, esperando que alguien que pasara por la ribera pudiera contestar, pudiendo esclarecer donde se encontraba el cuerpo que tanto ansiaba tocar, pero nada ni nadie la respondían. Ese lugar tenía que ser el fin de un amor al que solo podría tener en sus pensamientos, donde la imaginación podría cambiar la historia, pudiendo ponerle a su lado, durante todos esos años.

Volviendo a la posada reanudaron la marcha, para cumplir los sueños de una señora que se merecía los honores de volver junto su marido, que desde hace años gozaba de su compañía en la otra vida y de la de su hijo, que seguro la contemplaba desde el cielo, para ver como los restos de sus cuerpos se volvían a unir. Giró la cabeza, y con la niebla ya levantada con el paso del mediodía, contempló el lugar donde la plebe perdió el derecho a defender su libertad, con la caída del yugo forjado por los nobles, que vivían a costa del pueblo, inculcado por el miedo. Con desprecio y sin juicios, decapitaron a sus capitanes más valerosos, destruyendo y saqueando las ciudades que por la libertad, sufrieron vergüenza y repudia de los soldados viejos, que por falta de fondos saquearon las casas, para poder cobrar sus servicios. Los conspiradores que se escondían, esperando su momento, entregaron a sus vecinos para ser recompensados por unos nobles que nada les debían y nada les darían, más que la herencia de los pagos de la guerra.

El viaje tornaba a su fin, al contemplar las poderosas puertas del monasterio, situado a pocos kilómetros de la villa castellana de Olmedo. María Pacheco, en la más absoluta clandestinidad, se volvería a encontrar con su marido. No había honores, ni grades nobles, preparando una gran misa o un convite, donde se recordaría a los difuntos con grandes hazañas. Por el contrario, apenas contaría con media docena de hombres, que acompañaban a Aurora, sin saber a quién transportaban, haciéndolo solo por la paga que recibirían a la llegada del monasterio.

Aurora entró en la capilla del crucifijo, mientras trasladaban los restos de María junto a los de Juan Padilla. Se puso a rezar por sus almas, recordando las buenas intenciones que buscaban en su cruzada. Para ella, era la despedida de los únicos familiares que tuvo en esta vida, convirtiéndose ese día, en un punto de inflexión, cambiando su vida de tercio, donde en ese monasterio se enterraba todo su pasado, incluido a Manuel de Linares. Dispuesta a pasar el resto de sus días en Olmedo, donde podía visitar cuando quisiera la tumba de sus señores. Donde no tendría problemas de dinero, al recibir hace unos años una cuantiosa suma de parte del hermano de María, que también pagó las misas durante muchos años en Oporto, en recuerdo de las almas de María Pacheco y Juan Padilla, pudiendo ser recordados durante siglos, aunque fuese fuera de su patria.

Aurora se encontraba en medio de la sala arrodillada, dejando pasar las horas mientras la luz del día desaparecía, los monjes llenaban la estancia de velas, para poder ver y sacar un poco la niebla, que arrastraba la oscuridad que se metía por las puertas. Ella no prestaba atención a lo que sucedía a su alrededor, entrando en trance para poder despedirse de María. Cuando sus plegarias llegaban a su fin, sintió una presencia conocida, que se acercaba con una leve cojera, sentándose en el banco al lado de Aurora. Giró la mirada, sin poder ver su cara, por estar tapada detrás de la capucha de una capa larga que le cubría. No sabía quién era, pero su presencia la llamaba la atención, teniendo la sospecha de que le era conocido. La tarde transcurría y ninguno de los dos se movía del sitio. Aurora volvería sola a la villa, al haberse ido Hernán y su hijo, a preparar la casa donde pesaban pasar el resto de sus vidas.

Aurora se levantó, y se sentó junto al hombre que la hacía compañía en aquella sala iluminada por las tenues velas que daban luz y sombras por igual, dando la falsa ilusión de encontrarse en una sala llena de gente, dando sus continuos paseos que generaban sombras. Había podido distinguir en su rostro, una enorme barba negra con mechones blancos, que se abrían paso por el desgaste del tiempo. Sus pobladas cejas mostraban una gran cicatriz por algún conflicto pasado, dejando el ojo izquierdo medio cerrado, tapando su ojo marrón. No cambió la mirada con el acercamiento de Aurora, aunque se le veía nervioso. Aquel hombre no pertenecía a ese monasterio, y Aurora se había encargado de que nadie supiera lo que iba a pasar en aquel lugar. Empezó a temer que el emperador se había enterado, y había llevado a aquel hombre a desunir los cuerpos de sus señores.

-Raro destino para un guerrero en estas fechas-. Daba por hecho que se trataba de un soldado, por las diversas cicatrices de guerra.

Sin dejar ver su rostro se levantó, mostrando una espada que escondía la capa. – Vengo a suplicar perdón y deshacer lo que mi espada infringió.-

La voz era conocida para Aurora, pero bastante más ronca de lo que ella recordaba, a pesar de su familiar tono, no era capad de saber a quién pertenecía.

- ¡Muestra tu rostro, y di a que vienes, a este sitio de paz armado!- Gritaba esperando que aquel hombre se descubriera antes de sacar su arma.

Aquel extraño se sentó, continuando con el rostro tapado.

- No temas por tu vida. Sé a qué has venido y no voy a impedirlo. Solamente quiero dar las últimas oraciones a dos personas que no se merecieron tanto castigo ni vergüenza.-

Aurora se sentó, intentando reconocer a aquel hombre que no quería enseñar su cara, al que sentía como alguien muy querido. Sin entender lo que estaba pasando cerró los ojos, decidiendo dejar pasar el tiempo poniendo su mente en blanco, para no pensar en nada, hasta que un nombre le vino a la cabeza, haciéndola estallar de júbilo.

-¡¡¡ ¿¿Manuel??!!! ¡No puedes ser tú!-

EL NUEVO MUNDO

SEVILLA

05-Marzo-1523

Manuel se asomó por estribor para contemplar cómo se alejaban las tierras, donde el dolor le acompañaría en cualquier punto geográfico. No viajaba solo, pues Antonio y Andrés cansados de pelear por sueldos que nunca llegaban a pagarse, decidieron seguirle con la esperanza que los rumores de riquezas de la Nueva España fueran ciertos, pudiendo vivir de mejor manera que en España. Conseguir plaza en aquella nao no fue sencillo. La escasa población del territorio, obligaba a muchos a no embarcar, al poder quedar la península sin población, pudiéndose convertir en fácil conquista para cualquier invasor. A pesar de la gran cantidad de maravedís, que ofrecidos por Andrés para pagar las plazas, el veedor de la nao no quería meter a más soldados, que solían dar muchos problemas, sabiendo que los nobles les necesitaban en la frontera de Francia. Suerte que un comerciante que viajaba con su mujer y su séquito, para sus necesidades interpuso por nosotros, con la condición de servir como sus protectores hasta su instalación en Cuba, donde esperaba ganarse la confianza del gobernador, pudiendo hacer negocios que tan mal le habían ido en Sevilla.

Manuel al girarse, contempló como la cubierta de la nao estaba repleta de gente, que ansiaba una nueva vida. Apenas se podía caminar entre la multitud, y no quería ni pensar cómo se podía dormir, si no había espacio ni estando de pie. Se dirigió a empujones en busca del tonelero, para conseguir un trato especial en la entrega de vino. Sacó una moneda de oro del bolso.

- Solo quiero que tengas un buen viaje.-

El tonelero mordió la moneda y se la guardó en una bolsa que escondía en las calzas.

- Mi nombre es Rodrigo. No te preocupes, que con este trato te tendré como preferente en el agua y vino-. Le miró fijamente.

- Soy Manuel y solo me gustaría beber vino-. El tonelero se echó a reír.

- Tú eres de los que no desperdicia el dinero en agua. Eso me gusta. Toma esta ronda corre por mi cuenta.-

Manuel agarró la jarra de madera que le ofreció Rodrigo y la dio un buen trago, retirándose a babor, para apoyarse y contemplar a las gentes que atreves de golpes, buscaban la mejor zona para pasar el viaje.

La nao estaba compuesta por tres mástiles con velas cuadradas, que movían el barco con la fuerza del viento. Sus velas desgastadas por sus constantes viajes, estaban más ajadas que la ropa de los granjeros. Parecía que podían romperse en cualquier momento. Por el contrario las cuerdas robustas que la sujetaban, eran tan firmes que ni un hacha podría partirlas. En popa se levantaba un castillo, donde los oficiales de la nao tenían sus camarotes, siendo alojadas las clases más pudientes. Mientras que en el castillo situado en proa, estaba preparado para la defensa del barco, colocadas allí la artillería en caso de un ataque durante la travesía.

Entre la tripulación y el pasaje había que tener en cuenta cuál era el rol de cada uno, sin meterse con la persona equivocada. Por encima de todos estaba el capitán o maestre, que gobernaba el barco como si de un rey se tratara. Encontrarse con él era casi imposible para cualquier marinero de la nao, ya que solo lo veía y hablaba con el contramaestre, quien era el que daba las órdenes a los marineros que allí viajaban, en los viajes todo hombre tenía su función, siendo dirigido por el contramaestre. Menos los de cuna alta o ricos comerciantes, que eran simples espectadores del viaje. El alguacil era quien hacia cumplir la ley y terminaba con los conflictos de la tripulación; si te gustaba el juego, era al que tenías que sobornar para no sufrir castigos, por no estar permitido el juego en la nao. El escribano se dedicaba a redactar todo lo que sucedía en el viaje; también hacia la función de notario, para que quedara escrito a quien dejabas tus pertenencias en caso de muerte. El tonelero se encargaba de las pipas de vino y agua, al que sin apenas llevar horas en navegación, bien conocía ya Manuel. Por último el despensero, que era el encargado de distribuir los víveres. Había muchos más responsables de la buena distribución de la nao, pero para Manuel, Andrés y Antonio, esos eran los más importantes, para terminar el viaje sin grandes problemas.

Pasando las islas Canarias; último punto de tierra antes de navegar a mar abierto. Las aguas se calmaban, haciendo que el balanceo del barco que causaba malestar en mucho de los navegantes, se convirtió en un viaje más tranquilo, donde sabían que no duraría mucho. El calor seco cuartea los labios de Manuel, deshidratando su cuerpo que no dejaba de sudar, empapando las vestimentas. Muchos se arremolinaban en torno al sacerdote, que no dudaba en leer en voz alta la biblia, para que pudiera ser escuchada por todo el que quisiera, sin necesidad de tener la educación suficiente para ser leída por ellos mismos.

Antonio y Andrés que durante estos últimos años se habían convertido en muy buenos amigos, preferían pasar ese tiempo libre que les permitían las aguas tranquilas en jugar a las cartas, donde era la única fuente de ingresos para costear los sobornos, que con el paso de los días irían subiendo, al escasear los víveres que por ahorrar espacio se traían menos de lo indispensable, sabiendo que el viaje mermaría a la tripulación, y así poder meter a más gente en beneficio del capitán.

Manuel bebía hasta que apagaban las voces de dolor que corrían por su cabeza, desde la salida de Toledo. Se acercaba al camarote provisional, formado por maderas que proporcionaban algo de intimidad a los nobles, donde se encontraba el señor que había intercedido por ellos para poder realizar el viaje. Cuando lo veía asomarse, Juan de Requena lo mandaba pasar, pidiéndole que se sentara con ellos. Le ofrecía vino, que por el aliento, sabía que ya llevaba unos cuantos en el cuerpo.

- Por lo que me han contado de las tierras donde vamos, me gustaría que siguierais sirviéndome como escolta a cambio una generosa paga por supuesto.-

Manuel bebía y bebía hasta terminar con su copa, ofreciéndola para que le sirvieran un poco más.

- Agradezco vuestra generosa oferta, pero mi intención es ir con Hernán Cortes o cualquiera de sus capitanes en la conquista del territorio-. Volvió dar otro trago.

Requena lo miraba con desprecio, sabiendo que la gente de su calaña, sería la única que lo mantendría con vida.

-Eres ambicioso como yo, por si cambias de opinión o te cansas de recorrer la selva, yo tendré mi oferta en pie.-

Manuel se levantó de la mesa agradeciendo el vino.

- No espero volver. Ojalá encuentre a un guerrero que me dé muerte, arrancándome el dolor que me persigue.-

Salió de la estancia tabaleándose por la cantidad de vino ingerido, buscando un trozo de cubierta donde pasar la noche. El vino además de apagar las voces de su cabeza, le permitía dormir sin importarle la mala posición por la acumulación de tantos hombres en un espacio tan pequeño. El olor infernal que absorbía la madera vieja de la nao, añadido al paso de las ratas que por tanta podredumbre, recorrían hasta el último rincón en busca de los desperdicios de comida o desechos humanos, que por mucho que intentaban los hombres y mujeres de nao que cayeran por la borda, quedaban dentro.

Los días pasaban sin graves penurias, siendo pronto para que escasearan los víveres. El vino ya empezaba a ser más complicado de sacar, obligando a Manuel a pasar más tiempo del que creía necesario en el camarote de Juan, para recibir alguna copa de vino, con la excusa de controlar cualquier riesgo. Aquella noche, la señora de Requena salió del camarote en busca de un sitio donde deshacer lo comido. Las pacíficas aguas que hasta entonces habían mantenido al bote estable, empezaban a desaparecer, modificando su oleaje, anunciaba una posible tormenta que sin duda pronto les alcanzaría. Dos marineros la vieron pasar, y con disimulo, aprovecharon la oscuridad para seguirla. Estaba fuera de su lugar de confort, dando por hecho que ningún hombre de esa cubierta, arriesgaría la vida por una mujer que tenía unos privilegios que ellos deseaban. Manuel apoyado en el mástil para no perder el equilibrio, vio pasar a la señora, que no tenía buena cara, y unos pocos segundos después a los dos fugitivos. Miró la copa, dándola un último trago. Podía ser esa noche su fin, y sin dudarlo salió en su búsqueda.

María cuando levantó la cabeza, después de sacar todo lo que había comido ese día, se encontró a dos hombres que blandían unas dagas, sonriendo a la señora.

- ¿Qué queréis? Os daré lo que me pidáis. Mi marido tiene dinero y os pagará con gusto-. Uno de los hombres guardó la daga, abalanzándose sobre ella.

- No hace falta que llames a tu marido. Ya lo cogemos nosotros sin tener que molestarle.-

María intentó gritar sin éxito, al tener cubierta la boca con la mano de su agresor. Sus intentos de soltarse eran inútiles, frente a un hombre corpulento, que le desbordaba la barriga por debajo de la camisa sudada, al que le escurría el sudor por todas partes. Sin apenas esfuerzos, empezó a arrancarla la ropa. La señora deseando que aquella atrocidad acabara pronto, empezó a desistir, para que aquel infierno terminara lo antes posible, rezando para que no acabarán con su vida. Los dos hombres sonreían al ver que la señora empezaba a colaborar. Manuel se colocó detrás del hombre que todavía blandía la daga, y sin dar opciones de defensa le degolló, empujándolo por la borda. El otro marinero al verse descubierto, desenfundó su espada sin saber muy bien lo que hacía. Aprovechando su fuerza jamás había intentado manejar un arma, demostrando que solo era un ladrón de poca monta, acostumbrado a tratar con campesinos, que solían reusar la pelea, dejándole acampar a sus anchas. Manuel intentaba coordinar el movimiento de nao con el suyo que a causa del vino, luchaba más por no caer que por el despojo que tenía delante.

Cuando le intentó dar un golpe alto con la espada, Manuel aprovechó, lanzándole la daga que impactó en la cabeza, con el mango y no con la hoja. Suficiente para desequilibrar a aquel hombre, que en un intento desesperado, había levantado su espada por encima de la cabeza para darla la mayor potencia posible, pillándole con el peso hacia atrás, desequilibrándole y haciéndole caer por la borda.

La señora asustada empezó a vestirse, se agarró con fuerza a Manuel que buscaba la jarra de vino. El alguacil que escuchó el ruido se acercó hasta Manuel y María, que contemplando las pintas de la mujer, desenfundó su arma dirigiéndola hacia Manuel.

- Ya sabía que tú me darías problemas-. La señora se interpuso.

- Él me ha salvado de dos malhechores que me querían violar. Es un acto divino que él estuviera aquí para salvarme.-

El alguacil que era conocido como Trujillo, que se cree que es por su tierra natal, enfundó y se dio media vuelta.

- Vuelva con su marido antes de que otro de estos despojos intente sobrepasarse con usted.-

María agarró a Manuel, se apoyó en él y fueron hasta el camarote donde dormía su marido. En cuanto entro en el camarote se abalanzó sobre él para despertarlo. Juan se despertó asustado, contemplando a su mujer y se supuso lo peor.

- ¿Quién te ha hecho esto?- Que lo pagará con su vida-. María que se encontraba sentada al lado de su marido, señalo a Manuel.

- Él se ha encargado de los malvados que intentaron tomarme por la fuerza.-

Juan que durante el paso de los días pensaba que Manuel era un simple borracho, que se aprovechaba de ellos y que no sabría blandir un arma, había cumplido con su función.

- Le doy las gracias por su ayuda. Puedes venir a por vino cuando quieras.-

Manuel agarro otra copa, la llenó de vino y alzándola abandonó la estancia. Poco le importaba lo que había pasado esa noche, él solo buscaba un motivo para perder la vida de una forma que no fuera quitándosela por sí mismo, o entregarla a cualquiera que blandiera un arma. Se la tenían que arrancar para poder reunirse con Aurora. Los días pasaban y los olores se convertían en algo insoportable, a lo que cada vez era más difícil acostumbrarse. Las ratas que corrían por el barco, eran cazadas para su ingesta, no sin antes ser despellejadas y asadas en un fuego, que solo permanecía encendido por el día si la climatología lo permitía. Manuel se alimentaba solo de vino que conseguía mendigando, había perdido unos cuantos kilos, haciendo que sus ojos se hundieran en su rostro. Por el contrario Antonio y Andrés, acostumbrados a los largos asedios que habían sufrido o realizado, se movían como peces en el agua, en una nao donde la mayoría de la embarcación eran jóvenes sin experiencia. A la tripulación se la tenían ganada por sobornos o ayudas en las ocupaciones del barco.

La presencia del Maestre en cubierta no presagiaba nada bueno en la travesía. El contramaestre empezó a correr, empujando a todos los que se cruzaban en su camino, lazando voces a la tripulación.

- Arriar velas-. Antonio que se había ganado al contramaestre en los juegos de cartas, se acercó a él.

- ¿Qué es lo que pasa?-

El maestre le miró unos segundos.- Viene tormenta y parece que va a ser fuerte-. Prosiguió dando órdenes con múltiples improperios para que fuesen cumplidas lo antes posible.

Antonio comentó lo sucedido a Manuel y Andrés que rápidamente se pusieron a ayudar a que los víveres quedasen bien sujetos, para que con el balanceo de la nao no saliesen disparados, atropellando a los tripulantes o terminasen perdiéndose por la borda. En proa se escuchó un fuerte grito.

- ¡Agarraros que viene la primera ola!- La nao, la invistió partiéndola en dos, cayendo el agua de mar sobre todos los viajantes que rezaban por sus vidas, mientras se agarraban con todas sus fuerzas esperando que pasara pronto. Sin dar tiempo a asumir el primer arrebato del dios del mar, una segunda ola embistió la nao, tirando a los más débiles de la flota por la cubierta, dejándoles a la suerte del temporal. Muchos eran agarrados por compañeros o amigos. Manuel agarró a un muchacho de unos trece años, que sin nada que perder, se había colado para hacerse un hombre en las nuevas tierras. Al sentir una mano lo miró, empezando a sollozar por su vida, mientras Manuel tiraba de él para que recuperase la verticalidad, pudiéndose agarrar al palo mayor de la nao. Varios hombres cayeron por la borda sin poder hacer nada por ellos, mientras la tormenta no había demostrado el poder del que era capaz de conseguir, haciéndoles sentir que no eran más que marionetas en un mar que se escapaba de su entendimiento.

Las horas pasaban, la tormenta nos arremetía, empezando a preocupar al capitán y contramaestre de la integridad de la nao, que llevaba muchas tormentas en su vida. Discutiendo si seguían con el rumbo o cambiaban de dirección. Manuel soltó el palo mayor, enfrentándose a los poderosos vientos y las embestidas de las olas, empezó a caminar en dirección a la a proa. Los capitanes del barco dejaron de discutir y empezaron a contemplar como subía por el castillo sin importarle su vida. Al llegar a lo más alto, las olas le golpeaban directamente sin ser rotas antes por la nao, pero a Manuel no le importaba, estaba dispuesto a llegar a su destino. Agarró con fuerza el botalón, sacando medio cuerpo de la nao.

- ¡Si quieres llevar al fondo a alguien de esta embarcación, llévate mi vida, para que nadie recuerde quien soy! ¡Si tantas ganas tienes de almas, yo te entrego la mía, a cambio de que tu furor desaparezca y dejes que esta gente consiga llegar a sus destinos!-

Sin entender lo que había sucedido, la tripulación que gritaba plegarias por sus almas vieron como esa feroz tormenta empezó a desaparecer, dando paso a los rallos del sol que secaban sus ropajes. Miraban a Manuel como un erudito que había salvado sus vidas. Los tripulantes empezaron a congregarse a su alrededor, lanzándole reverencias y halagos. El clérigo se acercó a él, agarrándole de la mano.

- Aquí tenéis a un hombre tocado por la mano de nuestro señor, que nos demuestras que nuestra cruzada en el nuevo mundo es una lucha bendecida por él y por su santa madre.-

Pasaron los días con tranquilidad, donde Manuel era reverenciado por todos e invitado a lo que quisiera. Reconocido como el salvador del viaje. Él solo quería que su vida terminase, pero empezaba a entender que no le iban a dejar abandonar el sufrimiento que poco a poco lo iba consumiendo, donde el vino empezaba a perder sus efectos de apaciguar las voces de Aurora y Juan, que lo acompañaban en el viaje. Cansados de ver a Manuel alimentarse solo con vino, Antonio y Andrés acompañados por el grumete al que había salvado la vida en la tormenta, se acercaron a él con comida en sus manos. Habían dado una buena suma de monedas al despensero para que les diera un poco de pescado en salazón, bizcocho blanco que le habían ganado al contramaestre; que estaba solo a disposición de los más altos cargos de la nao, queso y carne de cerdo salada.

-Toma y come. Que si no vas a enfermar antes de llegar a puerto.-

Manuel contempló las manos de sus amigos, buscando una jarra de vino.

- ¿Y el vino? Ya he comido-. Se dio la vuelta buscando a alguien con una jarra de vino dispuesto a compartir. Andrés le cortó el paso y le obligó a darse la vuelta.

- Tienes que comer y vas a comer-.

Manuel empezó a hablarse a sí mismo.

- Ellos lo podrían hacer. Son fuertes y más diestros que yo. Ellos podían llevarme a tu lado-. Empezaba a dar vueltas alrededor suyo.- No, eso no valdría. Sería como un suicidio. Como puede ser tan difícil encontrar la muerte con lo fácil y pronto que les llega a muchos.-

Antonio le entregó un pedazo de pescado salado. Manuel lo agarró, más por compromiso que por hambre y se lo echo a la boca. La sal invadía el sabor de la comida.

- Dame un poco de vino para que pueda quitar el reseco de la sal-. Antonio le dio agua.

- No beberás más vino hasta que lleguemos a nuestro destino, allí puedes morir como te plazca, pero hasta entonces te necesitamos con nosotros-. Terminó de tragar el pescado empezando con el cerdo, que se encontraba seco y salado como el pescado. Llevaba tantos días sin comer que le costaba masticar y tragar algo sólido. Diego que así se llamaba el grumete al que Manuel había salvado la vida en la tormenta, miraba como comía, deseando llevarse un bocado.

- ¿Me podrías dar a mí un pedacito de esa comida?- Su alimentación dependía de las migajas que caían por el barco y de lo que conseguía robar a marineros despistados.

Andrés le miró y le entregó un pedazo de bizcocho.

-Toma. Esto solo lo comen dos personas en todo el barco-. Lo miró y empezó a comer en trozos muy pequeños, guardando la mitad.- Termínatelo. Si te ven con eso pensaran que lo has robado y te castigaran en consecuencia-. Diego asintió y terminó de comer lo que le quedaba. Andrés cortó el queso y se lo dio.

- Esto si lo puedes guardar si quieres.-

Diego se sentía muy afortunado de la compañía que le había surgido por casualidad. Huérfano desde pequeño había sobrevivido de la limosna y de lo que podía robar en las ciudades que como un nómada visitaba. Sus ropas rotas le dejaban entrever un cuerpo marcado por los huesos que se pegaban a la piel. El viaje al nuevo mundo no le preocupaba, al poder pasar días sin comer, sobreviviendo casi desde que nació de lo poco que despreciaba la gente, siendo suficiente para subsistir. Los pómulos se le hundían en su cara, sus ojos, negros como la noche, sus pies descalzos, donde las astillas de la nao se clavaban en las plantas llenas de callos.

Manuel resignado por no poder acompañar la comida con vino, se acercó al grumete.

- ¿De dónde eres?- Diego bajó su mirada.

- No lo sé señor. He visitado muchas ciudades, pasando de mano en mano sin que nadie me dijera nada de mi ciudad de nacimiento o de mis padres-. Manuel pasó su brazo rodeándole el cuello, descargando parte de su peso sobre él.

- Pues somos tu nueva familia. Nuevo mundo, nueva familia.-

Diego se sentía muy orgulloso de haber hecho amigos antes de llegar a tierra. Eso le daba más posibilidades. Andrés se acercó a él.

- Nosotros te enseñaremos a luchar, pero hasta entonces serás nuestro sirviente.-

Se le iluminaron los ojos al grumete, que dio un fuerte abrazo a Andrés, haciéndole chocar con la gente que llenaba la cubierta.

-No os arrepentiréis.-

Antonio se acercó y le dio unas monedas.

- Empieza a cumplir con tus tareas y tráenos vino.-

Manuel que permanecía con la mirada perdida en la profundidad del mar, se giró.- Es lo más sensato que escuchado hoy.-

Todos se echaron a reír. La compañía aumentaba antes de guerrear por las indias, donde Andrés y Antonio tenían claro que allí si no les acompañaba la suerte, perecerían los primeros días. A pesar de su experiencia, serían considerados como novatos, siendo los elegidos para explorar el terreno.

Los días transcurrían con muertos por enfermedad o fatiga. Los cuerpos eran tirados por la borda como si se tratase de simples animales. Solo el llanto de algún conocido, junto las plegarias de los clérigos, hacían la situación un poco más humana. Manuel intentaba estirarse para que los músculos no terminasen agarrotados, pero en una nao infectada de gente, a pesar de la gran cantidad de fallecidos, seguía siendo tarea complicada. El desánimo se empezaba a apoderar de la tripulación, juntándose con la escasez de alimento, convertía a cualquier gesto en trifulca, donde la sangre corría casi todos los días. Abriéndose camino a empujones, Manuel entró en el camarote de Juan de Requena. El miedo a sufrir otro ataque hacia su mujer o a él, le obligaron a que

Andrés, Antonio y Diego pasaran casi todo el día custodiándoles, no sin tener incidentes a diario. Una voz sonó en todo la nao.

- ¡¡¡¡Tierra!!!!-. El viaje se había terminado, ahora tocaba buscar una expedición que viajase hacia Vera Cruz, para fortalecer las tropas de Cortes.

MÉXICO

13-Diciembre-1523

La expedición estaba preparada para salir de la ciudad, no sin antes darse abrazos y ánimos entre amigos. Unos trescientos hombres españoles entre escopeteros, ballesteros y jinetes. Con la compañía de doscientos tlascaltecas y cholutecas, y cien mexicas deseosos de combate. Entre ellos Manuel, Andrés, Antonio y Diego, que habían llegado hace apenas unos días, y no quisieron desaprovechar la oportunidad de conseguir el oro, que se contaba que cubrían los tejados de las casas. Al frente de la compañía Pedro Alvarado, fiel capitán de Cortes, y lo suficiente loco para surcar las selvas que fuesen necesarias, para someter a la población de esas tierras. Entre sus hazañas, la que siempre llamaba más la atención a los nuevos soldados, era la huida de Tenochtitlan, dónde desde la retaguardia agarró una enorme vara, con la que empezó a saltar los canales por encima de numerosos indios, que eran simples muñecos derribados en sus aterrizajes. Conocido por los nativos como Tonatiuh por su altura, su pelo y barba rubia, pronto se forjó una reputación de los fieros capitanes, donde su espada infundía temor sin apenas tener que usarla.

Manuel marchaba a pie cargando con las provisiones. El calor y la humedad del ambiente, le hacían sudar, empapando la camisa de lino que le cubría. Los soldados de su alrededor, especulaban con lo que harían con todo el oro que encontrarían en el viaje. Uno de ellos se acercó a Manuel.

- ¿Y tú que harás con tu parte?-

Continúo el paso dando bocanadas cortas de aire para intentar fatigarse menos.

- Te puedes quedar con mi parte si tanto lo deseas-. El soldado le dio un empujón, tirándole al suelo.

- Si tanto deseas morir yo te haré el favor-. Al levantarse le hizo un barrido, tirándolo al suelo, se montó encima de él y le puso la punta de su daga en la garganta, clavándola lo justo para hacerle una pequeña herida.

- Tú no acabarías conmigo ni aunque estuviera agonizando.

Alvarado que no andaba lejos, escuchó el alboroto de la tropa y cabalgó hasta estar casi encima de Manuel. Desmontó y con la pierna le quitó de encima.

- Dejad vuestras bravuconadas para los indios-. Manuel guardó de nuevo su daga en la espalda.

- Estaba interesado en mi daga, solo se la estaba enseñando-. Alvarado se acercó hasta chocar cabeza con cabeza, le miró directamente a los ojos. En ellos en vez de encontrar temor u odio, se encontró con una indiferencia de la situación que jamás había visto en ningún otro soldado español en aquellas tierras.

- Vosotros dos os encargaréis de informar a la aldea de Tecuantepeque de nuestra llegada. Así sabremos si nos siguen aceptando o por el contrario quieren enfrentarse.-

Entregándoles dos caballos salieron en busca de la aldea, sabiendo que si no eran aceptados morirían antes de cruzar las puertas. Manuel tiraba con paso firme esperando un encuentro hostil, mientras Carlos que lo seguía, miraba cada sombra que se movía por las ramas que tapaban los rayos del sol, asustándose por cada ruido.

- Espera. Tenemos que ir con precaución. No sabemos lo que nos espera o si hay otras tribus merodeando la zona.-

Manuel seguía con su ritmo hasta que Carlos se le puso en medio, lo miró sin apenas hacer caso de sus movimientos, lo esquivó y sacó la espada, mientras aumentaba el ritmo.

- Don Pedro nos ha dado una orden y es mejor para el grupo que conozcamos la respuesta-. A pocos kilómetros un escuadrón de indios armados les cortó el paso, cubriéndoles la retaguardia en un punto donde la selva se cerraba tanto que la montura perdía su ventaja, convirtiéndoles en un blanco fácil. Manuel descabalgó, y con la espada apoyada en su hombro se acercó a los indios, que rápidamente se postraron y escondieron sus armas. Carlos respiró, guardando su espada y descabalgo de su caballo. Los zapotecas les invitaron con señas a que les siguieran, después de que les ofrecieran comida y agua que tomaron agradecidos.

-Vuelve con los demás y diles que yo os esperaré en la puerta del pueblo, para asegurar que estos indios no nos preparan ninguna trampa-. Carlos sin discutir las palabras de un novato en esas tierras, montó en el caballo y salió a galope en la busca de Alvarado, para darle lo antes posible las buenas noticias, y que la entrada a Tecuantepeque estaría custodiada por un soldado suyo.

Manuel siguió a los zapotecas desmontado de su caballo. No dejaba de mirar las armas primitivas que llevaban aquellos guerreros, que lo miraban con temor. Al que tenía más cerca, le quitó su arma de la mano, sin entender nada la intentó recuperar, con la ayuda del resto de los zapotecas que le amenazaban con sus armas. Sin prestarles apenas atención le entregó su espada, sin importarle lo que hicieran con ella; para él solo era un trozo de metal. Le llamaba la atención el trozo de madera tallado a golpes que usaban como arma principal, se puso a golpear con ella su coraza, que aparte del ruido atronador que hacía apenas era abollada, cuando terminó de examinarla se acercó a otro guerrero, para acariciar la rara vestimenta que cubría su torso echo de algo parecido al algodón. Su actitud no dejaba de ser en ningún momento desafiante para los guerreros zapotecas que le rodeaban. Acostumbrados a estar en desacuerdo con sus líderes, por obligarles a someterse a aquellos hombres de grandes barbas a los que les habían visto sangrar y morir como ellos. Aquel individuo de mirada penetrante les influía miedo de verdad. A pesar de que habían convivido con esos hombres, ese en especial les parecía diferente, sin demostrar ningún temor por la compañía que lo rodeaba. No tocaba ninguna de sus armas en todo el trayecto, por mucho que se movieran a su alrededor o se dirigieran de frente a él, no sentía ni la más mínima amenaza, mostrándose con mucha tranquilidad, apaciguando al caballo que coceaba al paso de los indios por su retaguardia.

Sin conocer las costumbres de aquellos hombres, Manuel se sentía más seguro en su compañía que en medio del escuadrón que partió de Tenochtitlan, en busca de un oro que con una simple mirada a su alrededor, cualquiera que no estuviera cegado por el vil metal se hubiera dado cuenta de que no existía. Esa gente temía más las consecuencias de sus familias por su lucha que cualquier botín que pudieran conseguir. Sin entender ni una palabra de lo que cuchicheaban a su alrededor, sabía que si querían haber acabado con su vida lo hubieran hecho nada más encontrarse en el camino. A partir de ahora no pensaba más que en ganarse la confianza de su capitán, para que por loco o por dispuesto, iría de punta de lanza a cualquier territorio.

A la llegada de Tecuantepeque lo esperaban como si de un dios se tratase. Sabía que dispondría de un par de horas para que Alvarado con el grueso del ejército cruzara esas puertas, tenía que estar seguro de que su recibimiento fuese como el que se merecía. Amarró al caballo a las puertas de la entrada con agua y comida, sin querer ninguna compañía e ignorando las ofrendas que le rendían, rechazando cualquier comida o bebida, se introdujo en la villa donde al contemplar su cara sin alma, los campesinos y comerciantes le huían como si el mismo diablo cruzase por sus casas. Empezó a entender que en esa villa solo había gente que intentaba sobrevivir como en Castilla, a pesar de sus caciques o invasores, que solo pensaban en sus beneficios.

Sus puertas no estaban preparadas para asedios largos, sus calles estrechas con las casas sin puertas ni ventanas dejaban al pillaje toda su libertad. Sus gentes no muy distintas a él, no se atrevían a mirarle a los ojos, sus paseos por la villa se convertían en continuos ofrecimientos de comida, agua y mujeres, empezándose a sentirse incómodo. Esperaba encontrar guerreros valeros y villas bien protegidas, pero pronto empezó a perder la esperanza de conseguir su muerte. En aquella ciudad solo había gente sobreviviendo como en Toledo, donde sus habitantes luchaban por comer y rezaban a sus dioses por conseguir una buena cosecha. No tenía nada de gloria matar a esa gente por un poco de oro.

A la entrada de la villa Pedro se encontró a Manuel sentado al lado de su caballo. Sin mucho entusiasmo se levantó.

- Aquí tienes una villa que es fiel a Cortes y a nuestro rey.-

Pedro entró sin apenas mirarle, pudiendo contemplar la ofrenda de oro que le tenían preparado. Se giró hacia Manuel.

- Esto si es lo que quería ver. Bien echo.-

En el grueso del pelotón se pararon frente a él Andrés y Antonio, que escoltaban a Diego que cargaba con sus enseres.

- Dios tiene un destino oculto para ti.- Antonio echó mano a su bolsa de dinero que estaba muy menguada, dio un par de monedas a Andrés, el cual sonrió y sacó una bota de vino y se la lanzo a Manuel.

- Te la has ganado-. Y continuó la marcha.

Manuel se volvió a sentar viendo pasar a los soldados mientras bebía con tragos largos. Durante horas contempló el paisaje hasta que el sol empezó a ponerse en el horizonte, dejando una figura de mujer que se acercaba a él. Esa figura le había perseguido durante todos estos años, y jamás había podido volver a tocarla desde su boda. Se echó a un lado y la dejó sentarse en aquella piedra cálida que acompañaba a la puerta de la villa. Para sus ojos seguía siendo aquella moza de tez blanca que se sonrojaba en su presencia.

- Sé que ya no estas, y aun así me sigues hasta la otra punta del mundo.-

Se sentó a su lado dejando caer su gran melena rubia en sus hombros, se puso a contemplar la misma puesta de sol.

- Te persigue una promesa, que no te dejara en paz hasta que la cumplas-. Manuel la miró a sus preciosos ojos azules, dio un buen trago de vino, mientras recorrían las lágrimas por sus mejillas.

- ¿Cómo puedo cumplir algo cuando tú ya no estás aquí? ¿Cómo puedo unir nuestros cuerpos si nadie sabe dónde descansas? Estoy condenado a merodear por estas tierras sin poder descansar a tu lado. Necesito sentir tus labios con los míos, necesito sentir tus manos en mi cara, necesito escuchar tu voz una vez más. Pero todo eso ya no podrá ser posible, estoy condenado a sobrevivir en un mundo donde tú ya no estás, ni siquiera me conceden morir para reunirme contigo.-

Aurora se levantó y con un paso suave, se dirigió hacia la posición de la luna llena que iluminaba la selva que los rodeaba.

- Tú no desfallezcas, estamos destinados a volver a unirnos-. Su silueta se difuminó en el paisaje, dejándolo solo con su vino y la montura, que lo llevó hasta aquel lugar. Se tumbó, dio un último trago de vino, cerró los ojos y se dejó llevar.

Los primeros rayos de sol llegaron al rostro de Manuel obligándole a despertar. La cabeza le resonaba como el tambor de guerra que tanto solía sonar en las batallas, para dar moral y espantar al enemigo. Tirando la bota al suelo al comprobar que estaba vacía, se montó en el caballo y se dedicó a recorrer los caminos creados por el paso del hombre, en busca de Aurora o de alguien que pudiera darle muerte y acercarle a ella, pero no encontró nada. Después de unas horas volvió al punto de partida, donde le esperaba Alvarado, sorprendido de que uno de los suyos había partido sin su consentimiento. Sacó la espada y le derribó del caballo.

- ¿Quién te ha dado permiso de abandonar esta villa? ¡Responde!-

Se levantó con las manos en alto; para no generar malos entendidos al hombre que tenía los derechos de impartir justicia por aquellas tierras.

- No quería más que asegurarme que estas tierras son seguras, y que no nos preparan emboscadas mientras descansamos. Perdón por no haber informado de mis movimientos-. Pedro de Alvarado guardó su arma, lo rodeó con sus poderosos brazos, mientras se giraba hacia los demás.

- Este es un castellano de verdad y no muchos de vosotros, que me vendería por un puñado de oro o por otro capitán, que os prometiera todo el oro de estas tierras.-

Sin soltarle, lo condujo a hasta sus aposentos, donde le dio una jarra de vino reservado para los capitanes de la expedición.

- Hoy te has ganado el apoyo de unos y el odio del resto. No sé si estás loco o simplemente careces de miedo-. Manuel cogió una jarra y se la tomó entera de un trago para calmar la resaca que lo acompañaba.

- Cualquier orden que me des estoy dispuesto a cumplir por muy peligrosa que sea. Tú eres mi capitán y tu palabra es la ley para mí. Estoy a tu entera disposición.-

Pedro se echó a reír y dio un trago tan largo como el de Manuel.

- Gente como tú ya no se encuentra. Quédate con el caballo. No tendrás que cargar más, pero a cambio tendrás que marchar mañana con otros tres soldados que yo elija hacia Soconusco, con un guía para ir preparando nuestra llegada-. Manuel se levantó y asintió.

- Si quieres que vaya yo solo con el guía tampoco me importa. Cumpliré con tus órdenes.- No sabía si estaba loco o en donde se encontraba, pero Pedro estaba cogiendo cariño a ese novato, que recorría aquellas tierras sin miedo a lo que le pudiera pasar.

Los días transcurrieron sin apenas movimientos. Manuel esperaba impaciente las órdenes de su capitán para salir de aquel lugar donde la figura de Aurora se asomaba en su alcoba, y sin pronunciar palabra desaparecía por las estrechas calles, por donde la perseguía sin poder dar con ella. Esa noche fue diferente a las anteriores. En su alcoba se presentaron tres hombres a los que ya conocía con gesto de enfado. Andrés se sentó a los pies de su cama.

- Tu locura empieza a arrastrarnos. Somos tus acompañantes en la exploración del terreno hacia Soconusco, uno de los pueblos más grandes de esta zona.-

Antonio se acercó a la cama arrastrando una silla, que era el único mueble que poseía la habitación. Miró la jarra de vino medio llena que descansaba al lado de la cama, y de un manotazo la rompió.

- Mientras dependamos de tus actos se te acabó el vino, si tenemos que compartir destino, no quiero perder la vida por un borracho que no se supo controlar.-

Manuel se levantó y miró a sus amigos que contemplaban como apenas podía caminar sin tropezarse.

- Si vuestros problemas son por mi culpa, entonces será mejor que nos separemos-. Su voz se entrecortaba por culpa de vino, mientras se abrazaba a Diego que en ningún momento cruzo la puerta del cuarto.

- Por desgracia te hemos cogido cariño, y es mejor estar juntos que separarnos a la suerte de esta gente-. Respondió Antonio, que salió a empujones de la habitación. Andrés que le seguía agarró por el hombro a Manuel.

- Pero despídete del vino, durante un tiempo no te dejaremos probarlo-. Diego que había sido desplazado dentro de la habitación por Antonio se sentó en la cama.

- Yo no sé montar-. No quería hacer toda la marcha andando por la selva.- No te preocupes, cabalgarás conmigo. Pesamos poco y nuestro caballo cargará con el mismo peso que los que llevarán a esas dos mulas.-

Se dejó caer y arrastrado por el alcohol se dejó llevar por los sueños hasta que empezó a roncar.

El día amaneció con los exploradores saliendo de Tecuantepeque acompañados por una veintena de Tlascaltecas, por si las cosas se torcían en el viaje o se cruzasen con otros indios, que por miedo y aprovechando la inferioridad numérica fueran atacados. Andrés se puso al frente de la expedición, guiado por un indio que conocía el terreno, esperando tener un viaje corto y sin problemas, pero por si el viaje se torcía iba equipado con su coraza y casco, que aunque incómodos para un viaje, y más con la humedad de aquellas tierras, era mejor que lo pillaran cansado que desprotegido. Con las picas que llevaban aquellos indios sería difícil herirle de gravedad de un golpe, y las flechas tenían que ser disparadas de cerca para traspasar la coraza. Otro peligro de aquellas tierras, era la cantidad de animales pequeños que eran mortales solo con tocarlos o por un simple mordisco, acechando entre las hojas escondidos, solo te dabas cuenta de su presencia cuando era demasiado tarde.

El camino les llevaría varios días sin saber nada del resto de la expedición. Marchaban montados a caballo los cuatro españoles, mientras los Tlascaltecas se adelantaban a sus pasos, exploraban el terreno que rodeaba el camino para no sufrir ninguna emboscada. Manuel dejaba a Diego montado en el caballo mientras le agarraba las riendas.

- ¿Ves como no es difícil?-

Intentaba mantener el equilibrio mientras disfrutaba de la experiencia.

- Es maravilloso contemplar todo desde aquí arriba-. Manuel soltó las riendas, el caballo arrancó tirando a Diego al suelo. Antonio que permanecía atento agarró el caballo antes de que lo pudieran perder, era un animal demasiado preciado en aquellas tierras como para perderlo de una manera tan tonta. Diego se levantó de un salto, y volvió a los lomos del animal.

- No volverá a suceder-. Arreó al caballo y salió al galope de la formación. Manuel montó en un cuarto caballo que se habían llevado, salió tras de él.

- ¿Qué sientes?-

Diego sin pensar en el peligro que podía correr, como cualquier otro niño quiso apurar ese momento al máximo. Desde que tenía uso de razón tenía que trabajar mucho para poder llevarse algo a la boca, no había podido disfrutar como otros de su niñez. Ese era el primer momento que podía disfrutar. La camisa hecha jirones por el continuo uso, se hinchaba por el aire que entraba por sus agujeros como si se tratara de la vela de la nao. Manuel le seguía disfrutando como hacía mucho tiempo de la libertad con la que se encontraba en ese momento. Apretando el paso retó a Diego a una carrera que sin duda aceptó. Los dos jinetes se retaban, aumentaban el paso sin perder de vista el uno del otro. Manuel miraba a Diego como de su propio hijo se tratara disfrutando con su compañía. Ese muchacho le quitaba las voces que le perseguían desde Toledo, por fin desde hace mucho volvía a sonreír. Aquellas tierras le estaban devolviendo las ganas de disfrutar y saber aprovechar los buenos momentos. Cansados por la marcha, pararon al lado de un río con las aguas más cristalinas que habían visto nunca, se desmontaron de los caballos y se tumbaron al cobijo de la sombra de un árbol.

A las pocas horas apareció el resto de la expedición.

- ¿Qué, os lo habéis pasado bien?- Antonio descabalgó, sentándose junto a ellos. Se quitó la coraza, se frotó las rozaduras que le había hecho.

- Dame algo de comer que estoy destrozado del puto caballo-. Manuel le lanzó un mendrugo de pan y volvió a tumbarse.

Andrés prefirió dar una pequeña vuelta por el lugar, que se convertiría en el campamento durante lo que quedaba de día, para no llevarse sorpresas durante la noche. Acompañados de unos indios, de los cuales había uno que entendía el castellano, exploró las cercanías de donde pensaban descansar. Entre la maleza se escuchaba movimientos, Andrés se resguardó y poniendo la mano en el pecho del tlascaltecas, le hizo mirar hacia donde veía movimientos.

- ¿Sabes quiénes son?- observó durante unos minutos.

- Sí. Son Utatlán, guerreros, ellos solo mirar, lejos de tierras. No atacar.-

Sin estar convencido de que no fuesen a atacar, el río les taparía unos de los flancos, y no parecían numerosos. Una carga con los caballos acabaría con sus intenciones rápidamente.

- Volvemos al campamento-. Montó en su caballo y sin esperar al resto de los indios se dirigió con el resto de los castellanos. Si querían asustar al grueso del ejército, una escaramuza, descuartizando sus cuerpos sería lo ideal para llenar a las tropas de miedo y dudas, haciéndoles vulnerables. Eso es lo que haría él si fuese su pueblo el atacado. Esperaba que aquellos hombres no fueran tan listos y les dejasen tranquilos.

-Nos observan y se esconden esperando nuestros pasos-. Antonio se levantó y sin apenas mediar palabra se cogió a varios indios, empezando a fortificar el descampado donde se encontraban. Si nadie les atacaba, el trabajo seria en vano, pero mejor eso que su cabeza en una pica o peor aún, para comida de aquellas gentes. Conocían tribus en aquellas tierras caníbales, y no quería formar parte de un primer plato.

Manuel veía demasiado preocupados a sus compañeros.

- Esta gente nos tienen más miedo que nosotros a ellos. No atacarán si no se encuentran en peligro.-

Diego asustado por poder entrar en su primera batalla desenfundó su espada, y empezó a dirigirla en todas direcciones.

- Guarda eso, si quieres ayudar ponte a afilar estas ramas. Nos harán falta muchas-. Antonio colocaba trampas y daba las órdenes de las guardias a los indios que le traducía Juan, el tlaxcalteca que llevaba a su lado desde que salieron de Tecuantepeque, e intentaba aprender de aquellos lugares, conocer la fauna y a sus gentes, para poder sobrevivir.

- No dejes nunca nada al azar. Solo te saldrá bien si lo preparas de antemano, la suerte te salva una o dos veces.-

Manuel cansado de estar echado se montó a caballo y salió al galope.

- Necesito saber si tienes razón-. Se alejó del campamento improvisado, se dirigió hacia los Utatlán que les estaban acechando, esperando enfrentarse por fin a verdaderos guerreros y no a pueblos atemorizados por cualquier soldado, que no les importase más que la muerte.

Antes de que anocheciera se topó con un indio de los que les estaba persiguiendo, y con el caballo lo derribó.

- Por fin tengo a un verdadero guerrero que está dispuesto a luchar-. Se desmontó, se quitó el casco y la coraza.- Coge tu arma y demuéstrame que poderoso guerrero eres-. El Utatlán, con miedo cogió su pica y entre las sombras de los árboles empezó a rodear a Manuel. Conocía las espadas de los barbudos y su gran poder, por ello no quería empezar el ataque. Prefería esperar que moviera ficha su oponente.

- Te lo pondré más fácil-. Manuel tiró su espada y sacó la daga que guardaba en su espalda-. Esto es más corto que lo que utilizas tú.-

El indio en un intento de pillarle desprevenido, se lanzó sobre él. Manuel se apartó poniéndole la zancadilla, cayó al suelo y sin darle tiempo a reincorporarse le desarmó, colocándole la daga en la garganta. Cuando pudo contemplarle la cara con el escaso sol de poniente, se dio cuenta de que luchaba con un niño de poco más de diez año. Le soltó, guardó su arma, montó a caballo y salió hacia el campamento echándole una última mirada. Él quería morir buscando la gloria, pero matar a niños no tenía ninguna gloria, menos si simplemente defendían sus tierras. Ellos no hacían ningún mal, solo se defendían de un ejército invasor, muchos preferían cambiar sus costumbres o religión por paz, otros lucharían por sus creencias como haría cualquier castellano frente a los moros ¿Quién podía juzgarles por ello? Cada día que pasaba en aquellas tierras lo entendía todo menos. Le quedaba la esperanza de encontrar verdaderos guerreros que no dejaban de ser como ellos, dispuestos a luchar sin importarles más que la causa que los dirige, con el único fin de llenar sus bolsillos.

Al llegar a la ciudad los caciques de la ciudad engalanados con sus mejores plumas, les ofrecieron comida y las mejores mujeres que tenían, además de esclavos y oro. Manuel no quiso nada de lo que ofrecían, mientras el resto de sus compañeros no se resistieron a tan deliciosos manjares y compañía. Manuel ató a su caballo y se sentó en la puerta a la espera de la llegada de don Pedro y el resto de soldados.

Pasaron varios días en la ciudad, donde Alvarado decidió hacer de esa ciudad un lugar fuerte, donde poder recuperar fuerzas y recibir agua y comida. Manuel vagabundeaba por las calles sin importarle las magníficas construcciones de aquellos nativos. Solo tenía preguntas sin responder, y creía haber encontrado al hombre ideal. Cobijado por la oscuridad se escabulló en los aposentos de Fray Bartolomé de Olmedo, que rezaba por las vidas de los españoles y de la de los indígenas.

- Necesito confesión-. Bartolomé se giró y le invitó a acompañarle en sus rezos. Después de unos minutos se levantó, se giró buscando los ojos de su discípulo al que había observado con curiosidad desde que salieron de Tenochtitlan, un alma atormentada que no era capaz de encontrar su sitio.

- Cuéntame ¿Qué te atormenta?-. Manuel se mantuvo arrodillado en su presencia con la cabeza baja.

- En esta vida no me queda nada, y el señor no me deja acompañar a los míos.-

Fray Bartolomé se puso delante.- El señor tiene planes para todos nosotros. Si tú sigues a nuestro lado, es porque necesita tu presencia en estas tierras hostiles.-

-Di una promesa y no pude cumplirla. Creo que me castiga por no ser hombre de palabra.-

Le colocó la mano en la cabeza esperando calmar su alma atormentada.

- Dios es bondadoso y no nos guarda rencor, sabe perdonar-. Manuel se levantó.

- Cada día en este mundo mi alma se pudre, tengo miedo que no pueda volver a ver a mi mujer-. Le hizo un gesto con la mano para que se sentara a su lado en la cama improvisada, que le había preparado al Fraile.

- Él te necesita aquí para someter a todos estos paganos, cuando cumplas con los planes que te tiene preparado, te dejara marchar con tu mujer y poder permanecer juntos por la eternidad, siempre que sigas un camino recto.-

Manuel echó a llorar como cada noche y se recostó en el hombro del Fray Bartolomé.

- Ella no merecía morir. Soy yo quien debería haber muerto-. Le tapó en la cama y después de desahogarse hasta no poder derramar más lágrimas, se quedó dormido por el cansancio de varios días sin dormir.

-Et ego te absolvo. In nomine Patris et Filii et Spiritus Sancti. Amen.-

Siguió la oración haciendo la señal de la cruz con la mano. Manuel se sintió liberado de una carga que cada día le costaba más soportar. Fray Bartolomé de Olmedo tenía la sensación que aquel muchacho haría algo grande por ellos, y sin dejar de pensar en los temores que le había contado, se dirigió a otra habitación dejándole descansar.

Manuel despertó casi al medio día siguiente. Fray Bartolomé a pesar de que Don Pedro quería reunirse con Manuel, no dejó que lo despertaran y sus compañeros de aventuras hicieron guardia en su casa hasta que despertara. Sin saber lo que había pasado, Manuel se levantó como si todo lo que sucedió hasta ese momento hubiera sido un mal sueño. Levantó la cabeza y al contemplar a Andrés y Antonio se dio cuenta de la realidad, volviendo los demonios del pasado.

- Necesito beber algo-. Andrés se le acercó y lo agarró por el pecho.

- Don Pedro Alvarado te está esperando y tus estupideces nos afectan también a nosotros-. Le sonrió y se fue a buscar al capitán.

- No os preocupéis. Sois mayorcitos para sobrevivir aquí, yo me encargaré de que os hagáis ricos y famosos-. Se quedó con las últimas palabras que le dijo el fraile, se creía inmune desde entonces a cualquier arma. Si Dios le necesitaba, no dejaría que le pasara nada, por el contrario no tenía nada que perder, moriría y podría volver a estar junto Aurora.

Entró en la casa que habían dejado para el capitán del ejército, al otro lado del mar. Los indígenas le habían aprovisionado de pavos, cestos de pan de maíz y muchas doncellas y esclavos para su servicio. En otra habitación guardaba el presente más codiciado por los españoles. El oro que tenía como destino las arcas del Rey Carlos, quien a cambio les dejaría conquistar y acampar libremente por aquellas tierras. Agarró una jarra del vino que tanto le gustaba a Pedro y se sirvió sin pedir permiso a su capitán.

- Aquí estoy para lo que usted desee.-

Pedro Alvarado se sirvió y se sentó al lado de Manuel.

- Tienes los cojones más grandes de todos los soldados que he tenido desde que llegué a estas tierras-. Dio un trago a su vaso y cuando lo vació, mandó a unas de las esclavas que se las llenaran.

- He mandado a muchos a garrote por menos de lo que acabas de hacer, pero tú tienes algo. Me recuerdas a mí cuando te miro a los ojos. No tienes miedo a nadie ni a nada, y eso te da un poder que tengo que aprovechar.-

Manuel se levantó y agarró una jarra y bebió directamente de ella, intentando apaciguar las voces que martilleaban su cabeza.

- Yo obedeceré tus órdenes por muy descabelladas que sean. Con la condición que solo mi espada luchara con guerreros. Envíame si quieres contra cualquier pueblo que no se someta a la voluntad de Dios, pero solo lucharé con gente armada, no mataré si no representan una amenaza, aunque ese acto salvase muchas vidas.-

Los dos permanecieron durante horas hablando y riendo, con la compañía de Gonzalo de Alvarado, Luis de Moscoso y Jorge de Alvarado, que se unieron a la fiesta. Manuel mandó llamar a sus amigos y a su grumete para qué aprovecharán la compañía de quien dirigían todas las operaciones, otorgándoles la oportunidad de estar al lado de quien daría las órdenes. Andrés y Antonio conociendo lo que se solía cocerse en esas reuniones. Apenas probaron el vino para ganarse el favor de los capitanes y salir con las mejores ganancias. Por el contrario Diego que jamás había conocido una tarde como la que estaba viviendo, se dejó llevar por el vino hasta que perdió el conocimiento, disfrutando de la vida por primera vez en su corta vida.

Sin querer perder más tiempo, el ejército de Pedro decidió salir hacia Zapotitlán para los mexicas y Xetulul para los K'iche's, que eran los nativos de aquellas tierras. Se decía que eran poderosos guerreros, enemigos de los mexicas. Las informaciones que les habían llegado de los exploradores, les precipitaban a una batalla antes de poder hablar con sus jefes, que estarían dispuestos a luchar hasta que pereciese su último hombre. La buena relación que había conseguido Manuel con Pedro de Alvarado, le permitía a él y a los suyos viajar con la caballería, dándoles un estatus que era difícil de conseguir, ya que solo los más allegados o con muchas batallas con el mismo capitán les disponía de poder ir en la caballería. A la llegada a un río conocido como Tilapa, cruzaron por un puente que conocían los mexicas. El puente era estrecho, obligando al ejército a cruzar por turnos, formando una línea defensiva en la retaguardia. Pasaron primero, escopeteros y ballesteros, para defender un ataque por vanguardia hasta que pudiera pasar la caballería, que fueron los segundos en pasar, dejando a los indios para que les cubrieran las espaldas. Sin apenas haber pasado el grueso del ejército, las arman empezaron a sonar y los gritos de guerra fueron resonando como el eco entre los hombres de vanguardia. Pedro de Alvarado mandó colocar a los caballos detrás de los escopeteros y ballesteros, que disparaban a las hordas de K'iche's que corrían y gritaban. Mantuvo la espada en alto hasta que la distancia era lo suficiente para cargar, sin poner en peligro la artillería, retrasando la lucha el tiempo suficiente mientras los indios terminaban de cruzar el río.

Manuel se acercó a Diego al que le temblaba las manos a ver tantos indios dirigirse hacia ellos.

- Quédate en retaguardia y no te separes de Luis de Moscoso, ya sabe que estas a su mando y serán los que menos arriesguen en esta batalla. Coge experiencia y no te expongas-. Diego asintió y se colocó con los hombres de Luis.

Cuando bajo la espada los jinetes azuzaron a sus caballos para arroyar a los indios, empezando por los cabecillas que solían llevar tocados con plumas bastantes llamativas, y sin su presencia el resto de los hombres solían huir asustados. Manuel espoleó a su caballo siendo de los primeros en llegar al choque, arrollando a los K'iche's que se encontraba a su paso. Por fin tenía la oportunidad de abandonar este mundo, y no dudaba en cambiar la dirección. En retaguardia encontró a uno de sus capitanes al que lo mató de una sola estocada. Estaba acostumbrado a luchar con hombres equipados con armadura, donde se terminaba aporreando con las espadas las corazas, y los penachos que utilizaban los indios, apenas frenaban el filo de las espadas que cortaban la carne como si se tratase de mantequilla. Cuando dejó de encontrar hombres contra los que chocar detuvo su marcha y se dio la vuelta.

- Por Dios, por Don Juan y por nuestro capitán Don Pedro-. La euforia de la batalla le hizo recordar a su señor y hermano, como en los viejos tiempos.

Los indios K'iche's habían llegado hasta los hombres de a pie, pero con numerosas bajas, contempló como Diego corría entre las tropas dando estocadas a los indios. Se sentía orgulloso de la soltura que tenía para ser su primera batalla. Arreó a su caballo y por la retaguardia de los indígenas que todavía no habían llegado a enfrentarse a sus compatriotas, les arremetió sin que pudieran defenderse ni ocultarse bajo los escudos de paja que se rompían como simple papel por el filo de las espadas. Sin dar tiempo a una tercera embestida, los indios con muchas bajas empezaron a huir dejando a los heridos en el campo de batalla, sin hacer caso de sus jefes, que les insistían en seguir luchando.

La victoria era de los castellanos sin apenas bajas, si les hubieran atacado un poco antes las bajas podían haber sido numerosas. Manuel se acercó a Diego y le dio un fuerte abrazo.

- Estoy orgulloso de ti muchacho.- Descabalgaron para recuperar el aliento de la batalla, y a su encuentro llegaron Andrés y Antonio que se echaron a reír al encontrarse con sus compañeros. Se desmontaron y se abrazaron.

- Este muchacho nos va a jubilar a todos-. Dijo Andrés mientras le frotaba la cabeza.

Antonio le agarró de los hombros y le apretó con fuerza.

- Estos indios ya saben qué clase de castellano eres, y pronto huirán al escuchar tu nombre-. Era la primera vez que se sentía como en una familia de verdad, donde los halagos le hacían sonrojar.

- No ha sido para tanto.-

-Ya nos ha salido el crío modesto-. Le recriminó Manuel entre risas.

Andrés se sentía por primera vez parte de una familia, donde en la batalla dejaba los intereses propios a un lado y se preocupaba por la vida de sus compañeros, que se habían convertido en su familia, estando dispuesto a perder la suya por ellos. El lazo de amistad con Antonio se había hecho tan fuerte, a pesar de ser tan obstinado y terco como él. El sentimiento era mutuo a pesar de haber luchado en bandos contrarios. El ejército de Pedro Alvarado entro en la ciudad exultante por su victoria, con los caciques hechos prisioneros, para poder sacarles la información necesaria de donde salía el oro que poseían. Los habitantes de la ciudad se escondían con el paso de los castellanos, Los mexicas, tlaxcaltecas y clolultecas, que habían sido durante mucho tiempo enemigos.

Manuel se dirigió a unas casas cerca de los aposentos de Pedro Alvarado, junto con Andrés, Antonio y Diego, para su descanso y protección. Sin esperar a descansar un rato salió a dar una vuelta por las calles de la ciudad conquistada para disfrutar de las maravillas arquitectónicas de lo que eran capaces aquellos indios, que se escondían a su paso por miedo a ser fulminados por uno de sus rallos; como contaban los que habían luchado contra ellos, siendo una temeridad vagabundear solo. Sus ganas de morir le permitían moverse con libertad por cualquier territorio. Llegó a una plaza donde había un mercado, en esos momentos vacío por la presencia de los castellanos, dejando sus pertenencias expuestas al saqueo. Contempló las tortillas de maíz que solían utilizar como platos, donde echaban carne, verdura o pescado. En otro puesto vio colgado a uno de esos perros que solían utilizar para comer, que él ya había probado y le gustó el sabor de su carne. En otro puesto pudo contemplar las plumas de colores que solían lucir los tocados de los líderes de aquellas tierras y que tanto le llamaba la atención. Se acercó y cogió con cuidado una de las plumas de color azul, su tacto era muy suave y su color brillaba cuando se reflejaba con la luz del sol. Para los indios valía más las plumas del Quetzal que el oro que ellos con tanto arrojo buscaban por aquellas tierras. Cogió dos plumas y se las enganchó en la parlota que solía cubrirle parte de su melena negra. En los puestos había nueces de cacao con las que muchas veces solían pagar, esas nueces proporcionaban energías para la lucha y virilidad en la cama, pero a él eso le daba igual. Se guardó unas cuantas para el desayuno del día siguiente.

Pedro de Alvarado ordenó el descanso de todos los soldados que no estuvieran de guardia, para procurar una salida lo más rápida posible de aquella ciudad, esperando que el grueso de los soldados de esas tierras habían perecido, pudiendo llegar a Guatemala lo antes posible para fundar en ella la principal ciudad cristiana de aquella zona. Manuel se acurrucó en una esquina, se tomó un vaso de cacao que había cogido en el mercado antes de intentar alcanzar el sueño. En medio de la noche despertó confuso al escuchar su nombre, una voz conocida le llamaba fuera de la villa. Sin despertar a sus compañeros se dirigió hacia la voz que se escuchaba cada vez más alta según avanzaba, sus armas habían quedado en la casa. Al fondo se escuchaban los gritos de tortura que producía el trabajo del verdugo, que estaría haciendo horas extras para saber en qué dirección se encontraba el oro.

En la oscuridad de la selva tres hombres montados a caballo le seguían llamando. Se frotó los ojos y cerrándolos intentaba ver la cara de quien le llamaba. A solo un palmo de ellos los pudo distinguir.

- No podéis estar aquí. Os vi morir.-

Juan Padilla descabalgó.

- Sí es posible mientras tú nos recuerdes-. No entendía nada de lo que está pasando. A su espalda se encontraban Juan Bravo y Pedro Maldonado.

-Tú luchaste por algo justo con nosotros, pero estás perdiendo el norte.-

-Yo como entonces cumplo órdenes, y ahora por el contrario mi único objetivo es encontrar la muerte.-

Juan Bravo descabalgó.

- Con nosotros luchabas por el pueblo, y ahora luchas contra él.-

-Con vosotros la mayoría del pueblo estaba con nosotros, pero las villas que sometíamos eran saqueadas y se despojaba a los que vivían en ellas de sus pertenencias, como está pasando aquí. Yo luchaba por un ideal maravilloso, pero después de cada saqueo que veía en las villas me alejaba más de la causa.-

Sin más preguntas los tres caballeros montaron y se perdieron entre aquella tupida selva dejando a un cuarto hombre al descubierto.

- Tú solo mira en tu corazón y sabrás a lo que estás dispuesto. Sé que tu corazón es puro y lucharas por algo honroso, pero tus capitanes solo buscan la fama y el oro, y eso solo se consigue con sangre.-

Sabía de primera mano de lo que era capaz Pedro de Alvarado. Pero él solo lo utilizaba para hallar la muerte, y que mejor capitán que el que está dispuesto a ofrecer la suya por la gloria.

- No mataré a inocentes.-

-Pero pregúntate si estás dispuesto a que lo hagan los demás en tu presencia. "Ella no está con nosotros"-. David de Molina se giró.

- Gracias por cuidar de mi familia-. Y también se perdió entre la selva.

El bullicio de la casa en las primeras horas del día le hizo despertar. Sus dudas después de lo sucedido eran mayores, y las voces en la cabeza cada vez más fuertes. No entendía lo que le quiso decir David con la frase "Ella no está con nosotros". Quien era ella ¿Aurora? No podía ser verdad esa frase, seguro que todo esto es producto de mi imaginación que no aguanta tanto dolor, y busca el consejo en el pasado, para intentar cerrar unas heridas que no paran de sangrar.

Agarró una jarra de vino y se puso a deambular por la ciudad. Durante horas se dedicó a pasar entre los indígenas que empezaban a salir de sus casas, mirándoles con más miedo que odio. Una de las puertas se abrió, bloqueándole el paso, invitándole a qué entrase en ella. Sin nada que perder entró, se acercó a una señora de avanzada edad que de rodillas esperó su llegada. Sin entender lo que querían de él se arrodilló frente a ella. Empezó a quemar unas yerbas que dejaba adormecido a Manuel, sacando los fantasmas de su cabeza. La señora se levantó y le ofreció una bebida que tomó sin objeciones. Su mente se dejaba llevar, empezaba a ver figuras a su alrededor. Un niño jugaba con su madre, mientras él les contemplaba orgulloso desde una silla en medio de un inmenso salón, otro joven se acercaba a él fundiéndose en un abrazo, no podía dejar de contemplarles, con el orgullo que solo es capad de sentir un padre con sus hijos, pero aquello era imposible, hasta que se giró aquella señora, que solo podía ser Aurora, con una melena rubia donde empezaban a asomarse las canas desprendidas por la edad, los ojos profundos de color azul cielo y su tez blanca, cambiante a rojiza por la vergüenza. Una escena maravillosa que arrancó a Manuel una sonrisa.

- Ese sueño jamás se podrá cumplir por mi culpa.-

Se levantó, y antes de poder cruzar la puerta una muchacha le cortó el paso.

- Jewa at b'yaaj-. Manuel la miró.- Jayi' ixoq kaminaq.-

La apartó con cuidado y salió de la casa. La muchacha lo persiguió, volviendo a interponerse en su marcha.

- Tú entender mi idioma.-

-Aprendo rápido, solo distingo algunas de tus palabras-. Prosiguió su camino, pero ella le siguió.

- Ella me dijo tú llegar. Tú mi futuro-. Viendo que no desistiría en su empeño accedió. De vuelta a la casa los soldados se preparaban para salir el día siguiente. La muchacha le seguía unos metros por detrás de él, incomodándole por su posición, la agarró del brazo y la puso a su lado.

Las primeras luces de la mañana coincidieron con la partida hacia Quetzaltenango, que estaría a unos tres días de camino. Pedro lideraba la marcha convencido de encontrar gran cantidad de oro, o eso le habían prometido los caciques torturados. Manuel aprovechaba para intentar aprender el idioma que hablaban esas gentes, para poder entender lo que se cocía en cada ciudad sin necesidad de un traductor, que podía cambiar las palabras a su gusto. María que es el nombre con el que Fray Bartolomé bautizó a la india, se sentía a gusto con la compañía de Manuel, que también le enseñaba su idioma para que fuera una pieza indispensable en aquel ejército, pudiéndose librar de portear tiendas o comida entre otras muchas cosas. Diego se había enamorado de ella desde que apareció con Manuel, e intentaba aprender el idioma sin mucho éxito. La muchacha tendría su edad, gran melena castaña lisa, sus ojos oscuros y tez morena, como la mayoría de los indígenas de aquella zona. El paso por un desfiladero obligaba a estirarse al pelotón, que se convertía en vulnerable. Los capitanes metían voces y espoleaban a los soldados, para que pasasen lo más rápido posible. Sin apenas descanso en dos días, llegaron a una colina empinada, cerca de la población Xelajuj, donde Manuel pudo ver algo que se movía en la cima de la colina.

- Vosotros dos subir los últimos, tengo un mal presentimiento-. Diego y María asintieron.

Los soldados empezaron a subir con Manuel al frente para ser de los primeros en entrar en batalla. Al llegar a la cima, se encontró a una hechicera con uno de los perros que criaban para comer, y mirando a los ojos del animal le clavó el cuchillo que portaba, acompañando su gesto con un grito de guerra. Pedro que se encontraba a su lado, dio un grito.

- ¡Salvajes, a las armas!-. Los soldados con sus petos y morriones puestos, pudieron contemplar a un numeroso ejército que les esperaba tras la colina. Todos los pueblos de aquellas tierras se habían unido contra ellos, esperándoles en un lugar donde los caballos perdían ventaja. Los soldados recuperaban el aliento mientras iban formando columnas de defensa, con el griterío de los indios K'iche's de fondo.

No tardaron en echarse encima de ellos, esperaban que la gran diferencia de soldados fuera suficiente para terminar con ellos. Los escopeteros y ballesteros ni siquiera apuntaban, solo intentaban tardar lo menos posible en cargar sus armas. Pronto estaban pie con pie en la batalla, los indios habían preparado el terreno para que los caballos no pudieran campar a sus anchas, haciéndoles más vulnerables. Desbordado, Pedro Alvarado dio la orden de retirada, necesitaba un campo de batalla donde les favoreciera, y si permanecían allí sucumbirían rápido.

Los indios liderados por Tekun Uman se vieron vencedores, ordenando perseguirles hasta terminar con ellos. Las piedras volaban, lanzas y unos dardos que lanzaban con cerbatanas. Pronto consiguieron bajar la colina, dejando a heridos por el camino. El ejército castellano perdía la formación, y muchos jinetes se escabulleron de aquel infierno. Manuel en su huida, subió a su caballo a María, y con Diego a su lado salió detrás de la estela de Pedro. Andrés y Antonio hacía tiempo que les había perdido de vista, pero no se preocupaba por ellos, conocían mejor que nadie aquellos escenarios.

Pedro detuvo la huida y se volvió contra los indios. Sin percatarse los K'iche's les habían perseguido hasta un llano, donde la caballería cargó con toda sus fuerzas contra ellos.

Manuel descabalgó a María de su caballo deseando volver a la batalla, no quería perder esa oportunidad.

- Quedaros aquí, y si veis que se acercan huir-. María asintió con la cabeza, pero Diego se sentía como un estorbo.

- Yo también quiero luchar.-

-Tu misión es protegerla, y es mi última palabra-. Diego subió a María a su caballo, y a regañadientes obedeció. Manuel no quería exponerle a una batalla tan dura sin apenas saber pelear.

Con el resto de la caballería arremetió una y otra vez hasta que los indios con sus líneas rotas empezaron a huir, los castellanos aprovecharon para escapar, antes de que se pudieran reagrupar. Pensando que por fin se había deshecho del enemigo, llegaron a unos manantiales, donde pudieron darse cuenta de la cantidad de bajas sufridas y la ferocidad con las que les atacaban aquellos indígenas. Sin confiarse demasiado, Pedro Alvarado mandó comer ligeramente a sus hombres, y preparar una línea defensiva por si volvían a por ellos. Su dilatada experiencia, y pensando lo que haría él para terminar con el enemigo, sin errar en su pronóstico. K'iche's escondidos cerca de su posición, avanzaron contra ellos esperando sorprenderles, pero escopeteros y ballesteros bien colocados por su comandante, empezaron a disparar a la multitud, creando muchas bajas al nuevo enemigo que esperaba cortarles la retirada, eligiendo mal el campo de guerra, donde los caballos volvían a hacer estragos en las líneas enemigas con la mitad de la caballería, al haber perdido al resto en la huida, sin saber si estaban muertos o vivos. Los indios K'iche's huyeron en busca de refuerzos seguidos por los castellanos, que intentaban terminar con la guerra en esa batalla, pero el terreno empezó a convertirse en resbaladizo y de mal paso para los caballos. En el horizonte apareció a la cabeza del ejército K'iche's Tekun Uman, luciendo un hermoso tocado de plumas de quetzal del mismo color que la que cogió Manuel, y se puso en su parlota. Dispuesto a dar hasta su último aliento contra los falsos dioses que más bien parecían diablos. La horda de indios intimidó a Pedro, que dio la orden de retirada en busca de un pueblo aliado, donde pudieran conseguir más soldados. La huida no duro mucho, el río Xequikel les cortó el paso, y los indios apremiados por su general, se echaron sobre los castellanos, quienes habían perdido las líneas de defensa, convirtiéndose cada hombre en dueño de su destino. Los indios saltaban sobre los caballos, los castellanos acuchillaban sin miramiento. Tekun Uman con un poderoso golpe y con el pecho descubierto, desfiguraba a los soldados que salían a su paso. Manuel luchaba y reía, esperando su ansiado final.

- ¡Aurora! Hoy es el día que nos volveremos a reunir. ¡Vamos a acabar con un desdichado!-

Una piedra impacto el su pecho protegido por el peto metálico.

- Apuntar más arriba-. Su risa diabólica asustaba a los indios, que se cruzaban con su caballo. Corría por la llanura, esperando la estocada que le arrebatara la vida, pudiendo descansar. Exhausto del combate detuvo las embestidas, contemplando como los indios K'iche's les tenían casi vencidos, a lo lejos vio como Diego con María a lomos de su caballo eran derribados. El general de aquel ejército empezó a remeter con su porra a Diego, hasta desarmarle y ponerle de rodillas. Manuel azuzó a su caballo para intentar parar ese último golpe en la cabeza desprotegida del muchacho.

- ¡Noooo!-. Su ayuda era tardía, el muchacho yacía en el suelo.- Es mi alma la que te tienes que llevar. La suya es pura-. Se arrodilló a su lado sujetando la cabeza ensangrentada, bajo la atenta mirada de María que no era capaz de gesticular ningún sonido. Dio un alarido que hizo retroceder a los indios que se encontraban a su alrededor. Con los ojos llenos de ira montó en su caballo, y fue en busca del Tekun Uman, quien con ferocidad clavó una lanza en el caballo de Alvarado tirándolo al suelo; jamás en lo que llevaba en el nuevo mundo, ningún indio había sido capad de derribarle del caballo. Con Pedro en el suelo, Tekun fue a darle el golpe de gracia, esperando terminar con aquella guerra que solo les había traído desgracias y muerte, pero la espada de Manuel detuvo su porra, y con un codazo en el rostro lo derribó.

- Tooq´it chwee je´_kkowin.-

Tekun se levantó y observó las plumas de su parlota.

- Jayi´ taqal_chrij.-

Los dos oponentes se observaron y empezaron a intercambiar golpes. La lucha era muy reñida, hasta que Tekun estrelló su arma contra el peto de Manuel, dejándole sin respiración. Manuel después de unos segundos se repuso, empezando a golpear su peto con la empuñadura de su arma.

-¡¡¡Ataca!!!-. Tekun volvió a golpear el pecho del soldado, rompiendo las cuchillas de su porra. Manuel tiró su espada y empezó a animar a su enemigo a que repitiera el golpe mientras agarraba la daga guardada en su espalda. Cuando intentó un tercer golpe, Manuel lo esquivó, dándole un tajo en el tendón de Aquiles de su pierna derecha. Tekun calló arrodillado, y Pedro Alvarado aprovechó para clavarle la espada por la espada, dándole muerte. Fray Bartolomé de Olmedo al ver caer a su líder, empezó a dar moral a los soldados sobrepasados por el enemigo.

- ¡Luchar por dios quien guardara vuestras almas por ser las espadas de su fe! ¡El señor esta de nuestro lado, y no nos permitirá perder en esta tierra pagana!-

El resto de la caballería perdida reapareció, con Andrés y Antonio entre las primeras filas, empezaron a dar muerte a la retaguardia del enemigo, que se encontraba desprotegida. Pedro sonrió a Manuel y dio un grito de ataque, para terminar con aquel magnífico ejército. Manuel por el contrario se postró de rodillas sobre aquel indio, que dando su última bocanada, pudo sentir como un quetzal se posaba en su pecho. El odio hacia aquel hombre lo había cegado, sin ver que es lo que estaba pasando a su alrededor. Esa gente solo defendía sus tierras, profanadas por unos hombres que solo eran movidos por el oro. Se levantó y contempló con esperpento la cruel matanza que hacían los castellanos hacia esos guerreros, que huían despavoridos.

Manuel se levantó con la ayuda de María, que se había escondido detrás de él durante el resto de la batalla. Sin apenas reaccionar al gesto de agradecimiento de Pedro; que si no fuera por su intervención estaría muerto, se dirigió donde permanecía Diego.

- Eras demasiado joven y no he sido capaz de protegerte, por no pensar más que en mis intereses.-

Con la ayuda de Andrés y Antonio lo subieron a su caballo, llevándoselo de aquel lugar, para poder darle un funeral digno, que muchos que habían perecido como él no lo tendrían. Salieron en busca de refugio y comida, esperando no recibir un nuevo ataque de los K'iche's, que sin saber si se habían vuelto a reagrupar, los castellanos deambularon durante horas, hasta que encontraron un lugar donde acampar y decidir cuál sería sus siguientes pasos. Los capitanes se reunieron en la tienda de Pedro, mientras la mayoría de los soldados preparaban fortificaciones por si eran atacados de nuevo. Manuel acompañado por María, Andrés y Antonio, cavaron una tumba para su amigo, y Fray Bartolomé le dio una misa fúnebre, en la que acompañó en ella a todos los soldados caídos durante esos últimos días.

Manuel se mantuvo en la tumba toda la noche, mientras el resto de sus amigos le fueron abandonando. Él era quien necesitaba estar en aquella tumba, no Diego.

-Tú no estás listo-. Manuel se giró, y contempló con las primeras luces del día a Aurora caminando hacia él.- Tu promesa te perseguirá hasta que la cumplas-. Se arrodilló a su lado.- ¿Cómo cumplir algo que no se puede cumplir?-

Le dio un beso y desapareció.- Si se puede cumplir, pero aún no estás preparado.-

María que le contemplaba desde que anocheció, se acercó a él, y se sentó a su lado en el mismo sitio que Manuel vio a Aurora. Cogió un poco de tierra de la tumba y la dejó escurrir entre los dedos, para que fuera arrastrada por la brisa de la mañana.

- Tienes espíritus que te protegen, y no te dejaran marchar-. Manuel miró a María con los ojos enrojecidos por el lloro que le había acompañado toda la noche.

- ¿Tengo que ver como tú, Andrés o Antonio morís por mi culpa, mientras yo estoy condenado a vagar por el nuevo mundo o el antiguo?-

-Los dioses nos tienen preparado el camino, y a ti te tienen especial empatía.-

La voz de levantamiento retumbó en todo el campamento, los capitanes decidieron avanzar hacia Xelaju, tenían que conseguir la ciudad. Pedro Alvarado no estaba dispuestos a retroceder o pedir ayuda. Aquellos indios casi le dan muerte y estaba dispuesto a vencerles como fuera. Si creen que tenemos miedo, nos atacarían las veces que fueran necesarias para vencernos, y los pueblos que no se habían unido lo harían al poder pensar que triunfarían.

Los castellanos entraron sin ninguna oposición, por parte de los ciudadanos que eran niños o mujeres de los guerreros caídos. Les miraban con miedo y se apartaban a su paso. Pedro equipado todavía con su coraza y espada en mano, mandó registrar la ciudad sin encontrar oposición a su conquista. La primera noche trascurrió con rezos y alaridos de los soldados heridos. Los K'iche's se lo hicieron pasar muy mal en la orilla del río, y todo hombre había perdido algún allegado.

Manuel montó en su caballo con una buena dosis de vino, se alejó de la ciudad. Tenía que apagar las voces de su cabeza a la que se las había unido la de Diego. María que se había enamorado de él, salió con el caballo de Andrés, quien la enseño a montar y no hizo nada por detenerla.

Manuel llegó al claro de la batalla, y con los cuerpos alimentando a los animales del lugar, se sentó al lado de Tekún. Sacó el vino y empezó a beber, esperando encontrar la paz que habían conseguido los fallecidos en la batalla. María incapaz de aguantar el olor que desprendían los cuerpos, se retiró dónde podría contemplarle sin tener que aguantar el hedor del lugar.

-Tú. Un señor de estas tierras abatido como un vulgar perro por la espalda. Tenía que haber dejado pasar tu porra para que luchases con alguien de tu posición-. Se terminó el vino y se tumbó, esperando a que el alcohol le durmiera. -Despierta. Despierta soldado-. Manuel abrió los ojos y se encontró a las faldas del volcán Lajuj No'j, donde acampaba a sus anchas el pájaro quetzal, dueños de las plumas que adornaban su parlota. Un animal precioso con magníficos colores verdes que cambiaban de colores según el reflejo del sol. En el mismo pájaro podía pasar de verde a azul o violeta, pasando por un dorado precioso, su pecho de rojo intenso, las plumas superiores de color verdes muy largas escondiendo la cola. A su lado se encontraba Tekún contemplando como si fuera la primera vez que veía aquellos animalitos.- Su belleza acaba siendo su perdición.-

Manuel lo miró y contempló su tocado.- Pensé que tu muerte me daría calma, pero ha sido peor.-

-Siéntate. Tú solo cumplías órdenes e hiciste lo que yo no pude acabar de un golpe en aquella batalla. Con mi muerte salvaste muchas vidas, yo intentaba hacer lo mismo, pero tú lo evitaste.-

-No te merecías esa muerte-. Tekún se levantó y dejó posarse varios quetzales en sus hombros.

-Ninguna muerte es honrosa, y la espada que me atravesó fue dirigida por un guerrero digno y eso me dejara partir en paz con mi familia.-

Manuel se levantó espantando a los pájaros.- Fuiste ejecutado como un ladrón.-

-Esa espada la dirigía tu corazón, no la mano de tu amo.-

Le tocó con la palma en la cabeza, despertando Manuel la mañana siguiente, en el campo de batalla donde seguían todos esos cuerpos saqueados por los ganadores. Con cuidado le quitó una pluma verde, de las que cubrían la cola del animal del tocado de Tekún, y se la puso en su parlota situándola en medio de las dos que ya portaba. Se montó en su caballo y salió al galope, contemplando las caras de los que allí yacían. Cabalgando sin sentido, buscaba el lugar maravilloso que acababa de enseñarle Tekún, hasta que uno de esos pájaros se cruzó en su camino y le guio a su colonia. Impresionado por el espectáculo de aquel magnífico pájaro se desmontó del caballo y se sentó. A su lado se colocó María, que a pesar de su poca experiencia a caballo se le daba muy bien y pudo seguirle el paso. Colocó la cabeza en su hombro, dejando caer su larga melena por su espalda. Durante horas permanecieron inmóviles al espectáculo que les brindaba aquellas tierras. Manuel sentía tranquilidad cuando María estaba a su lado, la quería como si fuera su hermana pequeña y como tal había empezado a verla. María sabiendo que su amor no sería correspondido, no podía dejar de luchar contra su corazón. Giró la cara, y pillando a Manuel despistado, le beso en los labios, siendo correspondida, cuando se separaron, Manuel la miró profundamente.

- No puedo darte lo que quieres. Mi corazón ya tiene dueña, y eso jamás cambiará por mucho que lo intente.-

María se acarició la boca con su mano, sintiendo en ellos la humedad que le dejaron los labios de Manuel.

- Lo sé, pero no puedo luchar contra ello-. Manuel la abrazó con fuerza.

- Mi amor hacia ti es como la de un hermano, y jamás podre corresponderte. No quiero perderte a ti también, pero si mi compañía te hace sentir lo que siento yo por Aurora, lo mejor será que nos separemos durante un tiempo.-

-No, eso no. Sabía desde qué te conocí que mi amor jamás sería correspondido. Por las noches mientras duermes, contemplo tu rostro, mientras tus labios cautivos gritan por el regreso de tu amada, sin recibir respuesta. No me separes de ti. No volveré a intentarlo. Creía que así te liberaría.-

Manuel la agarró la cara con sus manos, y con sus pulgares la limpió las lágrimas que corrían por sus mejillas sonrojadas.

- No quiero perderte a ti también. Tú me das un motivo para vivir, necesito tu energía-. Se volvieron a fundir en un abrazo.

A la mañana siguiente después de dormir en aquel magnífico lugar, se despertaron rodeados de los quetzales. Manuel con cuidado sacó una torta de maíz que guardaba en el bolsillo, la rompió para hacerla migas, la repartió por el suelo para que la comieran los animalitos y de paso desayunar ellos. Salieron con sus monturas de aquel lugar, dando una última mirada para recordar su belleza hasta el último de sus días. Estuvieron explorando aquellos lugares para conocer mejor las tierras que por el azar Manuel estaba conociendo. María estaba encantada de mostrarle las tierras de sus antepasados, para que entendiera mejor las costumbres de sus gentes. Al mediodía escucharon las voces de K'iche's que partían a la guerra. Manuel pudo contemplar en el horizonte como miles de indios viajaban hacia Xelaju.

- Tenemos que avisar a Pedro Alvarado.-

Entraron en Xelaju en busca de la plaza principal donde tenía Pedro montado el campamento de mando. Un guardia le dio el alto, impidiéndole el paso.

- Borracho, vete de aquí-. Manuel le soltó un puñetazo que impacto en la nariz, luego le puso la zancadilla y termino por derribarlo. Varios soldados que hacían guardia salieron a su paso, pero al reconocer a Manuel lo dejaron pasar. Entró en la tienda del capitán, y dio a todos los que allí compartían vino una reverencia.

- Vienen a nuestro encuentro los indios en busca de venganza.-

Pedro tiró la copa.

- Tenemos que salir de aquí-. Todos los soldados que se encontraban en la villa, se vistieron para la guerra, siguiendo a su capitán a un llano, donde los caballos pudieran correr, para tener una mejor ventaja respecto a las hordas de los guerreros K'iche's. Los indios pensando que los extranjeros huían apresuraron el paso para darles caza, pensando que con su superioridad acabarían con aquel infierno, pero las ansias de victoria cegaron a los K'ichen', que cuando les tuvieron a tiro, fueron embestidos por los caballos que aprovechando la llanura, cambiaron su rumbo para abandonar a la infantería y sorprender al numeroso ejército. Sin apenas poder defenderse, la infantería con escopeteros y ballesteros al frente, empezaron a separar a las hordas de los indios, que solo podían defenderse para no ser heridos, rompiendo las filas, dejando espacios por donde los caballos campaban a sus anchas. Sin apenas haber hecho daño a los castellanos, los capitanes K'iche's dieron la voz de retirada, pero Pedro Alvarado no quería más ataques de aquellos indios porfiados, y dio orden de masacrarles sin piedad. Manuel al contemplar su huida guardó la espada, viendo horrorizado como los jinetes castellanos mataban sin importar las súplicas de los indios que se rendían tirando sus armas. La mayoría con los que compartía ejército, eran psicópatas que aprovechaban aquellas tierras para dar rienda suelta a su perturbada imaginación.

Andrés se acercó a su lado, observando la masacre sin inmutarse.

- Los guerreros solo viven de la sed de sangre. He vivido en los dos extremos, convirtiéndose la indiferencia en la mejor aliada, dejándote soportar la guerra.-

Pedro con los ojos encharcados de sangre por la victoria se acercó a Manuel.

- Esta victoria es gracias a ti. Te debo mucho. Serás recompensado con creces cuando termine la conquista de estas tierras. Te lo prometo.- Agitó su espada al viento y salió a galope en busca de más sangre.

Manuel que viajó a esas tierras para conseguir una muerte gloriosa, empezaba a entender que de gloriosa no tenía nada que ver con lo que se hacía con aquellas gentes. Ningún dios debía permitir esas matanzas, y menos que fueran justificadas por la fe. A su cabeza volvían aquellos fantasmas de Villalar, cuando los comuneros fueron vencidos y masacrados por el ejército carlista, que solo buscaba exterminar al oponente sin pensar más que en su gloria o beneficio. Se sentía igual que aquel maldito veintitrés de abril, donde la sangre derramada empapaba la tierra de sus víctimas condenadas a vagar durante toda la eternidad, buscando un descanso.

Victorioso, Pedro Alvarado salió de Xelaju, donde sus caciques habían comprendido que solo su abdicación frente al rey Carlos les daría una oportunidad, donde su pueblo se podría convertir en una parte importante, donde su nombre luciría con párrafos dorados. En pocos días había conseguido que el gran ejército que le perseguía por aquellas tierras se postrase a sus pies, pudiendo conquistar aquel enorme continente sin apenas esfuerzos. La gloria solo se les ofrecía a los pocos que estuvieran dispuestos a cogerla con la fuerza, y él pensaba agarrarla con las dos manos.

Montado en su caballo entró en Q'umarcaaj, donde sus peldaños empinados apenas dejaban subir a caballo, obligándole a desmontar y seguir a pie, dejando a su montura fuera. Previsto del mal hacer de los caciques, varios hombres fueron a explorar los exteriores y las entradas de la ciudad, por si no se trataba de un caballo de trolla, donde los bonitos halagos se convirtieran en el peor de los desastres.

Entre las calles angostas y las casas tan juntas, Manuel que por petición propia de Pedro caminaba a su lado, se temía lo peor.

- En esta ciudad no se ven ni niños ni mujeres, no he podido ver ningún mercado donde cambiar artículos o comprar las tortas de maíz que tanto se consume por este mundo-. Sabía que no iban a una ofrenda de paz; sino a una emboscada. Pedro volviendo a la realidad que los K'iche le habían ofrecido desde que se había atrevido a surcar sus tierras, encolerizó.

- Estos paganos pagarán su osadía.-

Oxib Kiej y Beleneb Tzi que lo estaban esperando con todos sus súbditos, les entregaron no más que un poco de comida, que Alvarado interpretó como una ofensa a quien se tendrían que rendir como si un dios se tratase.

- Agradezco vuestra generosidad, Pero mis caballos necesitan pastar en un entorno más abierto al que vuestra ciudad les podrían aportar-. Sin dar tiempo a responder se dio la media vuelta, y con los soldados que lo acompañaban salió de la ciudad.

La mañana siguiente los caciques porfiados por concluir en ese punto la conquista de los castellanos, y conseguirlo sin sufrir más bajas se tragaron su orgullo, y salieron de Q'umarcaaj para convencer a Pedro, para que volviera a la ciudad donde esperaban capturarle vivo, pudiendo aprende sobre los suyos y sus costumbres. Sin dar tiempo a ofrecer sus disculpas, Pedro Alvarado colérico por los pensamientos de traición que acompañaba al vino servido por sus capitanes, mandó apresarles.

- Que mueran quemados por pecadores.-

Manuel que no quería que la sangre volviera a correr como en las campañas anteriores, se levantó, para interponerse entre los hombres y los caciques.

-Que se les ofrezca la oportunidad de convertirse a nuestra fe.-

Fray Bartolomé se colocó al lado de Pedro e interpuso por ellos.

- Déjeme darles la oportunidad de que abracen nuestra fe. Si en dos días se reniegan a conocer la salvación, serán pastos de las llamas.-

Pedro con la mirada puesta en Manuel, concedió los días de penitencia.

La noche calló sobre sus cabezas, Manuel se acercó a los caciques que aunque prisioneros se les otorgaba unos aposentos dignos de su rango. Acompañado de María entró en la tienda de los caciques K'iche y se arrodilló delante de Oxib kiej.

- Kuna´o.-

Sin comprender lo que estaba pasando, pidió que se levantara, esperando a que le diese cuentas de sus disculpas. Manuel se levantó, y con la compañía de María, se sentó en frete del rey de aquellas tierras.

-Por mi culpa murió tu hijo.-

Oxib Kiej acababa de encontrarse con el culpable de la muerte de su primogénito.

- Su muerte estaba escrita. Tú solo eres el medio-. Sus ojos se enrojecieron contemplando la cara de aquel muchacho que sin necesidad de exponerse a tal ofrenda, estaba frente a él para dar su pésame.

- Con tu generosidad sé que murió por un guerrero digno de su estirpe.-

Manuel acompañó las lágrimas de un padre que por motivos diferentes a la naturaleza había perdido a su hijo.

-Él me enseño estas tierras donde la vida crece sin necesidad de la existencia humana, dando luz y colorido donde en castilla jamás pudiera haber contemplado, tu hijo se ofreció a que disfrutase de ello a pesar de mi intervención. Yo no maté a tu hijo, pero si es mi culpa que por mis actos estemos en estos momentos aquí-. María traducía las palabras de Manuel, sin interponer palabras que no hubiera dicho para que su mensaje fuera lo más exacto al que quería transmitir. Oxib kiej se fundió con él en un abrazo, y con las lágrimas de alguien que había perdido algo más que a su hijo, le susurró al oído.

- Mi vida está condenada. Lucha por mi pueblo cuando esta ciudad solo pase a ser cenizas.-

Manuel le miró a la cara con gesto de incredulidad, se fijó en sus ojos y salió de la tienda. Conocía a Pedro y por muy fascinante que le pareciera quemar a los líderes de aquellas tierras para amedrentar al resto de los pueblos, sabía que Fray Bartolomé de Olmedo no se lo permitiría si se pasaban a la fe cristiana.

Cansado de esperar a la intemperie, Alvarado sacó a los caciques de sus tiendas y sin querer más interrupciones, aprovechó que Fray Bartolomé no se encontraba cerca del campamento para quemarlos. En la tienda de Manuel Entraron Luis de Moscoso y Jorge Alvarado para que no intentara lo inevitable.

- ¿Qué pasa? ¿Qué vais a hacer? ¡No!- Luis le colocó la mano en el pecho para que no se moviera de la cama.

- Es mejor así.-

Se volvió a tumbar y contempló su espada. Era inútil, él no podía hacer nada por aquellos hombres.

Pronto empezaron a escucharse los gritos de dolor de los condenados. Si no hubiera dicho nada podían seguir vivos, pero ellos ya sabían lo que les esperaba y estaban dispuestos a las consecuencias.

Un grito de guerra se escuchaba desde Q' umarcaaj, los pocos soldados que custodiaban la ciudad, salieron a salvar a sus reyes. Ya tenía Pedro la excusa perfecta. Cargados con antorchas, los jinetes mataron a los pocos K'iche's que quedaban, se introdujeron en la ciudad prendiendo fuego a sus casas.

Oxib Kiej sabía lo que iba a pasar, y aun así perdonó a Manuel. Despacio se levantó de la cama, y con lo puesto salió para contemplar a los caciques calcinados, a su espalda la ciudad se consumía en llamas como Medina del Campo, que por luchar contra la injusticia, los poderosos la quemaron en consecuencia de su desplante. Ese era el punto de retorno. El viaje al nuevo mundo era para morir, no para masacrar a una población que solo defendía sus tierras. Prefería vagar por aquellas tierras paganas, que buscar una muerte donde su espada estaba a la disposición del más fuerte y no del más necesitado. Se giró y dio un abrazo de despedida a Antonio y Andrés, que no quisieron participar en la destrucción de Q' umarcaaj, pero seguirían a Pedro Alvarado en la conquista de aquellas tierras. Al fin y al cabo así era su vida, y no sabrían hacer otra cosa.

Manuel montó en su caballo acompañado de María. Contempló las llamas durante unos minutos y salió al galope del campamento. Nada pintaba él en aquel lugar, junto a un ejército que solo buscaba la gloria, sin pensar en lo que sucedía a su alrededor. Pocos días después de contemplar lo que la naturaleza era capaz de crear, comprobó lo que el hombre era capad de destruir. Daba igual el mundo donde se encontrase; Castilla, Guatemala, a los hombres solo les importaba el poder, pasando por encima de quién no hincara la rodilla.

VILLA DE OLMEDO

OLMEDO

29 - Diciembre - 1535

Manuel se puso en pie y destapó su cabeza. Delante tenía a quien más había amado en este mundo. Su boca compartía el gesto de felicidad y amargura por no haberla buscado antes. Aurora le cogió de la mano y empezó a recorrer la palma castigada por la espada y la azada con sus dedos, deseando conocer hasta el último punto de su cuerpo. Ninguno de los dos podía creerse lo que estaban viendo.

– Una promesa solo una promesa me ha permitido permanecer con vida.-

Aurora le miró a la cara, dejando caer lágrimas de felicidad por su rostro.

- Sabía que no podías haber desaparecido sin más-. Y se fundieron en un abrazo, en aquella capilla, rodeados de las tenues velas, donde la cera empezaba a endurecerse dejándolas una bonita estela. Se miraron y se dieron un beso. Dieciséis años desde su último beso, y seguía teniendo la misma fuerza, que aquellos mágicos días donde dios les unió, y en ese mismo momento bajo un techo sagrado los volvía a unir.

Aurora empezó a tiritar por el frío que arrastraba la noche, Manuel se quitó su capa para ponérsela sobre los hombros. Aurora disfrutaba con el roce cariñoso de las manos de aquel hombre que con tanta ansía deseaba reencontrar. Él se arrimó, para volver a sentir el olor cautivo de su pelo, y con suavidad deslizó sus dedos por los rizos dorados, que le habían acompañado con la amargura de un imposible reencuentro durante tantos años. Cuantas noches anhelaba poder volver a acariciar ese rostro, sufriendo con el espejismo que le acompañaba todas las noches sin poder acariciar su dulce piel. Cuantas veces había imaginado hablar con ella, sin poder sentir su calor en medio de la noche anhelando abrazarse a ella, pero en ninguna de las apariciones que tenía se podía ni asemejar a lo que estaba viviendo en ese mismo momento.

Manuel se volvió a sentar para descansar la pierna maltrecha que le dolía por la humedad de la niebla. Aurora se sentó a su lado y se hizo un ovillo apoyando la cabeza en su pecho, necesitaba comprobar que no era una alucinación. Por fin volvía a sentir su corazón y el calor de su piel. Sin estar segura de lo que estaba pasando, fuera verdad o no, agradecía que aunque solo fuera una última vez, pudiera tenerlo a su lado. Manuel la abrazaba con fuerza, esperando que no desapareciera como los últimos años, dejándole paso a unas voces de culpabilidad que solo las drogas podían apaciguar.

-Un hombre con la cruz roja de Santiago en el pecho, me dijo que estabas viva y que pasarías por esta tierra.-

Aurora acomodaba su cabeza en el pecho agradecida por el calor que le brindaba su amado.- Dios bendiga a ese hombre que ha conseguido reunirnos de nuevo.-

Manuel sabía que su promesa no le había dejado morir, y su destierro duraría hasta que se diera cuenta de que las armas solo le traerían desgracias. Solo cuando renegó de su espada y decidió vivir en paz, se le otorgó la oportunidad de restablecer su vida, y esta vez no pensaba abandonarla por muy buena que fuera la causa. Él ya tenía una causa justa y no pensaba volver a renunciar a ella.

Las horas pasaban, y los enamorados no querían abandonar la capilla por miedo de volver a la realidad, demostrándoles la cruel realidad que habían vivido, comprobando que no era más que otro anhelo de su imaginación. Manuel, el hijo de la pareja y Hernán entraron en la capilla preocupados por Aurora, que a altas horas de la noche no había vuelto a la casa, y la distancia del monasterio a esas horas en medio de la oscuridad empezaba a preocuparles.

- Madre ¿Quién ese hombre?-

Los dos enamorados se levantaron. Manuel miró al muchacho que tenía su mismo porte.

- Tú, tienes que ser mi hijo.-

Lo miró con cuidado, y dirigió la mirada a su madre.

- Mi padre murió.-

Aurora asintió con la cabeza dándole a entender que sí que lo era. Hernán le colocó la mano en el hombro.

- Sí que es tu padre. Le recuerdo como si fuera ayer cuando partíamos de Torrelobantón.-

Levantó sus brazos esperando sentir el primer abrazo de su hijo. Manuel hijo, dudó durante unos segundos, y rompiendo a llorar se fundió con su padre, que tampoco pudo contener las lágrimas. En un solo día había vuelto a ver a la mujer que pensaba que había muerto, y además conocer a su hijo que ni sabía que existía. Por fin su suerte había cambiado, sabedor de que no podría recuperar el tiempo perdido, no pensaba renunciar ni un minuto de lo que le quedaba de su vida a la compañía de su familia. Bastante tiempo había dejado pasar, y la vida de los hombres son efímeras y tenía que aprovechar con ellos el tiempo que le quedaba.

- Gracias Hernán por cuidar de mi familia.-

Hernán se sentía orgulloso de poder ver unida a una familia destrozada por un sueño.

- El placer es mío. Es Aurora la que me ha protegido a mí.-

Manuel sin soltar a su hijo, pidió a Aurora que les acompañara en ese abrazo, que sin pensárselo, se acercó y se fundió con ellos.

Manuel levantó su cabeza para contemplar al hombre que había permanecido junto a su familia.

- Hernán si quieres puedes acompañarnos al nuevo mundo, donde poseo tierras y puedes conocer a hombres que desearan tenerte como escudero, o puedes seguir con nosotros.-

Hernán le agradecía el gesto, por fin podría viajar al nuevo mundo.

- Sería un honor permanecer con quien me ha dado el calor que solo ofrece la familia.-

Aurora le invitó al abrazo, al que no dudo a unirse.

- Tú siempre has sido parte de esta familia.-

TENOCHTITLAN

18-Noviembre-1535

No entendía Manuel el interés de Andrés con la compañía de Antonio, a los que no veía desde la quema de Q'umarcaaj el sacarle de Xelajuj. La visita por lo menos se aprovecharía para recordar antiguas anécdotas.

Xelajuj se había convertido en el nuevo hogar de Manuel, llamada ahora Quetzaltenango por Alvarado, que le puso el nombre de la montaña en memoria de su señor Tekun, por su feroz resistencia y valentía en la batalla, donde por fin y con mucha ayuda había conseguido la paz que tanto ansiaba.

Antonio quería llevarle a conocer al Virrey que imponía el rey Carlos, queriendo apartar a Cortés de la primera línea para controlar unas tierras que no conocía y que todo apuntaba a que jamás conocería, no por su deseo, sino por las continuas trifulcas entre territorios, donde él era la máxima autoridad. Ya era difícil controlar un continente que pasaba los días en guerras y traiciones, como para querer viajar a la otra punta del mundo a conocer las guerras entre castellanos, que solo querían el poder y el oro.

El puente a la ciudad seguía como él recordaba, pero en su interior la fe católica había empezado a demoler las construcciones, donde los mexicas rezaban y daban culto a sus dioses. Eso le parecía lo más lógico, teniendo en cuenta que donde él residía, también habían terminado con las pirámides de los K'iche para construir en su lugar una iglesia.

- No me importa quién sea el virrey, no pienso volver a empuñar la espada si no es por la defensa de mi ciudad, como en octubre de mil quinientos veinte seis, donde salí con Pedro Portocarrero en la defensa de la ciudad y no me siento orgulloso de lo que hicimos.-

Antonio lo miró y sonrió.

- Esta persona a la que te llevo a visitar es de las pocas que puede saber lo que le pasó a Aurora.-

Manuel le miró como nunca había mirado a nadie.

- Con eso no juegues.-

-Tus ganas de conseguir la muerte, a nosotros nos ha brindado una vida donde nuestra destreza nos ha dado grandes fortunas, y cuando conocí la noticia, pensé que sería la mejor manera de recompensarte. Si existiera una mínima posibilidad de que ella estuviera viva él lo sabría.-

-Ella está muerta y eso no se podrá cambiar, pero a vuestra compañía y a un buen vino jamás le diría que no.- Quería dar la apariencia que ya lo había superado, pero cada mañana despertaba gritando su nombre. Solo las plantas que le proporcionaba María le arrebataban aquel dolor.

Dos guardias custodiaban la casa que se le había entregado al Virrey.

- Solo los Capitanes pueden entrar en estos aposentos-. Les cortó el paso uno de ellos. Antonio se acercó al guardia y le dio un pergamino con el sello de los Mendoza.

- Entrégaselo y después pedirme perdón por vuestra grosería.-

Uno de los guardias mando llamar a un sirviente al que le entregó el pergamino. En pocos minutos Antonio de Mendoza y Pacheco se presentó en la puerta.

- Dejar pasar a esos hombres.-

Los guardias agacharon la cabeza y se apartaron para que pudieran acceder al interior.

Acompañados por el mayordomo, les condujo hasta una sala donde una mesa de madera ocupaba el centro de la sala.

- Estamos adecuando la sala a mi gusto. Perdonar el desorden.-

Manuel se quedó contemplando un cuadro donde posaba María Pacheco con Aurora en un segundo plano, siendo solo una niña. Ese cuadro lo había visto antes. Aquel hombre era quien le había presentado a Aurora, y el único que podrá decirle que había pasado con ella.

-Somos nosotros los que nos tenemos que disculpar por molestar a un señor de su rango-. Antonio sabía que lo que estaba haciendo, jamás sería ofrecido a un simple soldado, y la carta que había sacado, la guardaba como las que conservaba de muchos nobles para condiciones críticas, pero Manuel necesitaba respuestas, y ese hombre se las podía ofrecer.

-Sentaros y disfrutar del vino traído de Castilla para vuestro deleite-. Ordenó poner copas y llenarlas de vino cada vez que estuvieran vacías.- ¿Qué desea el hombre que me proporcionó el alma de un malnacido?-

Andrés levantó la copa y se la bebió de un trago.

- Este señor que me acompaña, es el hermano de Juan Padilla, y su mujer que servía a su hermana murió en las revueltas de Toledo.-

Antonio de Mendoza miró a Manuel fijamente.

- Te recuerdo. Pero tu mujer no ha muerto que yo sepa.-

Dio un trago largo de vino dejando a Manuel con el corazón en un puño. No podía ser verdad lo que acababa de escuchar.

- Excepto que te hayas vuelto a casar, que sería pecado y un delito.-

Manuel no apartó la vista del cuadro donde aparecía su amada.

- Juro por la cruz de Santiago que portas en tu pecho, que no he querido ni poseído a otra mujer-. Se levantó y se acercó al retrato de María.

- Esta es mi mujer, la única que he tenido y tendré.-

-Juras por algo muy noble. Pero tu mujer sigue con vida, y pasó los últimos momentos de la vida de mi hermana en Oporto.-

Manuel miró el fondo de su copa de vino sin entender, que sin saber, su amada estaba tan cerca, y una mentira de quien suponía que aunque no por sangre lo consideraba su hermano, le había engañado. Si en vez de irse fuera de la península, hubiera seguido a María Pacheco, se hubiera encontrado con ella. Pero su dolor le hizo elegir la búsqueda de la guerra, sin entender que la búsqueda de la paz le hubiera dado lo que más quería. Dio un último trago a su copa y pidió que se la rellenaran.

- ¿Y sabes donde se encuentra ella ahora?-

-Si-. Sacó un pergamino que guardaba bajo el traje negro con la cruz de Santiago en rojo, colocada en la parte izquierda donde se encuentra el corazón.- Pensaba quemarla hoy por lo que significa, pero ahora tú decides que hacer con ella.-

Manuel la abrió deseoso de conocer el lugar de su amada, que desde hace unos minutos sabía que seguía con vida. La leyó en silencio y, al terminar de leerla se acercó a la chimenea.

- Con su permiso.-

Antonio asintió con la cabeza.

- Solo algunos de sus hermanos tenemos esa información, y ahora tú también.-

La dejo caer y contempló como ardía por el fuego.

- Tengo que partir lo antes posible a Castilla-.

Antonio de Mendoza ordenó detener a Manuel.

- Quedaros esta noche en mi casa y disfrutar de los manjares que traemos de Castilla. Mañana podrás partir en busca de tu mujer.-

Manuel miraba el retrato, con la incertidumbre de no saber si Aurora habría rehecho su vida, sintiendo que la noticia le hacía tener dudas.

- Está bien, pero mañana partiré a primera hora-. Se volvió a sentar y le volvieron a rellenar la copa de vino.

- Te preparé un salvoconducto para que tu viaje no sufra ningún percance.-

Manuel bebió de la copa y comió un poco de jamón que habían puesto en la mesa.

- Su generosidad es enorme. No sé cómo podre recompensarle.-

-Tu amigo ya lo hizo hace tiempo y, tu mujer se lo merece, después de pasar hasta el último momento con mi hermana.-

Miró a Andrés y levantó la copa en su dirección.

- ¿Cuál fue la gesta a la que debo la posibilidad de recuperar mi vida?- Andrés agitó su copa para que se la llenaran.- Toda historia tiene más sentido con la garganta húmeda.-

-Como buen guerrero, cuando te hacía compañía en Segovia, me encontré con un viejo amigo que se dirigía a unirse a las tropas de Don Antonio de Mendoza aquí presente, y su hermano Bernardino de Mendoza. Me pareció una buena oportunidad de conseguir dinero y la confianza de una casa a la que jamás había servido.

A la llegada de Almazán, en diciembre de mil quinientos veintiuno, Juan Garcés negó a los hermanos Mendoza los destinos de la ciudad. Yo solo obedezco órdenes, y no juzgo las circunstancias del ataque. Aprovechando los disparos de la artillería me escabullí entre los muros, dando con Juan que intentaba huir con una pequeña guardia voluntariosa, pero poco experimentada en el combate, pudiendo hacerme con Juan sin muchas dificultades. Mi acción valió para salvar las vidas de los soldados de ambos bandos, pudiendo dar la victoria a los Mendoza, entregándoles vivo al traidor que tenía secuestrada a su hermana en la fortaleza.

Me ofrecí como verdugo para sacar información a Juan, que cantó como un lorito todo lo que le preguntaba Don Antonio. Eso llenó mi bolsillo, y un salvoconducto, por si en el futuro necesitase su ayuda, y aquí estamos.-

Antonio de Mendoza lazó una leve sonrisa.

- Pobre desgraciado. Con lo fácil que le hubiera salido dejarnos entrar en Almazán.-

Los criados empezaron a llenar la mesa con deliciosos manjares castellanos y de la tierra que acababa de conocer.

- Eso me sirvió para recibir un año de destierro en el Monasterio de Ucles, donde pude recapacitar con el señor de mis aptos.-

Andrés llenaba su boca de los deliciosos estofados de carne de cerdo, acompañada de arroz.

- Poco castigo para el ensañamiento que le hicisteis cuando terminó de cantar.-

Antonio de Mendoza se levantó de la mesa.

- Y poco me parece. Nadie toca a mi familia y menos aquella cucaracha, que se atrevía a tocar y a encerrar a mi hermana. Bastante suerte tuvo de morir por la paliza, si no te hubieras ganado un buen sueldo despellejando vivo a ese perro.-

Llego al umbral de la puerta donde se encontraba.

- Señores os dejo, que mañana tengo muchos compromisos cerrados y necesito descansar. Vosotros dos, sería un honor teneros como parte de mi guardia personal. Estaríais muy bien pagados. Me vendría bien tener a soldados que ya conocen estas tierras y que sean leales.-

Andrés y Antonio aceptaron de buen grado. Que mejor honor para ellos que pertenecer a la guardia del Virrey. Manuel Levantó la copa.

- Por mis mejores amigos, que se han ganado un hueco entre la nobleza.-

Los dos le acompañaron en su brindis añadiendo unas palabras.

- Y que tú encuentres a tu mujer, y por fin disfrutes de la vida que te mereces.-

Aprovechando la hospitalidad de Don Antonio de Mendoza, los tres caballeros después de contar las batallitas de los últimos años, se fueron a sus aposentos guiados por el mayordomo. El vino no les dejaba caminar rectos, mirándose entre risas al ver a sus compañeros intentando disimular la embriaguez. Manuel entró en su habitación, dejándose caer en la cama. Todo daba vueltas a su alrededor, sacó una pierna del lecho para intentar frenar el mareo del vino y cerró los ojos. Todavía no se creía que volvería a ver a Aurora. Lo que había pasado era verdad o efectos de las plantas que le solía suministrar María para poder dormir. Abrió los ojos para contemplar el techo de la habitación. Sigo en el sueño o es realidad. Cerró de nuevo los ojos y cambio de postura en la cama. Todo se comprobaría por la mañana.

Despertó de madrugada empapado en sudor por una pesadilla donde la nao en la que volvía a Castilla se había hundido. Se asomó por la ventana para contemplar las calles empapadas por la lluvia, que permanecían vacías. Agarró su espada y bajó en busca de su caballo, saliendo al galope de la ciudad. No era un adiós. Solo un hasta luego. No se despidió, dando por hecho que sin duda volvería aquellas tierras, donde se había sentido a gusto y deseaba enseñar a Aurora Quetzaltenango, donde era tratado como un señor y podría crear una familia.

Antes de llegar a Vera Cruz, unos indios K'iche se abalanzaron sobre él y le hicieron prisionero. No entendía lo que estaba pasando. Aquellos indios estaban muy lejos de sus tierras, sin darle tiempo a preguntar lo que pasaba, recibió un golpe en la cabeza perdiendo el conocimiento. Al despertar, se encontraba en lo alto de la pirámide situada en la ciudad de Qumarcaaj con el torso semidesnudo. Lo levantaron, pudiendo contemplar la ciudad en llamas.

Las mujeres y niños corrían por sus calles, intentando huir de fuego, mientras los guerreros lo contemplaban en la base de la pirámide. Su mirada estaba perdida, sus rostros no mostraba ningún sentimiento. Las llamas llegaban al templo donde se encontraba, consumiendo a los guerreros que apenas se inmutaban. A su espalda apareció Tekun Uman acompañado de su padre Oxib Kiej, que le entregó un cuchillo a su hijo, ordenando que colocasen a Manuel en la piedra de sacrificio. Intentaba zafarse de sus captores, siendo inútil las embestidas con las que esperaba soltar sus manos o sus pies. Le depositaron encima de la piedra de sacrificio. Tekun se acercó a él y levantó el cuchillo.

- Eres libre-. Clavó el cuchillo por debajo de las costillas de Manuel, cortando la piel para introducir la mano por la herida. Los gritos resonaban en toda la ciudad. No gritaba clemencia. Eran el nombre de Aurora el que acompañaba el corte del cuchillo. Tekun metió su mano, y de un fuerte tirón le sacó el corazón. Con la adrenalina recorriendo el cuerpo y los ojos abiertos, pudo ver como lo elevaban para ser arrojado por las escaleras de la pirámide.

- ¡Auroraaaa¡-

Con el último golpe de su cuerpo en las empinadas escaleras, contempló el rostro de Aurora llorando su muerte. En ese momento despertó, poniendo sus manos en su cuerpo buscando la sangrienta herida.

- Ha sido solo un sueño.-

Se levantó de la cama y contempló a Don Antonio de Mendoza sentado en un sillón de madera de roble traído de Castilla como unos de sus enseres. Sostenía un colgante de oro con la forma de la cruz de La Orden de Santiago, igual a la que portaba él en el pecho del mismo color rojo. Sacó un anillo con la misma cruz.

- Quiero que las cojas.-

Manuel se acercó, se postró de rodillas frente a él y estiró las manos. Don Antonio le entrego las dos piezas.-

Quiero regalarte estos presentes para Aurora, por estar con mi hermana hasta su último latido y arriesgarse a cruzar Castilla con su cuerpo, para poderla dar santo sepulcro junto a su marido. Mi hermana nunca pidió nada para ella, excepto que en su muerte la reuniesen con su marido, pero el rey a pesar de las súplicas no lo concedió.-

Manuel levantó su cabeza para mirar los ojos de Antonio de Mendoza que le devolvió la mirada.

- Levántate.-

Manuel cumplió con la petición del Virrey, se acercó a la cama para sentarse, contemplando el presente recibido.

-El colgante es para ella, y el anillo para ti, si ella decide dártelo.-

Guardó las joyas en la bolsa donde llevaba las monedas.

- Si ella ha rehecho su vida yo lo aceptaré, entregándola estos presentes y desapareceré para no volver a verla.-

Se empezó a calzar con la atenta mirada del Virrey. Cuando terminó agarró la espada, colocándosela en la cintura, se puso la parlota en la cabeza y con cuidado agarró las plumas, que había depositado en una mesa al lado de la cama.

A Don Antonio le llamó la atención las plumas que cambiaban de color con el movimiento.

- ¿Qué es eso?- Manuel se las acercó.

- Son plumas de un pájaro de las tierras de Guatemala. Lo llaman quetzal. Estas dos las encontré en un mercado de las ciudades conquistadas, y esta pertenecía a un guerrero K'iche llamado Tekun, que la portaba en el tocado en la batalla donde murió.-

Le entrego dos de las tres plumas.

- Por tu generosidad yo le regalo estas dos plumas, que no son tan valiosas como tus presentes, pero para las gentes de esas tierras representa mucho.-

Don Antonio agradeció el regalo. Se colocó la que le quedaba en la parlota y salió de la habitación, donde quedó el Virrey contemplando las plumas.

- ¿Tekun es el indio con el que estabas soñando?-

Paro su marcha.- Sí. Ya he soñado con él otras veces-.Y salió de la estancia.

OLMEDO

24-Diciembre-1535

Después de un viaje sin muchos incidentes más que las sufridas por las continuas pesadillas, visualizaba el monasterio donde esperaba que todavía no hubiera pasado Aurora, pudiendo encontrarse con ella. De madrugada llamó a las puertas y un monje con legañas en los ojos le abrió. Manuel metió la mano dentro de su chaleco y sacó la carta del Virrey.

- ¿Ha pasado una dama por esta puerta?-

El monje terminó de leer la carta y le ofreció pasar.

- Sé a quién buscáis. Esta de camino, no tardará en aparecer. Mientras tanto puedes pasar y descansar.-

Manuel descabalgó de su montura y entregó el caballo para que lo llevaran a los establos.

- ¿Dónde descansa Juan Padilla?-

El fraile le miro de reojo.

-Es mi hermano y necesito despedirme de él. Lo vi morir y quería rezarle unas plegarias como buen cristiano, necesito estar en paz con su alma-.

-De acuerdo. Pero mañana por la mañana, ahora hay que descansar.-

A regañadientes accedió.

A la mañana siguiente se levantó con las primeras luces del sol, que luchaban por cruzar la niebla que prohibía ver más que unos pocos metros. Era la primera noche que dormía sin pesadillas o con ayudado del alcohol o infusiones. No sabía si era por el sitio, por ser donde podía poner en paz su alma a tanto dolor. Sin apenas dar un par de pasos por los jardines del monasterio, el mismo fraile que le concedió pasar por la noche, lo llamó con un gesto de su mano. Manuel lo siguió sin preguntar a donde iban. Cruzaron una puerta introduciéndose en una capilla que poseía una cúpula de color azul. El moje se detuvo en medio de la capilla, e hizo una reverencia y la señal de la santa cruz al tablado que predominaba al lado contrario donde se encontraba la puerta de acceso.

- Aquí se encuentra el cuerpo decapitado de Juan Padilla. Su cabeza no descansa junto al cuerpo por traidor. El punto exacto no te lo puedo decir.-

Manuel agradeció su ayuda. Quedando solo en la capilla, dio una vuelta por la sala hasta que escuchó una voz conocida.

- Por fin los dos nos reuniremos con la persona que más queremos.-

Conocía esa voz como si fuera ayer la última vez la que escuchó.

- Hoy vengo a pedir perdón por no estar a tu lado cuando te capturaron.-

Una figura apareció en medio de la capilla andando hacia Manuel. Sin entender muy bien lo que pasaba, se dirigió hacia ella. Era Juan con la coraza que portaba en Villalar.

- Cuando te juzgaron y decapitaron tenía que haber intervenido.-

-No hubiera servido de nada. Luchaste como un buen guerrero y sobreviviste. Pagaste por algo que no te incumbía y ahora es el momento que recuperes tu vida.-

La luz se hacía paso entre la niebla, entrando por una pequeña ventana en la capilla, dando color a la figura de Juan Padilla.

- Si hubiera insistido no habríamos salido de Torrelobatón y seguirías vivo.-

Juan paseaba por la capilla esperando el reencuentro de su alma con la de María Pacheco.

-Mi destino estaba escrito, mi deber era morir por el pueblo, dando sentido al movimiento comunero. Luché y gané hasta que el señor me lo permitió, ahora toca luchar a otros, que darán sentido a la lucha del pueblo. Tú puedes luchar por los derechos de los indígenas en la Nueva España. No cojas la espada si no quieres, pero defiende a todos los hombres que no lo puedan hacer.-

Su imagen desaparecía con los pasos de los frailes que se acercaban a la capilla.

- Mi alma descansa en paz. Espero que la tuya también.-

Irrumpieron en la sala los frailes que venían a dar una misa por el nacimiento del hijo del creador. Manuel se sentó sin interrumpir la ceremonia, pasando como uno más, recibiendo la sangre y el cuerpo de Jesús.

Los días pasaban y Manuel permanecía en la capilla desde primera hora hasta el mediodía, volviendo casi a media noche para seguir conversando con su hermano. Hasta que el veintinueve del mismo mes, se encontró con una mujer que se encontraba en la sala en silencio. Se tapó con la capa que llevaba, sin mediar palabra ando hasta su lado y se sentó. No sabía si había rehecho su vida o si seguía amándole como él la amaba. Entre nervios y desolación, intentaba no enseñar en ningún momento quien era, esperando que ella lo reconociera. Si ella no sabía quién se había sentado a su lado, sería mejor dejarla los presentes que le concedió Don Antonio de Mendoza y retirarse, para no causarla más penurias de una vida pasada, donde la muerte y el destierro les había obligado a abandonar la ciudad que más querían, perdiendo a los que compartían sus vidas ¿Quién era él para recordarla toda esa vida cuando podía haber conseguido una mejor?

-Raro destino para un guerrero en estas fechas.-

Daba por hecho que se trataba de un soldado por las diversas cicatrices de guerra.

Sin dejar ver su rostro se levantó, mostrando su espada que escondía la capa.

- Vengo a suplicar perdón y deshacer lo que mi espada infringió.-

No le había conocido, empezaba a pensar que el viaje realizado no valía de nada. Bueno de nada no, poder volver a escuchar su voz y contemplar su rostro, merecía la pena uno y cien viajes del Nuevo Mundo, pero no volvería a sentir sus labios, ni el roce de su cuerpo, ni sus manos recorriendo su cara. No estaba dispuesto renunciar a ella, pero no quería destrozarla de nuevo. Una cruzada que solo valdría para traer antiguas pesadillas. Si su destino no le pertenecía, le valía con saber que seguía viva y era feliz.

La miró a los ojos azules, que se escondían tras su melena rubia, que sobresalía de su atuendo de luto. Cuando estaba sumergido en los recuerdos, escuchó la frase que tanto tiempo deseaba escuchar de sus labios, que tanto añoraba besar, tan necesario en ese momento como el simple suspiro de aire.

- ¿Manuel? No puedes ser tú.-

Recuperando el aliento a poco de la llegada del año nuevo, pudo contemplar en aquella capilla las almas de Juan que junto a la de María se fundieron en un beso, con un chiquillo abrazándose a ellos que Juan levantó orgulloso. Aquella imagen le mostraba lo afortunado que había sido al poder reunirse con los suyos, pudiendo disfrutarlos en vida.

Contemplando su desaparición, se separó de su familia a la que sostuvo con fuerza, desuniéndose para buscar entre su chaleco las joyas que le había entregado Antonio de Mendoza, para entregárselas a Aurora.

- Esto me lo regaló Don Antonio de Mendoza, Virrey de Nueva España y hermano de María Pacheco, para que lleves el colgante con orgullo, por entregar tu vida a los servicios de su hermana, y que ofrezcas el anillo a quien fuera justo que lo poseyera.-

Aurora se dejó poner el colgante por Manuel y contempló el anillo que reposaba en su mano.

- Este anillo te pertenece hasta que creas que sea digno de tu hijo.-

Manuel lo contempló, y se giró hacia su hijo.

- Ya es digno de él, con esta pluma del tocado de guerrero K'iches que espero que luzca con orgullo.-

Manuel miró los presentes y con lágrimas en los ojos abrazó a su padre.

- Tu presencia es más de lo que yo desearía. Esto no son más que recuerdos que tenga cuando tú faltes, pero ahora lo que deseo es conocerte y no quiero recuperar mi pasado. Necesito disfrutarte en el futuro.-

QUETZALTENANGO

15-Abril-1538

Rodeado de la selva que les alejaba de la civilización, la pareja buscó el único lugar que sabía que podrían encontrar la libertad. Manuel empezó a recordar las vidas de quienes habían pasado por sus caminos, sin más intención de intentar sobrevivir a las trabas que se les ponían delante con diferente suerte. Todavía permanecen a su lado Antonio, Andrés y Hernán, que con orgullo brinden pleitesía al Virrey Don Antonio de Mendoza. Acogieron a Hernán como guardia del Virrey, quien pasó de proteger a su hermana a ser el más fiel de su guardia, convirtiéndose en la persona que más confiaba.

Andrés, perro viejo, desconfiaba de todos los que quería aprovecharse de la bondad del Virrey, no dudaba en dar muerte a quien intentaba aprovecharse de él, por medios que ni el rey ni su mano derecha como era el Virrey podrían tolerar. Se hizo con tal respeto, que con solo una mirada, hasta los señores de mejor cuna temían el castigo, siendo los primeros en cortar cualquier rumor que les pusieran a la cabeza de cualquier intento de atentar la vida del Virrey.

Antonio se encargó de crear un pequeño ejército para defender los intereses del Virrey. No daba la opción de envenenar las mentes de quien con una espada, estuviera dispuesto a ganarse el oro por la vía rápida, sin entender que todo tiene un precio. Las peores batallas eran las que surgían por pequeñas guerrillas, que envenenaban a la población y atacaban aprovechando la oscuridad y la relajación de la guardia.

Recordó con gran aflicción a los que ya no están en este mundo, o los que dejaron los dos mundos sin pensar en las consecuencias que podrían llevar sus hechos. Sin no querer más que permanecer en sus casas, se encuentra Alejandro Martín, que sin más que la guerra no llegase a su casa se ofreció para dar fin a una revuelta que por muy bonita que la pusieran, a su familia la habían obligado a ponerse en un bando o morir sin opción. Él solo se presentó esperando que la batalla y el saqueo se alejasen. Gracias a su disposición y caballos, consiguió una vida apacible. Sin ninguna recompensa puso su vida y la de su familia en peligro por la vida de un hombre que no conocía. Algo que Manuel le agradeció, enviándole presentes siempre que podía en agradecimiento a su nobleza. Sus caballos seguían siendo su medio de vida, y una simple carta le valía para que ningún desgraciado le quitara lo que más quería.

David de Molina sin necesidad de entrar en una guerra que de antemano sabía que estaba perdida luchó y murió, no por él, sino por su mujer, sus hijos y un muchacho que engañado se entregó a las mentiras de quien te promete el oro, y luego te entrega promesas que no se cumplen sin olvidar a quien tienes que defender de todos los males, que siempre vienen de mano de las mismas familias que solo se disputan un trozo de terreno. Por suerte sin mirar linaje, existe gente que por mucha humildad que te lleve en la batalla, te recordaran sin necesidad de cobrar por ello. En la última visita de Manuel a Castilla la llevó a la viuda y a sus hijos parte del oro que poseía. Eso no le devolvería a su padre, pero por lo menos podrían afrontar el futuro con otras expectativas que no fueran trabajar todo el día para poder llevarse algo a la boca.

Entre lágrimas partió su hijo en busca de la calidad de cultura y humanización de la Nueva España, decidió no blandir una espada y pasar por las ciudades colonizadas como escribano, entregando una coherencia de humanidad, enseñando el castellano y el latín. Aprovecho las distintas leguas que el territorio le brindaba para aprender y enseñar los dialectos que por aquellas zonas se hablaba. A pesar de poseer el anillo con la cruz de Santiago. No difundía la fe que él creía. Estaba abierto a conocer las creencias de las culturas de donde se encontraba, aprendiendo de libros que le llegaban del viejo mundo. No juzgaba a los hombres por sus actos, solo intentaba entender por qué lo hacían.

Sin olvidar a Diego. Aquel joven que murió en batalla buscando una vida mejor. Manuel sigue acercándose a su tumba acompañado por María el día de su muerte para dejarle flores. Si estuviera vivo sería reconocido como su hijo y seguro que se llevaría muy bien con Manuel. Presentado con orgullo de formar parte de la familia como se sentía el de la familia Padilla.

Sentados en las faldas del volcán Lajuj No'j contemplaban el revoloteo de los quetzales. Aurora no se podía creer la belleza de aquel animal y del paisaje que estaba contemplando. Manuel por el contrario no podía dejar de mirarla, sin creérselo todavía del todo que la tenía sentada a su lado.

- La belleza de este lugar solo es comparable con tu belleza.-

Aurora le miró con una sonrisa tímida y apoyó la cabeza en su pecho para escuchar de nuevo el latido de aquel corazón que tanto añoraba.

- Ojalá María hubiera podido contemplar este paisaje.-

La abrazó con fuerza.

- Seguro que en estos momentos lo está contemplando junto a nosotros.-

Aquel paisaje libre de la mano del hombre, describía la libertad de sus corazones, pudiendo entregárselo sin reparos a la persona que deseasen. Un cruce de miradas como en la primera vez que se vieron en Granada, les valió para entender que su corazón ya tenía dueño. Aquel abrazo detuvo el tiempo para que jamás se volvieran a separar. Dos quetzal se apoyaron en los hombros de los enamorados, momento que aprovecharon para fundirse en un beso.

TRADUCCIÓN DE FRASES

- Jewa at b`yaaj
    - Así es tu viaje.

- Jayi' ixoq kaminaq
    - No, mujer muerta.

- Tooq'ik chwee je' kkowin:
    - Mátame a mí si puedes.

- Jayi' taqal chrij:
    - No eres digno.

- Kuna'o:
    - Lo siento.

Printed in Great Britain
by Amazon